JN086093

中堅・中小組織の内部監査

【改訂版】

近江正幸
中里拓哉 ［著］

東京　白桃書房　神田

まえがき
—中堅・中小規模の組織への内部監査浸透のカギ—

「監査」というと，どうしても後ろ向きなイメージが伴います。

そもそも監査は「検証・評価行為」ですから，既に行われた何らかの行為や作成された情報に誤りがないかどうかを検討することを意味します。また，監査の基本は「準拠性の判定」にあって，ある一定の活動についてルールに従っているかを検討することが通常です。

このように監査は，既に行われた行為や作成された情報に誤りがないかどうかを「事後的に」検証するため，後ろ向きなイメージが伴うのでしょう。

中堅・中小規模の組織で内部監査が浸透しきれないのは，この後ろ向きなイメージに起因しているのではないかと思われます。多くの中小組織の経営者は，「我が社では不正や誤謬は起きていない『はず』だ」と考えつつも，「不正が起きたら大変だ」という認識を持っています。また「内部監査を行うほど大仰なことはするつもりはない」と考えているのかもしれませんし，内部監査は行った方が望ましいと考えつつも，「内部監査をするほどの余裕はない」と考えているかもしれません。

また，「内部監査は後ろ向きな検証にすぎない」→「売上増加に貢献しない」，「利益増加に貢献しない」という考えもあるでしょう。

しかし，本来の内部監査は後ろ向きではなく，前向きな「経営支援」を目的としています。

多くの会社で，経営者が売上高や利益，製品の品質向上や顧客満足度等の具体的な経営目標を設定し，それが達成されているかどうか，達成されていない場合にはその原因を究明する仕組みを構築していると思います。こうした経営目標は，既に構築された組織内の，例えば販売部門，製造部門等の具体的な部署に「しっかりやれ」と指示を出しているケースが大半でしょう。

問題は「しっかりやっているかどうか」ですが，通常は，経営者がこれを検証することになり，経営者が直接，監視することは，経営目標の達成に関

するモニタリングとしては最大の効果が期待できることでしょう。

　しかし，経営者の時間的制約から，どこまでモニタリングを行うことができるでしょうか？内部監査が中堅・中小規模の組織に浸透するカギはここにあると思います。

　「売上増加のための施策を営業部門が適切に行っているか？」

　「販売予算達成が危ぶまれている状況下で販売部は押し込み販売等で営業成績をごまかしてはいないか？」

　「購買部門で仕入れ業者との癒着によりあえて高価な資材を購入していないか？」等，内部監査の目的は，多岐にわたります。

　「どのような目的にしなければならない」という決まりはありませんから，経営者が自らの関心事に焦点を当て，「経営者の代わりに」監視をさせることが重要なことなのです。このように考えれば，内部監査が単なる後ろ向きな検証にとどまらず，目標に向かって前進するという前向きなイメージを持つことにもなるでしょう。

　また，内部監査を組織に浸透するには，次のような工夫も必要です。

（1）目標はなるべく具体的な数値目標にする

　　　（経営者の意向の反映）

（2）その達成の手段，期間を議論する

　　　（担当部署と経営者との協議でルールを決める）

（3）周知策を検討する

　　　（目標達成に関連する部署，関係者の範囲に留意する）

（4）責任者を決める

　　　（数値基準により評価・罰則も併せて検討する）

（5）進捗状況を監視する態勢

　　　（経営目標の達成に関連して，内部監査がどのような調査・評価活動を行うのか，どのような報告書を誰に提出するのかを検討する）

　内部監査が経営者支援を主眼としていることを経営者自身が気付き，また経営者が自らを支援する仕組みを積極的に構築する意識さえ持てば，内部監査はより中堅・中小規模の組織に浸透するはずです。

　2014年の10月に発行した第1版は10刷を数え，多くの方々に読んでい

ただきました。内部監査は直接には法律で強制されてはいないものの，任意で大規模な組織はもちろんのこと中堅・中小規模の組織にも，採用範囲は確実に拡大しています。しかしながら内部監査を導入しただけでは，組織は期待される効果を享受できません。特に中堅・中小規模の組織については内部統制との協調を考慮し，導入後に自分の組織の環境に合わせたアレンジや組織の構成員に対する教育，啓蒙が肝要です。そのためには経営者はもちろんのこと，多くの構成員が内部監査についての基礎的な知識を身に付けなければなりません。このために本書が少しにも役に立てば幸いです。

なお，改訂に際し第1部では，ガバナンスの維持・向上という組織目標の達成につながる内部管理態勢の充実のための内部監査の位置付けを明確にしました。具体的にはガバナンスと（全社的）リスクマネジメントそして内部統制の関係から現代組織における内部監査の位置付けを整理し，現代における期待される内部監査の機能について考察しました。

また第2部では最近の内部監査の実施・報告・品質管理の発展状況を念頭に，中堅・中小組織の内部監査においても採用可能な新しい考え方・実務を紹介しました。

また第3部，4部では，事業上のリスクや不正リスク要因等のリスクに係る記述，内部監査の調査対象の選定に係る記述，主要な資産に係る内部監査の具体例に係る記述を充実させました。

2021 年 3 月

近江正幸・中里拓哉

目　次

第1部　内部監査の基礎知識

目
次

第2部　内部監査の一般的理論

第3部　内部監査の実務—内部監査の実践—

第**10**章 **監査の実践と監査結果の報告** ・・・・・・・・・・・189

第11章　業務プロセス別の内部監査の例 ………………213

目
次

第12章　中堅・中小規模の組織の管理態勢と内部監査の着眼点…235

第4部　不正事例に学ぶ内部監査の役割

第13章　中堅・中小規模の組織における不正事例…………245

参考文献

序　章

$\overline{1}$
本書の目的

　内部監査は大規模な組織にだけ役に立つ監査ではなく，規模の大小にかかわらず多くの組織に適用可能な監査です。

　内部監査は様々な側面を持ちますが，本書では特に中堅・中小規模の組織の経営管理態勢を充実・強化するための内部監査を中心に解説することを目的とします。

　また，内部監査を含む概念としての内部統制についても，本書では中堅・中小規模の組織にも無理なく採用可能で，かつ有効に機能するプロセスとして簡潔に考察します。

　本書は，内部監査に関する理論的な側面ばかりでなく，より具体的・実践的な事例を盛り込むことによって，内部監査従事者や中堅・中小規模の組織経営者に読んでいただきたい本に仕上げました。

　本書により，内部監査の整備・運用が不十分と思われる中堅・中小規模の組織が内部監査の必要性を認識し，各組織が自ら率先して内部監査を導入するきっかけとなることを願っています。

$\overline{2}$
本書の構成

　本書は四つの部に分かれます。

　第1部は「内部監査の基礎知識」として，内部監査を理解する上で必須の

基礎的な知識について説明します。

　第2部は「内部監査の一般的理論」として，現代社会に一般的に普及しているリスクベースの内部監査の考え方，手法を基本として，監査主体，監査実施，監査報告に関する理論を中心に説明します。

　第3部では「内部監査の実務」として具体的な内部監査の導入事例を示し，第4部では「不正事例に学ぶ内部監査の役割」として，実際に発生した不正の具体的な事例を紹介し，内部監査人が不正摘発機能を発揮するイメージを想像してもらいます。「こうした不正が起きたら大変だ」「こうした不正を事前に防止・発見することが内部監査人の役割だ」という認識が，内部監査を広く社会に浸透することにつながると考えます。

　なお，四つの部を構成する各章の終わりには，中堅・中小規模の組織に内部監査を導入する場合，また導入後の円滑な運営を図る上で重要なテーマについて「課題研究」として示しました。読者が属する組織で内部監査を導入，運営するに際して，これらの課題を考察し，本書での勉強を実践に結び付けてもらえるように考えました。

　また，各部には「Column（コラム）」として，筆者たちが注目する内部監査に関連する興味深いテーマについて言及しました。

3
本書が対象とする組織の規模

　本書では，幅広い中堅・中小の組織を対象とします。したがって株式会社だけでなく，他の法人形態や農業協同組合（JA）や漁業協同組合（JF）あるいは森林協同組合や生活協同組合といった多様な中堅・中小規模の組織の内部監査および内部統制を念頭に置きます。

(1) 中堅・中小組織の規模の例示

　中堅・中小という組織の規模については，読者により受け止め方に幅が発

生してしまう可能性があります。このため，はじめに本書で前提としている中堅・中小組織の規模を示します。

　組織の規模を示すためには，売上高，従業員数，負債や資本の金額，利益の金額など様々な基準が思い浮かびますが，どれも一長一短があり，誰もが納得する一つの基準を選ぶことは困難です。また多種多様な形態をとる組織の規模を何らかの数値で表現しても，実感できる読者が少ないのでは問題があります。

　そこで本書では読者の皆様に中堅・中小規模の組織のイメージを形成してもらうため，多くの読者に馴染みのある株式会社に当てはめ，証券市場の上場会社を中心とした金融商品取引法の対象会社以外の会社を中堅・中小規模の組織として想定します。

　金融商品取引法では開示制度の充実という観点から，2008年4月より，法の対象とする大規模会社に対し「内部統制報告書」を内閣総理大臣に提出させる制度である「内部統制報告（書）制度」とその内部統制報告書の信頼性に関し公認会計士または監査法人の監査証明を受けさせる「内部統制監査制度」をスタートさせました。

　金融商品取引法の上記制度の対象となる会社については，毎期内部統制に関する報告書と監査報告書が作成・開示され，また企業会計審議会から同制度の運用にとっての指針となる内部統制の整備・運用に関する基準である「内部統制基準」及び「内部統制実施基準」が作成・公表されています。

　こうした組織の経営者は内部統制基準及び内部統制実施基準に準拠して自分の組織の内部統制を整備・運用，評価し，その過程で内部監査を実施することが求められます。すなわち内部統制や内部監査について準拠すべきそれぞれのフレームワーク，内容，レベルに関して特定の基準が備わっています。

　それに対し，金融商品取引法の対象にはならない中堅・中小規模の組織については，会社法の適用対象となるものの内部統制報告制度やその監査制度は適用されません。「中堅・中小規模の組織にも大規模な組織と同等の内部統制・内部監査が必要であるのか」，「導入した場合の効果はいかに」というような課題が残るのです。

従来の内部統制及び内部監査関連の出版物は大規模企業を前提にした内容のものがほとんどで，金融商品取引法の適用がない中堅・中小規模の組織の内部統制・内部監査をターゲットにした出版はほとんどないのが現状です。そこで本書では，この隙間の分野に的を絞ることにしました。

(2) 中堅・中小規模の組織の質的な分析

　本書のように金融商品取引法の適用があるか否かで形式面から大規模と中堅・中小規模に分けるとしても，質的な側面で組織規模の大小を分類することも意味があります。

　前述の 2007 年に企業会計審議会が公表した金融商品取引法に基づく経営者による内部統制報告（書）制度および同監査制度に関する基準の前文に該当する「財務報告にかかる内部統制の評価および監査の基準並びに財務報告にかかる内部統制の評価および監査に関する実施基準の設定について（意見書）」の三「実施基準の内容等」では，次の記述があります。

　『実施基準では，企業等を取り巻く環境や事業の特性，規模等に応じて，内部統制を整備し，運用することが求められており，内部統制の構築・評価・監査に当たって，例えば，事業規模が小規模で，比較的簡素な組織構造を有している企業等の場合に，職務分掌に代わる代替的な統制や企業外部の専門家の利用等の可能性を含め，その特性に応じた工夫が行われるべきことは言うまでもない。』

　そして金融庁が内部統制報告制度に関する疑問に答えるために公表した「内部統制報告制度に関する Q&A」の平成 23 年の改訂版では（問20）において，上記前文に記された「中小規模企業の特性は具体的にどのような特徴なのか。」という問に対し次のように答えています。

　『比較的簡素な組織的構造を有している組織等には，例えば以下のような特徴を有している。
　① 事業の種類が少なく各事業において生産又は販売する製品も少ない。
　② 業務プロセス及び財務報告プロセスが複雑でない。
　③ 販売されているパッケージ・ソフトウェアをそのまま利用するような

比較的簡易なシステムを有している。

④　経営者が日常の業務活動において広範な関与を行っている。

⑤　経営者が広範な統制責任を持っているフラットな組織である。』

　ただし，この文書で中小規模企業とは有価証券報告書を公開し，その財務諸表に対し法定の監査も受ける企業であり，本書で扱う中堅・中小規模の組織とは規模や性格も異なります。しかしながらこのような組織の特性を基準に大規模か否かを分ける考え方は，本書で扱う中堅・中小規模の組織の概念の理解にとっても参考となると考えます。

　本書ではここで示された特性を中堅・中小規模の組織の共通の特性と考え，この特性を踏まえた上で，効率的で有効な内部統制や内部監査を検討します。

参考 ── 中堅・中小規模の組織の特性

　上記 Q&A の問 20 に対する答えは，続けて次のように言及しています。参考になるので紹介します。

　『例えば，事業規模が小規模で，比較的簡素な組織構造を有している組織等の場合には，要員の不足等により，担当者間で相互牽制をはたらかせるための適切な職務分掌の整備が難しい場合が想定される。そのような場合には，例えば，経営者や他の部署の者が適切にモニタリングを実施する等により，リスクを軽減することや，モニタリング作業の一部を社外の専門家を利用して実施することなど，各組織の特性等に応じて適切な代替的な内部統制により対応することが考えられる。』

　また日本の文献とは別に，次に示す 7 項目は後で紹介する現在普及している内部統制の世界的標準概念を開発した組織である COSO が 2006 年に公表した「COSO 財務報告に係る内部統制：中堅公開企業のためのガイダンス（Internal Control over Financial Reporting-Guidance for Smaller Public Companies）」の中で示した中堅規模の公開企業（Smaller Public Companies）の特性を表している記述です。

・事業の種類が少なく，各事業において生産する製品も少ない
・販売経路または地理的条件により対象とする市場を限定している
・企業を実際に運営する経営者がオーナーとして相当の利害または権利を有する
・経営者の階層が少なく，統制の及ぶ範囲が相対的に広い
・取引処理のシステム及び手続が複雑でない
・社員が少なく，その多くは担当する職務領域が広い
・事業のライン部門のほか，法務部門，人事部門，経理部門および内部監査部門といった事業支援の補助部門について，必要な人員を配置することが難しい

ここで対象にしている「中堅規模の公開企業」も，社会に公開されている企業であり，本書で扱う中堅・中小規模の組織とは規模や性格も異なる企業ですが，中堅・中小規模の組織の特性を理解する上で参考になります。

(3) 中堅・中小規模の組織が内部統制・内部監査を整備・運用する際の弱みと強み

　中堅・中小規模の組織に内部統制・内部監査を導入することには無理があるという声を聞きます。確かに中堅・中小規模の組織では一般的に内部統制や内部監査につぎ込む人材やコストに余裕はなく，組織内に内部統制や内部監査を適切に整備・運用するために必要な有能な人材がおらず，また内部統制の中心的な手続である職務を適切に分離するための十分な人員を確保できていないケースが多いようです。

　しかしながら，同時に中堅・中小規模の組織は「企業トップによる広範かつ直接的な管理」をはじめ上記3（2）で示したような「事業の種類が少なく，…製品も少ない」，「プロセスが複雑でない」，「比較的簡易なシステムを有している」等，チェックとコントロールがしやすい特性を備えています。この特性を利用すれば，大規模組織の内部統制・内部監査と比較し人材の質と量の不足を代替し，各種の工夫により中堅・中小規模の組織独特の効率的で有用な内部統制そして内部監査が見えてくると考えます。すなわち大規模組織におけるあるべき内部統制および内部監査からの引き算ではなく，中堅・中小規模の組織に相応しい内部統制および内部監査の姿を考察することが本書の目的です。

課題研究

　あなたの属している，あるいはあなたの周辺の中堅・中小規模の組織について，上記3（2）及び参考で紹介した各種特性以外になんらかの顕著な特性があるか検討してみてください。その特性が内部統制および内部監査を組織に導入する際の強みや弱みにつながるでしょう。

第 **1** 部

内部監査の基礎知識

──────────第 1 部で学ぶこと──────────

　本書は内部監査の持つ潜在的能力と可能性が中堅・中小規模の組織にも発揮できること
について説明します。この考察を始めるに際し，基礎的な知識を整理します。

　なお，本書の記述は内部監査を対象の中心に置いているものの，現代の内部監査は内部
統制を構成する一要素として位置付けられ，内部監査の機能は内部統制の有効性に大きな
影響を与えます。そのため内部監査に関連する内部統制の理論と実務は，現代の内部監査
のあるべき姿を描く際には必要不可欠です。

　そこで第 1 部では，内部監査と関係の深い内部統制の基礎的な知識についても言及しま
す。

本書が扱う内部監査と内部統制

―――――本章で学ぶこと―――――

　第1章では，本書のテーマである内部監査の概念について，密接に関連するキーワードであるガバナンス，リスクマネジメント，コントロール，アシュアランス業務，アドバイザリー業務といった諸概念を用い全体像を浮かび上がらせます。さらに，内部監査と内部統制の関係を考察することにより，組織全体の管理態勢の中での内部監査の位置付けを明確にし，読者の皆様の次章以下の考察の基盤を形成することを目的とします。

1 内部監査の概念

（1）内部監査の定義

　公認会計士監査，監査役監査，情報システム監査，環境監査，内部監査，外部監査等，「監査」という名称が付された活動には様々な分類基準に基づき多くの種類が存在します。では本書の対象である内部監査はこれらの様々

な監査の中で，どのような位置を占めているのでしょうか。

　内部監査に対応する用語は外部監査です。監査という行為の中での内部監査の位置付けを明確にするには，内部監査と外部監査の違いを明確にするアプローチが最適です。

　そこでここでは最初に内部監査と外部監査の概念と定義を明確化します。

①内部監査と外部監査を分ける基準

　内部監査と外部監査は何を基準に分類されるのでしょうか。

　内部監査と外部監査を分ける分類基準については次の二つの考え方があります。

　　1）　監査担当者の属性（監査主体が組織体の内部の人間か，外部の人間かの違い）

　　2）　監査目的・機能（経営者のためか，経営者以外の者のためかの違い）

　上記1）は監査担当者が組織体の内部に属する者であるか外部に属する者であるかの監査担当者の属性を分類基準とします。したがって監査担当者が組織体内部の者である監査が内部監査，組織体外部の者である監査が外部監査となります。

　上記2）は監査の目的あるいは機能を基準とする分類で，組織体の経営者をはじめとする内部の者に有用な情報等を提供する目的・機能を持つ監査を内部監査，組織体の外部の者に有用な情報等を提供する目的・機能を持つ監査を外部監査とする分類です。

　次の図表1-1-1を使い説明します。

図表1-1-1：内部監査・外部監査の分類

	経営者のため	経営者以外の者のため
組織体内部の者	A	B
組織体外部の者	C	D

　この図表で経営者のため，有用な情報を組織体内部の担当者が提供するAの領域は「純粋な内部監査」であり，D領域の経営者以外の例えば株主・組合員・その他の利害関係者のために組織体外部の担当者が有用な情報を提供

する監査が「純粋な外部監査」です。

　B領域は監事監査や監査役監査が該当します。C領域は内部監査をコンサルティング会社等に外部委託した場合が考えられます。

　　（参考文献：友杉芳正「内部監査の論理」中央経済社，1992年，15〜17頁）

②内部監査の歴史からみた内部監査の目的と定義

　上記①では外部監査との識別を通して内部監査の概念を描きましたが，次に内部監査に求められる機能の歴史的変遷を通して内部監査の一般的定義を示します。

　「内部監査とは何ぞや？」という内部監査の概念に関する問いに対し，20世紀から21世紀にかけての内部監査先進国である米国の各種権威ある文献を検証すると，下記図表1-1-2に示す内部監査の中心的目的についての大きな潮流の変遷を見ることができます。

図表1-1-2：米国での中心的目的の変遷

財産保全	⇒	内部牽制の検証・評価・改善助言	⇒	内部統制の検証・評価・改善助言

　上図表にある「内部牽制」とは，現金を扱う職員は売掛金元帳への記入や請求書の発行を兼務しないといった職務分掌による資産の保全と帳簿への正確な記帳を確かなものにする仕組みの検証・評価・改善助言という意味です。

　また最近の内部監査の中心的目的である「内部統制の検証・評価・改善助言」とは，内部監査が内部統制の構成要素の一つであるモニタリング（監視）の中の「独立的モニタリング」として内部統制の目的実現のための業務手続として認識されていることを意味します。

　欧米における先端の内部監査はさらに進化し，経営層に対する戦略や特定の専門分野のアドバイザーとして機能することを中心的目的とすることが期待されています。

　内部監査の歴史を振り返ると，内部監査が幅広い分野を対象とし，また法律に直接縛られることなく任意で実施されるという性質を持つことから，時

代背景や経営者・管理者が求める内部監査の目的，内容が変化することにより，自由に中心となる課題を変えてきました。各組織あるいはそれぞれの経営者が内部監査に求める中心的課題は組織ごとにそれぞれに異なり，全ての組織が図に示されたように同時に動くわけではありません。

　中堅・中小規模の組織が内部監査に求める目的は，必ずしも最先端の課題ではなく，組織あるいは経営者のニーズにより上記の変遷に示された目的のどこかにあります。内部監査の目的やそれに対応する定義の考察も興味深いテーマですが，本書では過去の内部監査の目的に基づく定義ではなく，現代の内部監査の一般的な定義をスタートとして説明を開始します。

　一般社団法人・日本内部監査協会の作成・公表している 2014 年に改訂された最新の内部監査基準では，第 1 章「内部監査の本質」の 1.0.1 で下記の内部監査の定義が示されています。

　『内部監査とは，組織体の経営目標の効果的な達成に役立つことを目的として，合法性と合理性の観点から公正かつ独立の立場で，ガバナンス・プロセス，リスク・マネジメントおよびコントロールに関連する経営諸活動の遂行状況を，内部監査人としての規律遵守の態度をもって評価し，これに基づいて客観的意見を述べ，助言・勧告を行うアシュアランス業務，および特定の経営諸活動の支援を行うアドバイザリー業務である。』

　この内部統制の定義に基づき分析すれば，内部監査の目的は，組織体の理念や目標の効果的な達成に役立つことです。理念や目標を実現するためには戦略や戦術を採用しますが，戦略や戦術に対する監査要点（チェックポイント）としては「合法性」と「合理性」を置き，組織の戦略・戦術の採用に際しての「ガバナンス・プロセス」やそれに伴い発生するリスクを経営者が許容できる範囲に収める「リスク・マネジメント」および「コントロール」に関連する経営諸活動（遂行状況）を対象とし，諸活動について「アシュアランス（保証）」および「アドバイザリー（コンサル）」業務を実施します。

　ここでは上記の定義の中で理解が難しい内部監査の対象，内部監査の活動の種類および監査対象となる各種概念間の関係について次に説明します。

(2) 内部監査の対象

　内部監査の対象とは，簡単に言えば内部監査の守備範囲です。上記基準では，ガバナンス・プロセス，リスクマネジメント，コントロールの三つが示されています。

①ガバナンス・プロセス

　ガバナンス自体は本来，組織の統治，管理を意味します。そしてガバナンス・プロセスとは組織内で起こる粉飾決算や横領，社会規範や組織内の規則違反，倫理違反などのコンプライアンス（法令遵守）違反に起因する不祥事の発生を予防し，コンプライアンスを遵守させつつ組織の目標を円滑に実現させる統治・管理の過程（活動）を意味します。

　なお，用語の使い方として，ここで示した「ガバナンス」と「ガバナンス・プロセス」を区別せず，「ガバナンス」という用語の守備範囲を広く捉え，「ガバナンス・プロセス」の意味で「ガバナンス」という用語を使用する一般的な傾向があります。

②リスクマネジメント

　この概念をリスクとリスクマネジメントに分けて分析すると次のようになります。

1）リスクとは

　リスクとは広義には，将来の結果の不確実性（不足あるいは未知の事態）を意味します。言葉を代えていえば目的を達成できない可能性です。そしてリスクマネジメントにおけるリスクとは広義には組織に損害をもたらす原因だけでなく，組織の事業にプラスをもたらす原因も対象とします。組織はプラスあるいはマイナスのリスクに挑む（リスクをとる）ことにより収益を獲得することができます。

　なお組織にとって災害，事故，危険等のマイナスの面の不確実性を「リスク」，プラス面の不確実性を「事業機会」と区別することもあります。すなわち組織にとりマイナス面の原因が狭義のリスクです。

　なお，リスクについては一般に様々な基準で分類されており，これについては第3部で紹介します。

2）リスクマネジメントとは

狭義のリスク（組織にマイナスの影響をもたらす不確実性）を対象とし，リスクマネジメントを考えると，リスクマネジメントとはマイナスのリスクを管理することであり，具体的には，目標の達成のための戦略実施に伴うリスクを識別，分析及び評価し，回避や低減などのリスクへの対応を決定する活動です。

広義のリスクまで含めてリスクマネジメントを考えると，リスクマネジメントとは，事業価値創造のための経営活動であり，リスクを識別し，利益を追求する事業プロセスです。すなわちリスクマネジメントを採用することにより，組織はリスクを適切に識別・評価することで，適切にリスクへ対応することが可能となり，損失を減らすことや，収益を高める確率をあげることが可能となります。この活動が組織の目的である組織価値の創造に結び付きます。

なお，最近は内部統制を説明する文献で，「リスクマネジメント」ではなく「全社的リスクマネジメント（ERM：Enterprise Risk Management）」という用語がしばしば登場します。全社的リスクマネジメントとは，組織全体のリスクを一覧化，可視化し，チェックリストでコントロールするといった単純な手法だけでなく，リスクを個々のプロジェクトごとに縦割りで断片的にマネジメントするのではなく，組織の価値を最大化するために行われる組織全体のリスクを横断的かつ総合的にマネジメントする仕組み，態勢を意味します。詳しくは38頁の第2章第5節で説明します。

③コントロール

コントロールとは，物事を制御する，監督するという意味であり，組織の経営管理に関わる者が，リスクを管理するために，また設定した目標が達成される可能性を高めるために行う諸活動です。

（3）内部監査の対象となる各概念間の関係

①ガバナンス・プロセスとリスクマネジメントの関係

ガバナンス・プロセスでは，組織が法令等を遵守しつつ，組織目標を効率

的に達成するために，どのようなシステムを構築し，運用するのかという課題に立ち向かいます。ガバナンス・プロセスとは，組織の経営者による自己責任原則に基づく組織自身の内部管理のプロセスということもできます。

組織経営をこのプロセスにより自身を規律する目的は，組織の価値を高めることです。組織がガバナンス・プロセスを適切に運用することにより，組織のメンバーが経営目的を理解し，その目的達成に向けて団結して同じ方向に向き活動するよう，人々の行動をコントロールすることができます。

有効なガバナンスを維持し，組織価値を向上させる目的を達成するため，各組織は自身の置かれた環境の下，不測（未知）の事態である目的非達成の危険への挑戦が必要になります。この不測（未知）の事態であるリスクは企業価値にプラスにはたらくこともマイナスにはたらくこともあります。

この不測（未知）の事態に対応するため，組織はシステム（仕組み）とプロセスにより一致団結して目的達成に向かい行動しなければなりません。しかし掛け声だけでは組織は動きません。そこに組織関係者が認めて従う経営管理の原理が機能しなければなりません。現代の組織にとって，この経営管理の原理こそ「リスクマネジメント」です。

ガバナンスは，株式会社にあっては株主・取締役会・監査役会の関係や仕組み，あるいは協同組合にあっては組合員・理事会・代表理事組合長・監事会の関係と仕組みとして議論されることが一般的です。しかしガバナンスの目的はそれだけではなく，構築したガバナンスの仕組みを動かす中で，組織はリスクマネジメントの手法を用い，効率的な組織運営を目指します。な

図表 1-1-3：ガバナンスとリスクマネジメントの関係

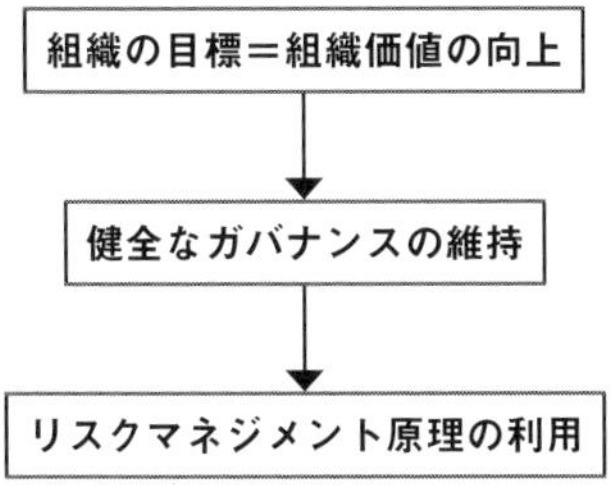

```
┌─────────────────────────┐
│  組織の目標＝組織価値の向上  │
└─────────────────────────┘
            │
            ▼
┌─────────────────────────┐
│   健全なガバナンスの維持    │
└─────────────────────────┘
            │
            ▼
┌─────────────────────────┐
│ リスクマネジメント原理の利用 │
└─────────────────────────┘
```

お，その際，内部統制およびその構成要素の一つである内部監査はリスクマネジメントによりリスクを管理（コントロール）するために機能します。

　組織体の基本目標である組織価値の向上は，ガバナンス・プロセスを通じ，健全なガバナンスの下で決定され，その基本目標を達成するための具体的な下位目標はリスク・マネジメントのプロセスを通じて決定されます。

②リスクマネジメントとコントロールの関係

　基本目標を達成するための下位目標をリスクマネジメントのプロセスを用い，リスクをとる戦略を実施すると決定しても，それが実行され，組織体の目標の達成に確実に貢献するには，そのリスクが組織体にとって受容可能な水準に収まっているように行われる全ての活動を適切かつ十分にコントロールする必要があります。このリスクマネジメントとコントロールの関係に注目してください。

参考1 ── 有効なリスクマネジメントとコントロールにおける三つのディフェンスライン

　内部監査に関する理論・実務・研究といった各方面で指導的な役割を担っている世界的な組織であるIIA（The Institute of Internal Auditors.Inc.）のポジションペーパーやIIAの日本の代表機関である「日本内部監査協会（IIA　Japan）」等の権威ある刊行物の中に「三つのディフェンスライン」という用語を目にすることがあります。

　「三つのディフェンスライン」とは，組織における有効なリスクマネジメントとコントロールの態勢を維持するための三つの防衛ラインを意味します。第一のディフェンスラインは「業務の現場における管理及び監督」，第二のディフェンスラインは「コンプライアンスやリスク管理等を所管する部署（コンプライアンス部門，リスクマネジメント部門）による監視」，第三のディフェンスラインは「内部監査部門による監視および監査」です。現代の組織はこの三つのディフェンスラインで，リスクマネジメントとコントロールの有効性の維持という目標を達成できるということです。

　この用語が内部監査の文献に頻繁に登場するのは，この言葉が三種類のディフェンスラインの役割の違いを明確にし，また三つのディフェンスラインの中での内部監査の立場と意義を説明するのに有用と考えられるからです。内部監査が客観的かつ独立の立場を活かし，第一のディフェンスラインと第二のディフェンスラインの有効性を検証および評価をし，かつ第一と第二のディフェンスライン間の調整を行うにも適切な立場にあるということを関係者に説明するのに三つのディフェンスラインの説明は有用なので，再三登場すると思われます。

（参考文献：日本内部監査協会編「バリュウーアップ内部監査」同文舘出
版，8～11頁）

（4）内部監査とガバナンス・プロセス，リスクマネジメント，コ
ントロールの関係

　上記の関係に基づきガバナンス・プロセス，リスクマネジメントおよびコ
ントロールの三つの概念と内部監査の関係をより厳密に分析すると，組織体
のガバナンス・プロセスとリスクマネジメントに対応するように実施されて
いるコントロール手段の妥当性及び有効性のレベルを評価する活動が内部監
査ということになります。

　したがって，内部監査は，ガバナンス・プロセス，リスクマネジメントの
有効性について調査・評価を行い，結果としての意見を述べ（アシュアラン
ス），その改善のための助言・勧告（コンサルティング，アドバイザリー）
を行い，さらに組織のガバナンス・プロセスとリスクマネジメントに対応す
るように実施されるコントロールの手段が有効かつ妥当に採用され・運用さ
れているか否かを評価し（アシュアランス），意見を述べ，提言（コンサル
ティング，アドバイザリー）する活動です。

（5）中堅・中小組織にとってのガバナンスおよびリスクマネジメ
ントの関係

　中堅・中小規模の組織においても，自分の組織のガバナンスをどのような
仕組みで運用していくのかは，組織の命運を左右する重大な問題です。中
堅・中小規模の組織の統治はオーナーである社長あるいは会長による独裁的
な体制で運営され，他の機関は名前だけで統治機能を発揮していない例も少
なくないと推定されます。組織の健全な発展・維持を考える場合，中堅・中
小規模の組織といえども統治機構の整備と適切な運用は重要なキーとなりま
す。独裁は良好環境では意思決定の迅速性などの特性を発揮して効率化と
好業績を残すことも多いのですが，もろい側面を持ち，独裁者自らが暴走し

組織を滅ぼすことも珍しくありません。また独裁者亡き後の事業の継続性が危ぶまれる例も少なくありません。

会社組織を規制する会社法では，株式会社の統治機構として中堅・中小規模の組織も柔軟に対応できる様々なタイプの機関設計が用意されています。杓子定規で大会社にしか使えない旧商法の統治機構とは大違いです。

自分の組織の規模等に適合する統治システムを選択できれば，中堅・中小規模の組織においても，法令に準拠しつつ，適切なコーポレートガバナンスを維持できる時代になっています。

組織のコーポレートガバナンスの確立こそが，組織の規模にかかわらず適切な内部統制構築と運営の基礎にあります。

参考2 —— ガバナンスとコンプライアンスの関係

コンプライアンスという言葉は日本語で一般的には「法令遵守」と訳されます。しかし，組織が社会の一員として信頼性を認められ継続的に経営を維持・発展していくために「法律さえ守れば安泰だ」という意見に対し現在では肯定をする者はいないと思われます。

コンプライアンスという言葉は次の二つの内容を意味します。

1) 業務に関係する全ての法令・ルール等を厳格に遵守する。
2) 社会規範・倫理を積極的に実践し，その時々の「社会からの要請」に応える。

すなわち組織としてコンプライアンスを維持するとは，上記1) の法令・ルールを守ることは当然として，それだけでは十分ではなく，上記2) を実践し，組織の内外の利害関係者の視線を常に意識し，その時々の社会の常識に絶えず応えることです。

コンプライアンスという言葉は昔から一般に普及されていたわけではありません。ではなぜコンプライアンスという言葉が毎日，新聞，雑誌，書籍をはじめ様々な媒体を通じて我々の眼に飛び込んでくるのでしょうか。それは，社会が組織に対して，コンプライアンスを求めるようになってきたとともに，組織が自らの社会的責任を意識しはじめたことに起因すると考えます。

価値観が多様化し，それに伴い判断の基準も複雑化し，また情報化社会の到来で大量の情報が瞬時に世界を駆け巡る現代社会において，法律を守り活動することは組織としての最低限の道徳ですが，それだけでは世間は認めてはくれません。社会から信頼される組織を作るには経営者をはじめとする全構成員がコンプライアンスを維持することが必須です。

コンプライアンスが組織にとって必須であるということは，コンプライアンス違反，例えば食品偽装，不正融資，粉飾決算，脱税といった組織の不祥事が発生した場合，対応いかんでは，社会的存在意義を失い，組織そのものが存続できなくなるということです。

そのような事態こそが組織にとってリスクであり，リスクを実現させない，また不幸に

してリスクが発生した際の対応がリスクマネジメントの一つの重要な役割です。

　適切なガバナンス・プロセスを確立し，組織が会社法や金融商品取引法あるいは税法等の法令に違反しないよう，また社会の常識に反する活動を抑制するようにリスクマネジメントにより管理することこそが組織の命運を決します。

（6）内部監査の活動：アシュアランスとアドバイザリー（コンサルティング）

　内部監査が組織にもたらす価値として「アシュアランス」と「アドバイザリー（コンサルティング）」の二つの方向があります。すなわちアシュアランスとアドバイザリー（コンサルティング）は内部監査の活動の種類です。内部監査には，この両者の業務が含まれます。

　アシュアランスにおける当事者は「内部監査人（評価を行う者ないしグループ）」と「被監査部門（監査の対象となる事項に直接関わる者ないしグループ）」および「第三者（監査結果を利用する者ないしグループ）」の3者になります。

　一方，アドバイザリー（コンサルティング）における当事者は「内部監査人（助言を提供する者ないしグループ）」と「依頼部門（助言を必要として，これを受けたい者ないしグループ）」の2者になります。

　アシュアランスの性格の強く現れるのは法定の職業的会計士が担当する財務諸表監査ですが，内部監査においても各種業務のルール準拠性や効率性を中心に検証する業務監査は，保証機能が強く現れます。アシュアランスを日本語に翻訳すると「保証」です。例えば内部統制が有効か否かについて内部監査担当者が監査意見を表明したり，監査実施中に発見した事項を指摘事項として監査報告書に記載するなどの行為はアシュアランス（保証）に属します。

　一方リスク評価を目的とする監査や問題是正を目的とする監査はアドバイザリー（コンサルティング）の性格の強くでる監査です。内部監査では，組織の経営に付加価値を与えるため，経営や業務に貢献する改善提案を行います。さらに進んで特定分野について，専門的な知見を生かし，経営をサポー

トするアドバイザーの役割を果たすこともあります。

　内部監査では，これらの二つの方向性があり，方向が明確に決まる場合もある一方，同時に提供することも通常です。そのため組織の経営者は内部監査の設計に際し，どちらの方向を強く出すか監査資源の配分を決めなければなりません。

（参考文献：藤井範彰著「監査報告書の指摘事項と改善提案」同文舘出版，2017 年 117～118 頁）

2
内部統制の概念

　内部統制とは組織の業務を有効かつ効率的に行うための一連の管理プロセスを実行するための組織が備えるべきシステムです。おおまかに言えば，組織の約束事といっても良いでしょう。

　「プロセス」とか「システム」という用語は，よく使うものの意味が抽象的な用語です。そこでここではこれらの意味を内部統制に関連させて明確にしておきます。

　組織が持続的・安定的に成長するためには，組織に潜む不測の事態である「リスク」によって組織の目的を達成できない可能性をコントロールしなければなりません。

　リスクをコントロールするためには，管理対象となる事象を認識・評価し，その事象への適切な対応を決定し，その決定に基づいて行動しなければなりません。この一連の対応（活動）を「プロセス」といいます。

　「システム」とは，このような事象をコントロールするための組織の制度あるいは仕組みです。ルールといってもよいでしょう。

　内部統制には，会社法や金融商品取引法の中での社会的な規制からくる「他律的の側面」と，本書の第1部・第2章で説明する自らの目標達成のために整備・運用するという「自律的な側面」があります。

本書は内部監査を主題としているので，内部統制に関しては，ここでは詳しく説明することなく，次章で説明することにします。

——Column——
インフラ点検とリスクマネジメント

　高度成長期に道路，橋，水道等のインフラ整備が集中した結果，それらの老朽化も同時に進行し，維持や補修が必要な時期も集中してしまっています。人口密度の低い地方では，そのコスト負担は重くなっています。

　2012年12月に発生した中央高速道路・笹子トンネルの崩落事故は我々に老朽化したトンネルのリスクを再認識させました。何名もの犠牲者を出したこの事故の影響で，車でトンネルに入るたびに上を見上げ，大丈夫か不安になった経験を持つ方は，私を含め大勢いたと想像されます。

　高度経済成長期に日本の国をあげての公共投資の一環として集中的に建設されたインフラの老朽化の問題はトンネルだけではありません。国土交通省の統計では，例えば建設から50年以上経つ施設の割合は，15メートル以上の道路・橋では2011年度で9％，2031年度には53％になります。また，水門などの河川管理施設は2011年度の24％から2031年度には62％に上昇します。

　今後，インフラの急激な老朽化を起因とする様々な事故の多発が予測されます。国・地方自治体も，手をこまねいていたわけではなく，一定の点検（内部的な調査）を実施していました。

　ところが，国も地方も年々財政事情が厳しくなるという台所事情から，メンテナンスに回せる予算や，新しく建設するための財源は限られているという台所事情が存在します。点検ではなるべくお金のかかる事象を発見したくない。何も見つけないことが褒められる風土が出来上がっていたのかもしれません。この傾向は内部監査にも見られます。しかし，このような甘い点検では国民の安全と財産の確保はできません。

　厳しい財政事情下では問題を早期に見つけ，補修をし，既存のインフラを大切に使用し続けるしか，道はありません。早期発見がなによりも重要であることは，がん検診と同じ思想です。

　現在，この難局を打開するため国や地方自治体等はリスクマネジメントの手法をベースに技術革新を利用し，点検作業の効率化を目指しています。

　老朽化した道路や橋などのインフラの不具合な部分をレーザーやセンサー，そしてドローン（小型無人機）で集めた基礎データを分析して効率的に発見

し，リスクを適切に認識し，さらにリスク対策として修繕や改修について AI を利用して提案することにより，人手不足で悩む作業現場の省力化や無人化を担う新興企業が増加しています。

　特にドローンは橋梁やプラントの配管などの従来は足場を組んで点検していた高所作業での活用が進んでいます。また下水道の管の中を飛んでひび割れを発見するドローンの開発も進んでいます。

　この日本におけるインフラの無人点検の動向はインフラの維持管理にリスクマネジメントを適用する際に，客観的な情報を迅速かつ安価に入手できる環境を整えることにつながります。インフラの老朽化で維持管理費が将来にわたり急激に増加する心配を抱える現在，新しい技術とマネジメントで効率化する意義は大きいと思われます。

　またこの分野の社会的ニーズは確実に増加し，新市場を目指すスタートアップ企業の成功の可能性も高くなっています。

　この民間の動きに政府も呼応し，国土交通省は 2019 年から橋やトンネルを法定点検する際に目視だけでなくドローンやロボットも使うことを認めるようになりました。

　この国の施策や民間の動きは我々の安全・安心にとって一歩前進ですが，監査の立場からいえば，点検や補修を実施するための予算措置が導入されたからといって，地方自治体の点検そのものの信頼性が担保できるのかという不安が残ります。まじめに点検に取り組む自治体もあるでしょうが，そうではない自治体も多そうです。また適切な点検を実施できる人材および設備が用意できるかという問題も心配です。国や地方自治体はリスク感覚を研ぎ澄ませ，リスクマネジメントを導入しなければなりません。またそのための内部統制の充実が望まれますし，内部監査の強化や外部第三者による監査やオンブズマンによる検証・評価も必要になるでしょう。

課題研究

1. あなたの属している組織では，経営者が率先しリスクマネジメントを導入していますか。明示的に導入してはいなくても，現実にリスクマネジメントの考え方でマネジメントしていますか。観察してみてください。
2. リスクマネジメントはマネジメントの一つの考え方，手法として現在一

般的に受け入れられています。しかし利点と欠点が混在しています。どのような点ですぐれていて，どのような点で問題があるか考えてください。

3. あなたの属している組織が犯す可能性のあるコンプライアンス違反には，どのようなものが考えられるか想像してみてください。この認識が内部監査の目的および対象の選定に役立ちます。

第2章

中堅・中小規模 組織の内部統制

―――本章で学ぶこと―――

　本書のテーマは内部監査ですが，内部監査は現在，内部統制の一要素とし て位置付けられ，説明されることが多く，内部統制の議論なくして，内部監 査を議論することはできません。そこで本章で，内部監査と内部統制の関係 を中心に考察します。

1
現代組織にとっての内部統制の意味

　内部統制は英語のインターナルコントロールの翻訳であり，現在は一般的 に使用される単語となっていますが，日本では「内部統制システム」と称す る関係者も以前は多くいました。確かに内部統制は「仕組み」です。しかし 仕組みだけでは内部統制の目的は達成できません。企業の業務の有効性およ び効率性，財務報告の信頼性，コンプライアンス，資産の保全といった目的 を達成するために内部統制は，その仕組みを円滑に動かすためにマネジメン トプロセスと組み合わされます。すなわち内部統制は，具体的には経営管理

のための手続や組織や統制・牽制テクニックといった諸要素の結合の仕組みとして構成されます。

　現代の内部監査に関する理論と実務を考察するに当たり，内部監査と内部統制との関係を無視しては成り立ちません。それだけ内部監査にとって内部統制の存在は大きいと考えなければなりません。ただし，内部統制を考える際に注意しなければならないことは，本章で後から説明するCOSOの示した現代の内部統制の標準的な概念は，内部監査の観点からスタートしたものではなく，あくまで経営者の責任である組織の経営管理の観点から展開しているということです。そのため，COSOの内部統制の概念と内部監査の一般的な理解とは厳密には一致しない場合がしばしばあります。内部監査の理論と実務を考察する際には，COSOの内部統制の概念を尊重しつつ，内部監査独自の観点からの分析と理解が必要になります。本書でも内部監査の目的を達成し，その機能を最大限生かすための理論と実務を考えることを目指します。

　内部統制は，簡単にいえば健全にお金儲けさせてもらいながら，世の中のためになる行動をとりつつ，安定して仕事をしていくためのプロセスです。このプロセスは大規模組織ばかりでなく中堅・中小規模の組織にも適用可能です。

　現に中堅・中小規模の組織でも，個々の従業員が直属の上司に日々の業務内容について「ホウレンソウ（報告・連絡・相談）」といった言葉で表現されるような伝達をし，そしてその伝達を受けた上司が，さらに上位の管理者に伝達をすることが慣行となっている組織は珍しくありません。また，具体的になりますが，出張した従業員が旅費・交通費を精算するに際に，あるいは事前に仮払いを請求するに当たり，出張場所，要件，日付，期間，金額等を記入する書類があらかじめ存在し，出張者がその書類に記入し，精算の場合は領収証等を添付した上で，押印し，直属の上司に提出し，その上司が提出された書類に目を通し承認の印を押し，経理課がそれらの妥当性を確認し，初めて現金が本人の手元に渡るというようなプロセスが存在します。このような当たり前になっており，意識もしないようなプロセスもまた内部統制です。

管理のための各種ルールが組織の構成員に常に意識されているようでは必ずしも十分とはいえません。意識しないで諸ルールが実践されているところまで徹底的に浸透することが理想ですがこのような理想の管理態勢の構築は難しいのが現実です。いずれにしても内部統制は特別な概念ではなく，日常業務に組み込まれたプロセスであり，意識的又は無意識のうちに実践されているのです。

以下に内部監査を理解する上で重要な，COSO に基づく基本的な知識を示します。

2
現代組織にとっての内部監査と内部統制の関係

内部統制は，内部牽制というようなシンプルなチェック＆コントロールの仕組みから発展し，全社的な総合的な管理概念として確立し，会社法および金融商品取引法という法律の一部として，その法律の対象となる大規模な会社に求められるシステムおよびプロセスとして要求されるようになり現在に至っています。そして内部統制概念の中では，内部監査は内部統制の一つの構成要素としてモニタリング（監視活動）という役割を果たす存在として位置付けられています。

内部統制の一要素として内部監査に割り当てられたモニタリング（監視）活動とは何をするかというと，限定的に述べれば他の内部統制の諸要素の整備・運用状態を検証し，評価し，経営者を中心とする関係者に報告する仕事をします。つまり内部監査の大きな目的は，内部統制の一要素としてモニタリング（監視）の役割を果たすことにあります。

内部監査独自の立場からは，内部監査は自由な発想で，経営者を中心とする関係者のニーズをくみ上げ，組織に貢献をするのが本来の目的であり「内部統制の一要素としてのモニタリングだけが内部監査の仕事ではない」といいたいところです。しかし，金融商品取引法の内部統制報告制度や会社法等の法令の整備のお陰で内部統制も内部監査も社会的な認知度が飛躍的に向上

したという事実に照らせば，内部監査担当者は，「内部監査は単に内部統制のモニタリングだけが目的ではない」と全否定はできません。それに加えて内部監査は現在の日本の状況では，経営者の要求に応えることが最優先課題とされ，経営者の最大の関心が内部統制報告書作成であれば，内部統制の有効性のモニタリング結果を提供することは内部監査の重要な目的と位置付けられます。

このように内部監査はこれらの法律の要請に基づいて定められた目的を果たすことで社会的な意義が認められます。さはさりながら，それをもって内部監査が社会に必要な存在として高い評価が得られるかというと決してそうではありません。内部監査は法律で要求される目的を果たした上で，時代のニーズに応えられる独自の目的を遂行することで，その存在意義を確立しなければなりません。すなわち一つの仕事をすれば，お役御免とはならないのです。やはり内部監査は本来の内部監査に対する経営者および組織のニーズに積極的に対応し，その機能を充実させていかなければならないのです。

このように現在の内部監査は法制度の上で，内部統制概念との関係に縛られる部分もあるものの，現時点では会社法およびJ-SOX法の導入直後の業務上の混乱の時期を乗り越え，これからは，様々な経営ニーズに対応した新たな内部監査の発展を考えていく時期に入っていると考えられます。

3
中堅・中小規模の組織にとっての内部統制の意味

現在の会社法は，株式会社の設立要件が緩和され，資本金が1円でも，取締役が1人でも株式会社が設立できるようになったと法律のスタート当時は話題になりました。まさに中堅・中小規模の企業に適合する株式会社制度が始まりました。しかし会社法は規制を緩めることだけをしたのではありません。経済の活性化策の一環として会社を起こす自由を多くの人々に与える代わりに，経営者には自主的なコントロールシステムの導入を強く求めました。すなわち起業を希望する個人に対し会社設立の自由を与える代わりに，

自己責任で不正や誤謬のない健全で信頼性のある会社を運営させるための管理態勢（内部統制）の整備を要求しました。すなわち欧米流の規制緩和およびその緩和とトレードオフの関係にある自己責任の強化の時代が始まったのです。

　会社法は会社の規模の大小にかかわらず全ての株式会社に適用されます。また会社法は漁業協同組合や農業協同組合等の様々な形態の協同組合の基本法である水産業協同組合法（水協法），農業協同組合法（農協法）等の組織設立・運営に関する法律にも準用という形で強く影響を与えています。

参考1 ── 協同組合にかかわる法律

　協同組合の組織を規制する法律は1998年（平成10年）に従来の民法準用型から商法準用型に，そして商法の会社に関する法律を会社法として独立させた関係で会社法準用型に変化しました。

　前述のように会社法は大会社に対し内部統制の構築を義務付け，また金融商品取引法では主として上場企業を対象に財務報告に係る内部統制の構築，経営者による内部統制の有効性の評価・報告，その報告に対する外部監査を求めています。このため，内部統制は大規模な会社のためのシステムで中堅・中小規模の組織や協同組合とは無関係と考える人々も多いと思います。

　しかしながら自主的に内部統制を整備し，健全で信頼できる組織を構築・運営してもらいたいというこの会社法の理念，内部統制の整備と運用で適正な財務報告の確保とともに経営の信頼性と透明性を図る金融商品取引法の理念を念頭に置けば，組織の規模に関係なく，これら両法の理念の実現は組織が生き続け繁栄する道に通じます。内部統制や内部監査の機能の有効性は中堅・中小規模の組織も協同組合もその他の形態の組織についても，これらの理念の実現は組織の継続性や繁栄する道に通じます。全ての組織は内部統制の導入・整備に着目しなければなりません。

　内部統制は組織の日常の経営活動の中で発生が予想される様々なリスクを制御するための仕組みなので，大規模な組織だけのものではありません。内部統制は本来，組織が自らの目的を達成するために必要と考え自主的に導入

し，運用するシステムとプロセスであり，法律が要求するという理由で法令準拠の観点から導入するといった性格のものではありません。大規模な組織がコンプライアンス（法令準拠）の観点から嫌々，内部統制基準や実施基準に忠実に準拠して内部統制を整備しても，円滑な運用は期待できず，形だけの内部統制になってしまいます。それに対し法律では強制されていないものの，リスク管理の必要を強く感じ，自分の規模や業種・業務に適合するよう自由に従業員全員の参加で設計した内部統制を導入した組織は，一丸となり内部統制の機能を発揮できるよう協力・協調することが期待できます。

　なお，ここでは内部統制そのものの理論と実践をテーマとはしていないので，内部統制の最新の理論を追跡するのではなく，現在の内部統制概念の原点となった COSO の内部統制概念を中心に，内部統制は特別なものではなく，中堅・中小規模の組織を含め多くの組織でも整備され，運用されている点を説明します。

参考2 ── COSO（コソ）及び COSO レポート

　COSO（Committee of Sponsoring Organizations of the Treadway Commission.: 略称コソ）とは 1985 年に組織化された「不正な財務報告に関する全国委員会（通称：トレッドウェイ委員会）」を支援するために米国の会計 5 団体（米国公認会計士協会，米国会計学会，内部監査人協会，管理会計士協会および財務担当経営者協会）の協賛と資金提供によって設立された支援組織であるトレッドウェイ委員会支援組織委員会の略称です。

　このトレッドウェイ委員会の支援委員会である COSO が 1992 年に作成・公表したレポートが COSO レポートとして有名な「内部統制の包括的フレームワーク」です。このレポートが示した内部統制の基盤に焦点を当て，さらに内部統制の構成要素にまで踏み込んだ内部統制の概念が現在，世界の内部統制概念のデファクト・スタンダード（事実上の標準）になっています。

　この COSO の内部統制概念については次の第 4 節「COSO の内部統制概念」で説明します。

4
COSO の内部統制概念

　内部統制（internal control）は，元々，企業の大規模化に伴う経営者の経

図表 1-2-1：COSO キューブと COSO ピラミッド

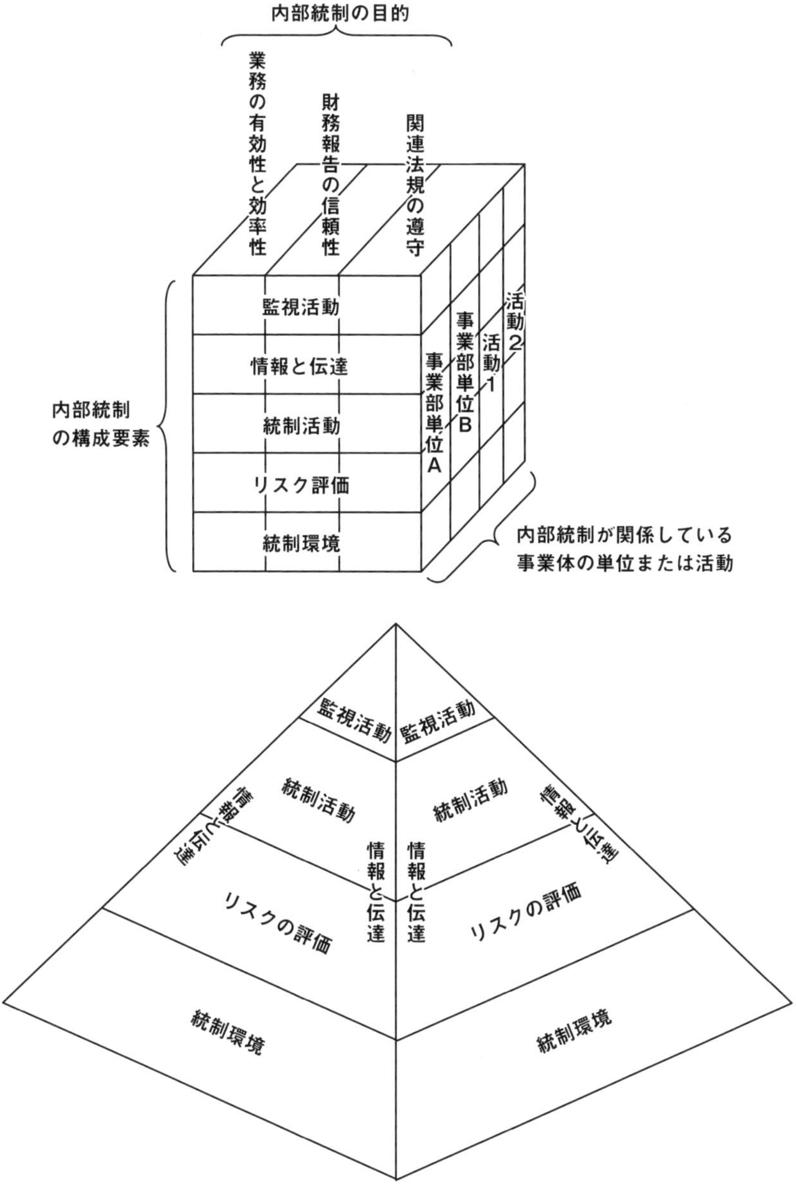

内部統制の目的

業務の有効性と効率性　財務報告の信頼性　関連法規の遵守

監視活動
情報と伝達
統制活動
リスク評価
統制環境

事業部単位 A　事業部単位 B　活動 1　活動 2

内部統制の構成要素

内部統制が関係している事業体の単位または活動

監視活動　監視活動
監視活動　統制活動　統制活動　情報と伝達
情報と伝達　情報と伝達
リスクの評価　リスクの評価
統制環境　統制環境

営管理能力の維持・向上のため，19 世紀末から 20 世紀初めの米国の経営実践及び経営理論の分野で登場し，発展した概念です。ところがこの用語，概念は企業経営の世界ではなく，日本でも米国でも財務諸表監査の分野で定着しました。

しかしながら，米国と日本の関係法令において取り上げられている内部統制は，従来の監査論で考えられてきたものとは切り口が異なります。これらで使用されている内部統制概念は全てその起源を米国の COSO に求めることができます。

イメージでいえば，従来の内部統制は下記の参考で説明するように平面（二次元）で説明できますが，現在の内部統制は立体（三次元）でなければ説明できません。

COSO で示されている内部統制概念を図表で示すと，図表 1-2-1 の COSO キューブと COSO ピラミッドで表現することができます。これらの図については，次の（1）で説明します。

参考 3 —— 従来の監査論における内部統制の定義

「内部統制とは，企業の資産を保全し，会計記録の正確性と信頼性を確保し，かつ経営活動を総合的に計画し，調整し，評定するために経営者が設定した制度・組織・方法及び手続を総称するものである。」（昭和 45 年・日本会計研究学会・会計監査特別委員会）

この委員会による報告書では，この定義に基づく内部統制の目的を，資産管理，会計管理及び業務管理の三つとし，構成要素としては，これら諸管理に全て関係し，また相互に関連のある内部牽制組織と内部監査を中心とする制度，組織，方法および手続，すなわち人的組織や物的組織，業務規定等からなると考えています。この定義は，内部統制について，わかりやすく説明していますが，COSO の定義と比較した場合，仕組みを中心とする平面的（二次元的）な立体感のない説明になっています。

（1）COSO で示された内部統制の目的と構成要素

一般の大規模企業では，法律を遵守するという立場が優先され，内部統制の構築自体が「目的」化しています。しかしながら，内部統制は，あくまで組織の目的達成を支えるプロセスであって，組織の目的達成こそが最上位の

命題なのです。では内部統制の具体的な目的とは何でしょうか。この点を次
に明確にします。

①**内部統制の三つの具体的な目的**

　COSO では内部統制の目的は「業務の有効性と効率性」,「財務報告の信頼
性」,「関連法規の遵守」の三つの達成であるとしています。

　「業務の有効性と効率性」は組織資源の効果的・効率的な使用を意味し,
一定の目的を無駄なく達成することを意味します。また「財務報告の信頼
性」は信頼のおける公表財務諸表の作成を意味し,「関連法規の遵守」は該
当する法規等の遵守を意味します。自らの組織を健全で, 利益の上げられる
ものにするのが内部統制の目標なのです。

　この組織の事業目的である三つの目的を達成するために内部統制が有効で
あると判断するにはどうすればよいでしょうか。

図表 1-2-2：内部統制の三つの目的

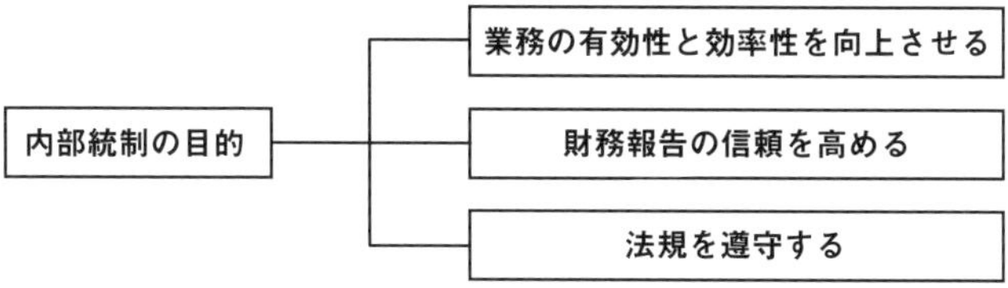

②**内部統制の五つの構成要素について**

　COSO 基準によれば, 五つの構成要素が日常の個々の業務活動や事業単位
に組み込まれ, 機能していれば, 内部統制は有効であると判断できます。す
なわち, この五つの構成要素が整備でき, 適切に運用されていれば三つの目
的が達成される可能性が高いと考えるのです。

　では, この五つの内部統制の構成要素を簡単に説明します。

```
┌──────────────┐
│   統制環境    │──┐
├──────────────┤  │
│ リスクの評価  │  │
├──────────────┤  ├─(整備・適切な運用)──▶ ┌─────────────┐    ┌─────────────────┐
│   統制活動    │  │                      │ 三つの目的達成 │ = │ 内部統制は有効 │
├──────────────┤  │                      └─────────────┘    └─────────────────┘
│  情報と伝達   │  │
├──────────────┤  │
│   監視活動    │──┘
└──────────────┘
```

1）統制環境

　統制環境とは，内部統制の土台となるもので，組織の統制に関する気風を決定します。例えば次のような従業員の行動の手本となる事項や従業員の行動を導く事項の整備・運用状況です。
　　・従業員の行動の手本（規範）となるもの：会社の経営理念，経営方針，倫理規定や行動規範，経営者の誠実性や倫理観，言動
　　・従業員の行動を導くもの：組織の権限規定，人事方針・人事制度，業績評価制度，表彰・懲罰制度，教育・研修制度

2）リスクの評価

　組織目標の達成を阻害する要因をリスクとして認識・分析・評価して，どう対応すべきかを検討する一連のプロセスです。
　リスクの認識・分析のプロセスで大事なことは，組織の目標が明確になっていることです。目標が明確であれば，目的の達成を拒むリスクが明確になります。そしてリスクが明確になれば，リスクに応じたコントロール（受容・低減・回避・転嫁）が可能になります。

3）統制活動

　この活動は，通常，組織が行っている管理活動そのものであり，ハンコを一つ押すのも統制活動であり，特別なものではありません。「承認（上司が同意・承認することによるコントロール）」や「照合（ある二つの事柄が一致しているかどうかをチェックすることによるコントロール）」や「諸規定・マニュアルの整備（諸規定を整備し，ある同一業務処理に対して共通の

処理作業を行えるようにするコントロール）」などがあります。

統制活動には，方針・プロセス・手続・行動の四つが含まれます。

何を，なぜ行うかという「方針」を決定し，その方針を実施するために誰がいつどこで何をするかという「プロセス」を決め，この「プロセス」を構成する作業をどのようにやるかを「手続」として定め，従業員が「行動」することです。このような統制活動の中でも，特に重要なのが「職務分掌（承認・記録・保管のような機能を一人が全部担当しないようにすることによるコントロール）」です。

4）情報と伝達

組織内における上下，部門間の情報の伝達の重要性を示す構成要素です。悪い情報も良い情報も透明・迅速に組織内に伝わる環境を整備し，上司へのリポートラインや内部通報制度の報告ラインにそい積極的に情報に関しホウ（報告）・レン（連絡）・ソウ（相談）を行える環境が大事です。

5）監視活動

監視活動とは，内部統制が有効に機能しているかどうかを継続的に評価するプロセスです。この活動には次の二種類があります。

・日常的監視活動
・独立的監視活動（内部監査）

これらの五つの諸要素は，従来から管理活動の充実・強化に熱心に取り組まれてきた組織では，ごく自然に，身の回りに取り巻いているものです。要するに，これまで意識していようと無意識であろうと，組織には内部統制の五つの諸要素は何らかの形で整えられています。したがって，自分の組織における内部統制の諸要素に該当するものを見つめ直し，足りないところを重点的に補えば良いのです。内部統制に模範解答はなく，自分の組織の事業特性・リスク特性にあった独自の内部統制を構築・整備・運用することが重要なのです。

参考4 ── 企業会計審議会・内部統制基準（2007年）における内部統制の定義

「内部統制とは，基本的に，業務の有効性及び効率性，財務報告の信頼性，事業活動に関わる法令等の遵守並びに資産の保全の四つの目的が達成されているとの合理的な保証を得るために，業務に組み込まれ，組織内のすべての者によって遂行されるプロセスをいい，統制環境，リスクの評価と対応，統制活動，情報と伝達，モニタリング（監視活動）及びIT（情報技術）への対応の六つの基本的要素から構成される。」

COSOの内部統制の概念では目的が三つで，構成要素が五つであったのに対して，この定義では内部統制の目的として四つ，その構成要素として六つをあげています。

日本の内部統制基準は，上記三つの目的に「資産の保全」目的を加え，上記五つの要素に加えて「ITへの対応」という要素を加えています。

なお，COSOはCOSOレポートの追補版を1994年に発表し，日本の内部統制基準で採用されている「資産の保全」を四番目の目的に追加しました。またCOSOでは，ITへの対応という要素については五つの要素の中に含まれていると考えています。

このように考えると日本の基準は，概念そのものはCOSOをそのまま踏襲しており，日本の実情に合わせ，表現や整理方法を変えていると理解できます。

参考5 ── 内部統制の整備・運用にとって必要な文書化

文書化とは何でしょうか。内部統制の文書化の中心は自分の組織の内部統制の概要および具体的な内容を明確にするため，組織の構成員がなすべき手順を明確に定め，その手順を文書の形で残すことです。

この作業は，内部統制という経営管理の抽象的なシステムを「見える化」し，具体的な形として関係者に明確に示せるという効果があります。文書がなければ，内部統制は職場の慣習としてボンヤリとは伝わるでしょうが，組織の構成員は内部統制に準拠した自分がやるべき業務の内容が明確には把握できず，また経営者・管理者は内部統制の機能について信頼を置くことができません。内部統制が機能する時もあれば，機能しない時もあるといった不安定で不明確な状態が継続すれば，信頼できないシステムとして，内部統制は自然に消滅していくことになります。

また組織の規模の大小にかかわらず，また文書化されているかにかかわらず，どの組織にもルール，規則，いわゆる先輩から受け継がれてきた「決まりごと」がたくさんあります。組織の構成員が意識していない場合も多いですが，そのルールが業務の秩序を維持し，不正や誤謬を防止していることもあります。しかしその中には誰も守っていない形骸化されたルール・規則も歴史のある組織ほど堆積しています。また関連するルール間の整合性がとれておらず矛盾したままになっているようなルール・規則がそのままになっているような例も多々あることと想像できます。文書化の効果としては，内部統制の構築を機会に，組織内のルール・規則の見直し・整理が進むことです。

このように文書化の効果は大規模組織でも中堅・中小規模の組織でも変わりません。し

たがって，中堅・中小規模の組織においても詳細度のレベルは大規模な組織にそろえる必要はありませんが，文書の形で自分の組織の内部統制を形にするという作業は大切です。全ての業務について，このような文書化は必要ありませんが，重要な業務について見える化し，活用すれば，内部統制の構築を円滑に進めることができます。

　具体的な文書化の作業は内部統制基準では「業務の流れ図の作成」⇒「業務記述書の作成」⇒「リスクと統制の対応」の三つのプロセスからなるとされています。

《内部統制の構築過程で作成される３点セット》

　（ア）流れ図（業務フロー図）の作成：業務プロセスを洗い出すために業務の手順を示した図を作成する

　（イ）業務記述書の作成：上記の業務の詳細な内容を文書で記述し，どこにリスクがあるのかを把握し，次に内部統制がその把握したリスクを十分に低減しているのかを検討する

　（ウ）リスク・コントロール・マトリックス（RCM）の作成：業務プロセスにおけるリスクとそれに対する低減策を一覧表にし，対応について評価し，その評価結果を記載する

　　　特にリスクを最も効果的に低減させるコントロール（キーコントロールあるいは統制上の要点）をこの段階で明確に選定し，記載することが重要です。

参考 6 ── 改訂 COSO

　2013 年 5 月に COSO は，改訂版「内部統制の統合的フレームワーク（新フレームワーク）」を公開しました。1992 年に「内部統制の統合的枠組み（COSO フレームワーク）」として公表された COSO フレームワークは 20 年を経て，企業経営を取り巻く環境や規制等の変化に対応するため改訂が数年前より計画され，ドラフトの公表，その後の修正作業を経て正式に公表されました。

　新フレームワークでは，基本的な定義や COSO フレームワークで示された目的や構成要素を踏襲しています。しかしながら，従来のフレームでは内部統制の報告目的を財務報告に限定していたのに対して，新フレームでは非財務情報も取り込みました。そして原則主義アプローチを基本に，構成要素を支援する 17 の原則，81 の属性（原則に関連した特徴）を示しています。17 の原則には従来のフレームワークでは明確になっていなかった内部統制と不正の関係も明示されました。また，リスク評価の着眼点にはリスク許容度との関係など，この 20 年間に進化した考え方や実務に関するガイダンスや考え方が整理されました。

　そして，そこでは内部統制が有効である要件として，五つの構成要素および全ての関連する原則が存在し，ともに機能し，重要な不備がないことと明示しました。

　なお，2013 年に公表された改訂 COSO では，内部統制と全社的リスクマネジメント（ERM）とガバナンスの関係について，内部統制は全社的リスクマネジメント（ERM）に

包含され，その ERM はガバナンスに包含されるという形で示しています。

　今後，この COSO 新フレームワークが我が国の監査基準や内部統制基準等に影響を与えることも十分に考えられます。

　（参考文献：八田進二，箱田順哉監訳，日本内部統制研究学会新 COSO 研究会訳「内部統制の統合的フレームワーク・フレームワーク篇」日本公認会計士協会出版局，2014 年，215 頁）

図表1-2-4：ガバナンス・全社的リスクマネジメント・内部統制の関係

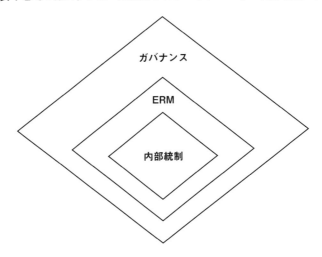

　この図を内部統制中心ではなく，組織全体の立場で解釈すると，組織の健全性を担保するガバナンスは全社的リスクマネジメント（ERM）と内部統制が支える関係にあると理解できます。

5
リスクマネジメントから全社的リスクマネジメント（ERM：Enterprise-wide risk management）へ

　内部統制とリスクマネジメントはそれぞれ異なる背景の下で，違った経路を経て発展してきました。しかしながら，企業価値を維持・向上するという

観点からは，その目的は多くの共通部分を有しています。

　そして，組織が直面する環境が激変し，リスクが多様化・複雑化している現代において，リスクを適切に管理して企業価値を高めるためには，内部統制を構築し，運用することが求められるようになりました。これがリスクマネジメントと内部統制との一体的運用の背景です。

　内部統制はリスクマネジメントを適切に実行するために不可欠なプロセスであり，リスクマネジメントを支える一方，リスクマネジメントによる総合的なリスクの評価等がなければ，内部統制は有効に機能しません。組織は単に定められたルールに従うだけでなく，自ら組織の価値に影響を与えるリスクに応じて内部統制を構築しなければなりません。

　読者の皆様に従来のリスクマネジメントと一体となって機能する内部統制のイメージを理解してもらうために参考となる図を次頁に示します。

（参考文献：「リスク新時代の内部統制」24 頁，経済産業省「リスク管理・
　　　　　　内部統制に関する研究会」，平成 15 年）

　リスクマネジメントについて最近は，図表 1-2-4 で見るように，リスクを個別にみてマネジメントを考えるのではなく，組織全体で総合的，一貫的に考えていく方向性が相当以前から目立つようになっていました。

　COSO も 2004 年に COSO キューブの一部を見直し「COSO・ERM2004」を公表し，全社的リスクマネジメント（ERM）のフレームワークを示しました。また 2017 年に改訂版である「COSO・ERM2017」を公表しました。

　「全社的リスクマネジメント（ERM）」とは組織全体（全社的）に適切なリスク管理を行うための概念です。リスクを全社的な視点で認識・評価し，優先順位を明確にした上で，全社の残存リスクの最小化を図るため，重要リスクに対するコントロールを強化し，経営資源を優先的に配分する体系的で一貫した継続的リスク管理のプロセスを意味します。

　1992 年に公表された COSO では，業務，財務報告，法令遵守の三つの目的の達成を阻害する要素をリスクとし，そのリスクへ適切に対応し，リスクの発現を一定の幅に抑え，組織の目的達成を合理的に保証する内部統制のフ

図表1-2-5：リスクマネジメントと一体となって機能する内部統制の全体図

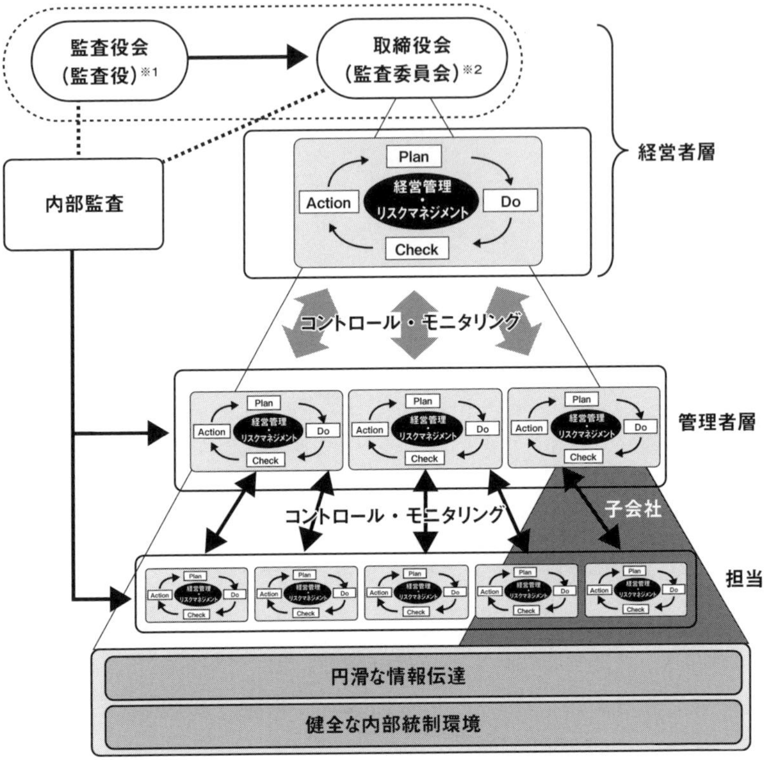

注：※1　監査役会（監査役）は，監査役設置会社の場合に設置される
　　※2　監査委員会は，委員会等設置会社の場合に設置される

レームワークを示しました。この段階では，個別のプロジェクト，事象に関するリスクマネジメント（リスク管理）が問題にされました。ERMはリスクマネジメントの質をより高める目的で提言されました。

　2004年に公表された「COSO・ERM2004」では，リスクを組織の理念や目的の達成すための「戦略」と結び付け，戦略が実現できるか否かの不確実性をリスクとし，このリスクの発現を，経営者が組織の価値向上のために，許容できる範囲に収める仕組みが内部統制とする考え方を示しました。ここで「全社的リスクマネジメント（ERM）」というように表現方法が登場しました。

全社的リスクマネジメント（ERM）というと，組織全体のリスクを一覧化し，可視化することにより，経営理念の実現に向けた経営者の戦略の円滑な推進に貢献する経営手法として理解されがちです。しかし，この理解は全社的リスクマネジメント（ERM）の一面にすぎず，ERM の本質は文字通り，組織の価値を創造し，維持し，実現する際に必要な組織全体に関わるリスクマネジメント（管理）の手法であり，リスクを中心とした戦略策定や実行と一体になった組織全体の文化，能力，実務の管理を意味します。

　もう少し易しく ERM を説明すると，ERM は「全体最適化」を目指し，「部分最適化」を目指す従来のリスクマネジメントとは異なるということです。組織の価値を創造・維持するためのリスクへの対策である戦略について，リスク管理を法務部とか経理部とか営業部等の各部門の業務の責任範囲で行うのではなく，組織全体の総括責任者を明確にし，組織全体でリスクを一元管理することによりリスク管理に「縦ぐし」だけでなく「横ぐし」を通すという考え方です。

　内部監査と全社的リスクマネジメント（ERM）の関連ですが，ERM といっても，中堅・中小規模の組織では，従来のリスクマネジメントの導入も徹底できていない組織が多く，早急な ERM の実現は難しい状況です。

　COSO が提言する ERM の考え方は説得力のあるものとして一般に受け入れられていますが，中堅・中小規模の組織の急いでの導入は感心できません。ERM を目標として，従来のリスクマネジメントの考え方を組織に定着させることが第一歩です。この方向性は内部監査の実施についても同様です。中堅・中小規模の組織にいきなり ERM を前提とした内部監査を無理に導入しようとしても適合は難しく，とりあえずシンプルなリスクマネジメントを前提とした内部監査の実施を根付かせることに努力するべきです。

6
中堅・中小規模の組織に相応しい内部統制

　日本でも欧米においても COSO の考え方を中心とした内部統制の概念が

普及しています。これらの概念は，従来にはない合理的な経営管理手法・考え方として一般社会に容認され支持されました。中堅・中小規模の組織についても，この概念の恩恵を受けることは可能です。しかし，この一般的な概念が中堅・中小規模の組織に完璧に当てはまるかというと，必ずしも YES とはいえません。

本来内部統制は経営管理のシステムであり，自分の組織を中心に，役に立つならば採用し，そうでなければ導入しない性格のものです。大規模な組織については会社法や金融商品取引法といった法律に準拠しなければならないため，制度として一定のレベルの内部統制の整備や適切な運用が強制されますが，それらの法律に必ずしも縛られない中堅・中小規模の組織においては，あくまで任意で，努力目標といってもいい存在です。

内部統制による管理手法の特徴はルールによる管理です。組織の構成員が守るべき様々なルールを設定し，そのルールによって構成員の業務に様々な「縛り」をかけるのです。したがって，内部統制が機能すれば，組織に属する各人の自由な行動は特定のルールにより制約されます。従業員は数千，数万の大規模組織では，このような縛りをかけないと組織としての一貫した活動が保証できなくなりますが，内部統制の導入により業務の効率性が犠牲になる危険があります。このため業務の実施における効率も考慮しながら内部統制を設計しなければ，現場にも経営者・管理者にも受け入れられません。

内部統制の設計に際しては，内部統制の一般的な概念を意識しつつ，メリハリを利かせた諸資源の投入が必要です。

組織は多種多様です。自分の組織，仕事については組織内の人間が一番知っているのですから，自分の組織に相応しい仕組みを構築し，運用すれば役に立ちます。しかしそうでなければ形だけの内部統制になり，効果の継続性は期待できません。決して各種基準どおりの内部統制を構築しても，コストばかりかかり役に立たないし，運用も困難になることは目に見えています。同じ規模で同種の効果を発揮している組織の内部統制を真似てもうまくいきません。

なお，中堅・中小規模の組織に相応しい内部統制の具体的な例については，第3部第12章に示した「中堅・中小規模の組織の管理態勢と内部監査

の着眼点」を読んでください。具体例を知ることにより，抽象的で解りづらい内部統制の各種ルールによる管理態勢という特色の実感が湧いてくると思います。

　また中堅・中小規模の組織は取引先の大規模組織から内部統制を求められることもあります。この点は注意しなければならないことです。金融商品取引法により求められる財務報告に係る内部統制の構築は，連結ベースを基本としており，その対象範囲は子会社や関連会社にも及びます。

　また特定の大規模組織と資本関係のない協力組織（下請け）である中堅・中小規模の組織は，自分の組織は子会社でも関連会社でもなく，また規模では金融商品取引法の網にかからないので，内部統制の構築については努力しなくても心配ないと安心している組織が多いと思われます。

　しかし，大規模な組織の中には，特に不正防止を目的として，協力会社（下請け）を巻き込んで内部統制の構築を図る組織も存在しています。強制ではありませんが，主たる顧客である大規模組織から依頼されれば，下請けの中堅・中小規模の組織は求められる内部統制のレベルをなんとしても達成しなければ，取引の継続が危うくなります。

　このような弱い立場の中堅・中小規模の組織が，弱い体力の中で，求めに応じて懸命に内部統制の構築に励む姿が現実には存在します。

　中堅・中小規模の組織でも内部統制は必要であり，メリットはあるということを本書では再三主張していますが，自主的な構築でない場合には，組織に相当な負担を強いることになります。中堅・中小規模の組織といえどもグローバルな場での活動が当たり前になり，ISO（国際標準化機構）の基準でも見られるように一定レベルの内部統制の整備と運用は世界的には常識です。取引先から条件として内部統制の整備と適切な運用を要求される事態というのは，外国の組織との取引も増加する今後は珍しくなくなる可能性があります。中堅・中小規模の組織は内部統制の構築を突然求められてから慌てるのではなく，そうなる前に，内部統制を構築するための環境の整備を自ら始めることは無駄にはなりません。

内部通報制度は内部統制の有効性を守る最後の砦

　世間を騒がせた日産自動車のゴーン事件，オリンパスの粉飾決算事件，JR北海道のレール異常放置事件等，組織内部の関係者による内部通報が発覚の契機となったといわれる事件は枚挙にいとまがありません。

　組織の法令・倫理等違反行為の発覚時の損失は計り知れず，社会的な批判とブランドイメージの毀損は組織の経営基盤を揺るがします。リスクマネジメントの観点からも不祥事の発生予防，早期発見は至上命題で，内部統制は，この不祥事の発見に有効に機能します。

　内部統制が整備され適切に運用されていれば，不祥事の多くは内部統制のシステムにより重要な事件になる前に発見されます。しかしながら内部統制は万能ではありません。

　内部統制には下記のような限界があります。

　(1) 判断の誤り，不注意，複数の担当者による共謀によって有効に機能しなくなる。

　(2) 当初想定していなかった組織内外の環境の変化や非定型的な取引等には対応できない。

　(3) 整備および運用に関しては，費用と便益との比較衡量が求められる。

　(4) 経営者が不当な目的のために内部統制を無視ないし無効ならしめることがある。

　このような種々の限界を持っているからこそ，内部統制のシステムの中に限界を克服する手段として内部通報制度を導入する意味がでてきます。

　すなわち組織は内部統制の限界を克服し，有効性を守るための最後の砦として内部統制の限界により摘発できない不祥事を個人が通報する道を用意しなければなりません。それが内部通報制度です。

　現実には通報される情報の99％が個人的な恨みをはらすための情報や他人を陥れる情報だそうです。しかし百に一つは内部関係者の正義感から止むに止まれず提供される重要情報が含まれます。

　内部通報制度のメリットは，マスコミや監督官庁といった組織外部に情報が洩れて事態が公になる前に，いち早く通報情報を把握し，調査，適切に対応できることです。組織自身は外部に直接情報が漏洩する前に，内部で是正するチャンスを与えてもらったことに感謝し，誠実に対応することが肝心です。米国ではSEC（米国証券取引委員会）への企業不正に関する内部告発が制度化されており，SECが告発者に直接支払った報奨金が前年度の3倍の過去最大になったことが話題になっています。

大規模な組織とは異なり，小規模組織については，通報制度の基本方針策定，通報を受け入れる機関の決定，職員等に対する教育・研修の充実等を整備・運用することは難しいという現実があります。しかし，この制度の導入を断念するのは危険です。通報することを望む者に何らかの機会を設けておくことが必要です。

　内部通報に真摯に向き合い，組織とは独立した立場で通報者を保護し，できる限りの調査と適切な対応を担当する能力と意志を持つ通報先を設ける組織の努力が，中堅・中小組織の継続的な経営活動を守ります。

　中堅・中小組織については，内部監査部門が責任部署となったり，通報窓口にとなる可能性も考えられます。また，内部監査部門は監査の立場で内部統制の一環として導入された内部通報制度が効果的に整備・運用できているかどうかを評価し，もし問題があれば改善提案を行わなければなりません。

課題研究

　経営者の期待が組織の内部統制および内部監査の特徴を導き出します。では，読者の属する組織の経営者は，内部統制および内部監査の様々な機能あるいは目的に対し，具体的にどのような機能を最優先に要求するでしょうか，想像してください。

内部監査の一般的理論

━━━━━━━━━第2部で学ぶこと━━━━━━━━━

　金融商品取引法が適用されない中堅・中小規模の組織体では，適用される法令に影響されることなく組織体の経営トップによる判断で，任意により内部監査の実施が決定され，その目的，内容は組織ごとに大きく相違し，規模による影響を強く受けます。

　しかしながら内部監査の質を保ち，内部監査担当者が責任を果たすに際し，例えば監査担当者の資質と独立性，組織体内の各部門に対するあり方，内部監査の品質管理，他の監査との関係といった基本的な諸要素については何らかの一般に公正妥当と認められている基準が存在することが有用になります。日本では，それが日本内部監査協会の作成・公表している「内部監査基準」であり，その基準の説明ないし適用に当たっての参考として同じく日本内部監査協会が作成した「内部監査基準実践要綱」及び「内部監査実務全書」です。

　理想的な内部監査の実施態勢としては，上記内部監査基準等に基づき，それぞれの組織に適合する内部監査を組織的，計画的そして効率的に実施するための組織内規程である「内部監査規程」を作成します。ただし各組織が置かれた環境や組織規模は大きく異なるため，基準等をそのまま使用することは適切ではなく，各組織は自分に適合する内部監査の姿を模索し，経営者や関係者と議論を重ねアレンジする必要があります。また内部監査規定の実施細則として，内部監査業務の基本的事項ごとに手続や指針を「内部監査マニュアル」としてまとめ，さらに監査項目ごとの監査要点について「内部監査チェックリスト」としてまとめることも内部監査の円滑で均一的な実施のためには有用です。

　中堅・中小規模の組織にとっては，コストとパフォーマンスの比較の観点からこのような態勢を積極的に導入することは難しいと思われます。しかし，少なくとも内部監査部門責任者は理想の姿を念頭に置く必要があります。そして，一歩一歩この態勢に近づく努力をすることが，組織の内部監査のレベルの向上に結びつきます。

　第2部では一般に認められた内部監査の基準等を参考に，担当者の条件，監査手続，品質管理，監査報告といった一連の内部監査のフレームワークを説明しながら，中堅・中小規模の組織の内部監査の姿を示します。

　ただし規模による影響により基準等の中には，中堅・中小規模の組織の内部監査には必ずしも重要ではないという事項も多いことも事実です。そこでここでは規模の大小にかかわらず必要な内部監査の基本項目は取り扱うものの，内部監査基準等をコンメンタールのように解説することはしません。特に中堅・中小規模の組織の内部監査にも適用しなければならない事項及びアレンジが必要な事項を中心に取り上げます。

第**3**章

主体論―内部監査の
担当者として相応しい人材―

―――――――本章で学ぶこと―――――――

　職業人として誠実な人柄であり，どんな状況においても公正不偏な判断を
下せる人物でなければ，依頼人である経営者や，監査を受ける者や部門も，
監査結果を信頼できないし，また監査活動に協力もしないでしょう。誠実性
や客観性あるいは公正不偏性は，内部監査担当者に必要な根源的な職業倫理
なのです。

　監査主体の職業倫理は重要な概念で，大規模組織の監査でも中堅・中小規
模の組織の監査でも規模の大小にかかわらず内部監査担当者は常にその倫理
を具現していかなければなりません。しかし倫理という概念は抽象的で，具
体性に乏しいと思われます。そこで主体の条件という職業倫理を具体化した
形で，内部監査の担当者として相応しい人物の要件をここでは考察します。
本章では特に独立性および専門的能力という対象組織の規模にかかわらず重
要な本質的な監査主体の条件を中心に説明します。

前頁の「本章で学ぶこと」に示した監査主体が保持すべき職業倫理を具体化したものが下図で示す監査主体の条件になります。これらの条件について，本章で説明します。

図表 2-3-1：監査主体の職業倫理と条件の関係

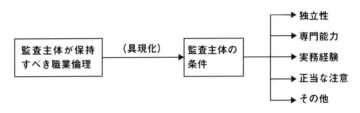

大規模組織の内部監査では内部監査部門を中心に組織的な監査が実施されていることが一般的です。特に大規模な株式会社に対し金融商品取引法および会社法が内部統制の整備と運用や経営者の内部統制に関する有用性の報告そしてその報告に関する第三者の監査を制度化してからは内部統制担当部門の整備・強化が進展し，内部監査部門長を核とした「組織的監査」の実施が監査主体論そして次に説明する実施論の主要なテーマとなっています。

しかしながら，本書のテーマとなっている中堅・中小規模の組織では，大規模組織のように内部監査部門が設置され，内部監査部門長が当該組織の責任者として就任し，複数の職員が内部監査担当として専任で所属し，いくつかのチームに分かれ，各チームが並列的に内部監査を実施している組織ばかりではありません。むしろ内部監査部門は形だけ存在しても，組織構成員である部門長そして内部監査担当者は他部門との兼任という形をとり，彼らの日常業務は内部監査業務ではなく，従来からの部門での業務が中心で，内部監査の実施の際に招集され，一時的に内部監査を担当する組織が多いのが現実です。また，内部監査部門長は専任で任命されていても，内部監査部門には専任の職員がおらず，内部監査の実施のつど，その目的，内容に合わせ，他部門から職員を一時的に出向してもらい，また必要があればアウトソーシングで外部から調達するという組織もあります。

さらに内部監査部門という部門そのものが組織上存在せず，内部監査の目

的に合わせ，経営者あるいはそれに代わる組織・人物（株式会社では取締役会，取締役，協同組合組織では理事会，理事）から責任者および担当者が特別に指名され，内部監査チームを編成し，内部監査を実施する組織もあると思われます。

このような環境の中堅・中小規模の組織の内部監査では主体論として内部監査部門を中心に，内部監査部門の管理に焦点を当てた組織的な監査の実施を論じるのは実情に合致しません。

そこでここでは組織的監査に対し非組織的監査，すなわち責任者と集められた組織構成員からなる監査チームを監査主体とし，そこでの責任者および担当者の関係や活動に焦点を当てた監査主体論を中心に説明します。

1
独立性

（1）監査対象に対する独立性は内部監査の本質的な要件

全ての監査の本質的要素は独立性です。監査の生命線は信頼性であり，第三者からの信頼を得られない監査は，その機能を発揮できません。その信頼性の根源には監査担当者の独立性があります。すなわち，独立の第三者が監査対象の組織を調査・評価することにより，その報告が第三者から信頼されるのです。

監査の世界では「自己監査は監査にあらず」という格言があります。この格言は，もし監査担当者が監査の対象に対し，第三者としての立場に立てない場合，すなわち独立でない場合，第三者からの信頼を得ることは期待できず，その調査・評価行為は自己証明になってしまい，監査とはいえなくなるという意味です。

日本内部監査協会が作成・公表している内部監査基準第2章・第1節は「内部監査の独立性と客観性」と題し，2.1.1で下記の規定を設けています。

『内部監査人は，内部監査が効果的にその目的を達成するため，内部監査

51

の実施において，他からの制約を受けることなく自由に，かつ公正不偏な態度で内部監査を遂行し得る環境になければならない。』また 2.1.2 で『内部監査部門は，その対象となる諸活動についていかなる是正権限や責任も負うことなく，内部監査人が内部監査の遂行にあたって不可欠な公正不偏な態度を堅持し，自律的な内部監査活動を行うことができるように，組織体内において独立して組織されなければならない。』

この基準は内部監査担当者が内部監査の対象となる諸活動について直接関わることなく，組織的に独立であることを求めています。

(2) 独立性に関する外部監査と内部監査の違い（内部監査における独立性の特徴）

監査対象からの独立性が監査主体の要件として重要であることは疑問の余地はありません。しかし，法定の職業的会計専門家である公認会計士または監査法人による財務諸表監査とは異なり内部監査では内部監査担当者に監査を依頼し，監査結果を受け取る相手は一般的に組織の経営者です。また監査結果が公開されることもありません。すなわち法定ではなく任意の内部監査の利害関係者は極めて限定されており，極端なことをいえば経営者が監査担当者の監査対象に対する独立性を信じてくれれば内部監査の信頼性は確保できます。

また内部監査の利害関係者は限定されているため，財務諸表監査において要求される「精神的独立性」（公正不偏の態度を保持すること）と「外観的独立性」の要件のうち，後者の外部の不特定多数の利害関係者が監査担当者の独立の立場に疑いを招く外観を有さないという外観的独立性を維持する必要は外部監査と比較して乏しいといえます。

このように内部監査における求められる独立性のレベルは，法定の財務諸表監査を代表とする外部監査と同じである必要はなく，監査の種類により独立性のレベルについて差がでることは当然です。不特定多数の利害関係者との関係の中でも特に経営者との間の独立性が絶対的な条件である外部監査とは異なり，内部監査は経営者が構築することが通常であり，結果として経営

者に従属することになるため，経営者との間で内部監査担当者の独立性の確保を問題とすることは困難です。

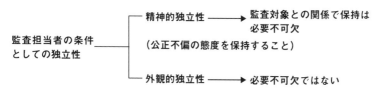

図表 2-3-2：内部監査の実施主体に求められる独立性

監査担当者の条件
としての独立性
├── 精神的独立性 ──→ 監査対象との関係で保持は必要不可欠
│   （公正不偏の態度を保持すること）
└── 外観的独立性 ──→ 必要不可欠ではない

（3）組織規模の違いと求められる独立性のレベルの違い

　内部監査の中でも大規模組織を対象とするものと中堅・中小規模の組織を対象とするものでは独立性に関する考え方に差がでます。

　上記第2項で内部監査の場合，内部監査担当者の独立性の確保を経営者との関係で条件として求めることは困難と述べました。しかし，従業員が何千，何万と抱える巨大な組織の内部監査においては，組織自体の社会的な存在ゆえに，『経営者』に奉仕することから最新の理論では『組織』に奉仕する組織全体のために機能する監査であるとの認識に変化し，このような大規模組織に対する内部監査は『経営者』に対しても独立であるべきとの考え方がとられるようになっています。この場合は外部監査と同様な考え方で監査主体の独立性の条件を認識できます。しかしながら現実には大部分の組織で内部監査の導入及び継続の可否は経営者が把握し，経営者に奉仕できない内部監査は存在できません。特に中堅・中小規模の組織にとって，監査対象に対しては独立でも，経営者に対する独立性に関しその徹底は難しいのが現状です。

　また内部監査部門の設置についても，大規模組織に対する内部監査については当てはまりますが，はたして中堅・中小規模の組織の内部監査にとって独立性の堅持の前提条件として内部監査部門を設置できるかといった点で疑問が残ります。この問題は，内部監査担当者が守るべき独立性のレベルは，大規模組織の内部監査担当者と中堅・中小規模の組織の内部監査担当者で同

レベルでなければいけないかといった疑問につながります。

　中堅組織においても金融商品取引法の適用対象となる大規模な組織と本質的に同等の組織では，内部監査部門を設置し，上記基準を遵守すべきでしょうが，多くの中堅・中小規模の企業にとって，上記基準を遵守することは困難を伴います。

　このため，中堅・中小規模の組織では，実質的に監査主体の独立性を保持するために様々な工夫が必要になります。

　内部監査部門が存在しない，あるいは内部監査部門の部員数が3人以下というような少人数である場合，自己点検や内部監査用ソフトをはじめとしたIT技術を利用したり，第1章の参考1で紹介した「有効なリスクマネジメントとコントロールにおける三つのディフェンスライン」の二番目の第二のディフェンスラインであるコンプライアンスやリスク管理などを担当する部署と協働したり，他部門からの支援を求めたりといった工夫が必要になります。しかし，他部門からの応援を求める場合，内部監査の独立性の保持の観点から独立性が侵害されないよう，特にアシュアランス（保証）業務を提供する場合には，支援者が監査対象となっている業務を兼務している場合や支援者が以前に責任を有していた業務であった場合には，その監査への従事を避けることや内部監査部長が監督に責任を持つ等の措置が必要になります。独立性のない監査担当者が監査結果を隠蔽したり，問題点を指摘できなかったり，事実が歪められた報告書を作成したりする危険を避けなければなりません。

　現実に，中堅・中小規模の組織では組織規模を原因とする人材の量的・質的面での不足は，どの組織にも共通の課題であり，また内部監査に係るコスト負担能力の欠如といったことも共通です。中堅・中小規模の組織の場合，内部監査部門を設け，日常的に内部監査に従事させる組織ばかりではありません。前述のように独立の内部監査部門を設けることは難しく，組織的に独立することを忠実に遵守することはできません。

　このため，組織的な独立性を内部監査の条件とする前述2.1.2の基準の遵守を厳格に求めると，中堅・中小規模の組織の内部監査は主体条件を満たしていない失格監査となってしまうケースが多くなってしまいます。中堅・中

図表 2-3-3：独立性条件に関する中堅・中小規模の組織と大規模組織とのレベル差

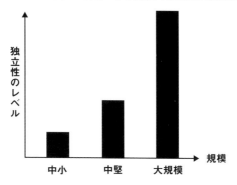

小規模の組織では監査主体の条件の面で内部監査は実施できないという結論は，内部監査の有用な機能を殺してしまいます。

　この点については悩ましい問題ではありますが，中堅・中小規模の組織の内部監査の場合，内部監査チームおよびその構成員が現実に被監査対象の部門に対し独立性を確保しており，それを依頼人である経営者等が認めているならば，内部監査の信頼性に重大な問題はなく，内部監査担当者は独立性の条件を満たしていると判断しても差し支えないと考えられます。

　監査の種類や監査対象の規模の違いがあっても，監査主体の条件の本質が変わることはありません。厳格な主体条件を堅持することが困難な中堅・中小規模の組織に対する内部監査も，関係者の意識と確保するための努力により最低限の精神的独立性の維持は監査担当者の条件として絶対です。

（参考文献：日本内部監査協会編「バリューアップ内部監査 Q&A」50～52
　　　　　頁）

Column
独立性と信頼性

　スイスを本拠とする世界的製薬メーカーの日本法人であるノバルティスファーマ社の高血圧治療薬「ディオバン」の臨床研究で，不正なデータ操作が発覚した事件を読者の皆様も覚えている方が多いと思います。

2000 年の販売開始後，ディオバンの血圧を下げる以外の効果を調べる臨床研究が５大学で行われ，研究論文で脳卒中や狭心症の予防効果もあると指摘され，この結果をノバルティスファーマ社はディオバンの販売促進に使用しました。この薬は年間売上高１千億円の同社の看板商品になりました。

ところが，2013 年にノバルティスファーマ社の社員の１人が五つの大学の臨床研究に参加しながら，論文に社員と明示していなかったことが発覚しました。

ところが，2013 年にノバルティスファーマ社の社員の１人が五つの大学の臨床研究に参加しながら，論文に社員と明示していなかったことが発覚しました。

野球やラグビーといったスポーツでいえば，同一人物が選手と審判を兼ねているような事態であり，この時点で，臨床実験の独立性・公正性が疑われ，試験結果への信頼性が著しく損なわれました。

その後，各大学で詳細な調査が実施され，二つの大学でデータの改ざんがあったことが発表されました。また他の大学でもデータとカルテとの不一致やデータ処理のミスなどが確認されました。また同社は五つの大学に多額の寄付金を提供し，さらにこの臨床研究に関しては一部の大学がこの社員に研究結果の統計的解析を丸投げしていたことも明らかになりました。

このようなことから厚生労働省は不正なデータを使用した宣伝は薬事法違反（誇大広告）の疑いがあるとして同法違反でノバルティスファーマ社を告発しました。

同社はデータ操作への組織的な関与を否定していますが，商品だけでなく会社自体の信頼も地に落ちました。高血圧に関する薬効に定評のあるこの薬が，この事件をきっかけに疑問の目を向けられるのは患者の立場からは残念なことです。

社会からの信頼は「梯子」を一歩一歩登るように長年にわたる地道な努力がなければ築けません。しかし失う時は，梯子のテッペンから転落するように，一瞬で地面に落下してしまいます。

監査がその機能は果たすためには，独立性の確保がキーになることは，このような事件からも理解できます。

2
内部監査部門の組織上の位置と
内部監査担当者の責任と権限

(1) 内部監査部門の位置付け

　内部監査部門の組織上の位置付けについて考えます。内部監査は，全般的な経営目標の効果的達成に役立つことを目的として行われるものです。この目標の実現を目指すためには，内部監査部門が，株式会社ならば社長，協同組合ならば代表理事といった最高経営者に直属することがポイントになります。同時に，株式会社ならば取締役会または監査役会もしくは監査委員会，協同組合ならば理事会，監事（会）といった組織の最高意思決定機関への報告経路を確保しなければなりません。

　株式会社における例を下に図表で示します。

図表 2-3-4：内部監査部門（担当者）の位置付け

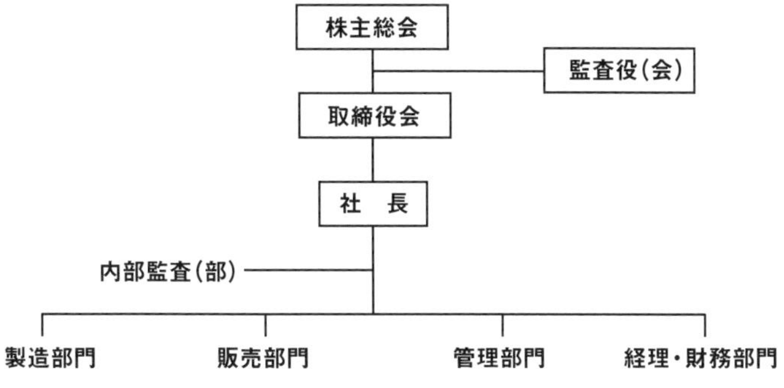

　仮に何らかの事情により内部監査部門が最高経営者以外に所属する場合には，内部監査部門は内部監査の独立性が十分に保持され，監査の結果としての指摘事項・助言・勧告に対し，適切な措置を講じ得る経営者層に属することが重要です。

特に内部監査を担当する独立の常設の部門を組織の中で設けることがコストとパフォーマンスの比較の観点から必ずしも合理的でない中堅・中小規模の組織にとり，内部監査担当者の組織上の位置付けと責任と権限は内部監査の有効性を向上させるために注意を払わなければなりません。

　また内部監査を効果的に実施していくためには，その目的や活動範囲等とともに，内部監査担当者が果たすべき責任と，内部監査を実施する上で必要不可欠な監査権限は依頼者である経営者から，あるいは取締役会や理事会といった最高意思決定機関によって事前に明確に与えられなければなりません。これらの事項については組織体の基本規定として示されるべきです。

　依頼者である経営者から，何を目的に，どの対象部門のどのような活動を調査・評価するのかを明確に与えられないまま，内部監査を実施しても，監査を導入したという実績だけは残りますが，多くの成果は期待できません。また内部監査担当者が同じ組織に属する職員であるとしても，経営者から内部監査に関係する調査・評価権限を与えられている事実を対象部門はもちろん関係者が認識していることが理想です。いきなり同僚が職場に乗り込み，有無をいわせず調査を行う光景を想像してください。不正摘発のための緊急の特命調査といった特別な場合を除き，経営者も内部監査担当者も極力，組織上の混乱を招かない内部監査の実施を考えなければなりません。

(2) 内部監査担当者の権限と責任

　監査対象の規模にかかわらず，内部監査担当者には経営者により，あるいは最高意思決定機関により次の三つの権限が与えられ，それが組織の基本規定として定められていなければなりません。

図表 2-3-5：内部監査担当者に与えられるべき三つの権限

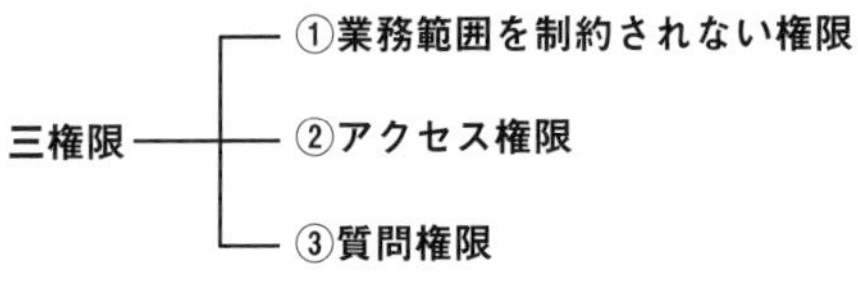

```
                  ┌── ①業務範囲を制約されない権限
                  │
三権限 ───────────┼── ②アクセス権限
                  │
                  └── ③質問権限
```

① 業務活動の範囲を制約されない権限：内部監査実施上，必要となる活動を組織内で制限を受けることなく実施できる権限
② アクセス権限：監査の実施に必要な情報や資料について機密情報や資料でも，閲覧および入手できる権限
③ 質問権限：監査の対象となる全ての部署の管理者や担当者に面接し，質問することにより説明を受ける権限

　これらの権限を特別に内部監査担当者に与えるのは中堅・中小規模の組織の場合は経営者です。内部監査担当者は組織内の他の部署そして職員に対する調査権・評価権を経営者によって与えられます。

　内部監査担当者には与えられた権限に応え，公正不偏な態度で誠実に正当な注意を払い，有効な報告を経営者に伝え，期待に応える責任があります。

　この責任の一端としては，内部監査担当者には内部監査の実施に伴って得た組織にとっての秘密情報についての守秘義務が発生します。

　これら内部監査担当者の権限や責任そして義務については中堅・中小規模の組織でも「内部監査規程」を設けることが理想です。

　内部監査規程には監査目的，対象と範囲，責任と権限，実施の手続・方法，報告書の記載事項，フォローアップ手続等の項目が記載されます。

　この規程の作成により，内部監査担当者の内部監査活動を規律し，また組織内の人々から内部監査に関する理解と協力が得られやすくなります。

　なお，内部監査担当者が上記責任を果たすためには，必要なスタッフと業務遂行に必要な予算の確保は不可欠であり，内部監査部門長あるいは監査責任者はこれらについて，事前に経営者と十分に相談をしておく必要があります。中堅・中小規模の組織では経営者の権威・権力が絶大で，内部監査担当者の能力や権限を超越した無理な要求を，内部監査責任者がそのまま呑み込むケースも発生します。無理な要求の丸呑みは内部監査の失敗の要因となってしまいます。

内部監査担当者の能力および経験

　有効な内部監査を効率的に実施するには，担当者の監査そのものと監査対象業務に関する能力と経験が欠かせません。

　内部監査の範囲は組織の全ての業務に拡がる可能性があり，そのため内部監査担当者に求められる能力も，他の部門で求められるものが基本になります。

　中堅・中小規模の組織にとって，組織内部から監査主体のこの要件を満たす人材を選ぶことは簡単ではありません。監査にも熟達し，しかも監査対象となる業務や部門に精通している人物は，鉦や太鼓で探しても見つけることは難しいと想像できます。おそらく内部監査の能力と経験については目をつぶり，監査対象の業務に詳しく，過去に業務経験もある者を社内から選抜し，臨時に内部監査を担当させる場合が多くなると思われます。この場合，監査対象部門との独立性を堅持することが困難になる事態も考えられるので注意が必要です。

　それに対し大規模組織では，能力のある人材を多数の職員から選び，内部監査部門に配属し，何年もかけて経験を積ませ，一人前の内部監査担当者に育成することが可能であり，現にこのような理想的な内部監査担当者育成システムを採用している組織も少なくありません。

　常設の内部監査部門がなく，専門知識や能力・経験を持つ人材が限られている中堅・中小規模の組織にとり，経営者の強い意向がなければ，内部監査担当者として相応しい人材を育成するのに時間とコストを振り向けることの合理性は，関係者に理解されません。

　たとえ経営環境から常設の内部監査部門は設けられなくても，経営者に内部監査を充実させるという意思があり，また長期計画で内部監査ができる人材を育てる覚悟があるならば，潜在的な能力のある人材を組織内から選抜し，折に触れ内部監査を担当させる機会を設け，内部監査担当者として育てるという手段はとれます。しかし中堅・中小規模の組織では，重要かつ緊急

に内部監査を実施する必要に迫られた事態では，アウトソーシングで外部から適切な人材を臨時に調達することも必要になります。

　最近では内部監査を請け負う部署を擁する監査法人やコンサルタント会社が多数存在しています。依頼者のニーズに応じ，適切な人材をリーズナブルな料金で供給してくれるようになっています。経営者としての立場からコストと便益を比較するならば，全て自前で頑張るという方策ばかりでなく，外部委託という選択肢も考えなければならない時代といえましょう。

　組織が自前で適切な内部監査担当者を育てる教育システムを設けることは，どんな組織にとっても簡単ではないので，それに代わるものとして内部監査に関する資格取得を奨励するという方法があります。

　日本では，例えば社団法人・日本内部監査協会が主催している「内部監査士」，「金融内部監査士」認定試験があり，また内部監査に関する国際的組織であるIIA（内部監査人協会）が主催する「公認内部監査人（CIA）」，「公認金融監査人（CFSA）」等の資格認定試験があります。さらに農業協同組合グループが主催する「農業協同組合内部監査士検定試験」という試験もあり，それらの試験に合格できれば専門的資格を取得できます。

　これらの資格を所持しているならば，内部監査担当者として一定の知識を有しているという証明になります。しかし全ての資格に共通ですが，資格さえあればその人物が適正な内部監査業務を確実に実施できるという保証はどこにもありません。そこが難しいところです。

　内部監査の場合，監査を取り巻く環境は常に異なり，状況に合わせて必要な専門的な知識は変化しますし，知識や技能も日頃のブラッシュアップとスキルアップを怠ると錆付いてしまいます。過去に難関の公認内部監査人（CIA）試験等に合格したからといって，それだけで内部監査担当者として適任とはいえません。

　では内部監査担当者として，どのような能力が必要でしょうか。組織によって求められる能力は様々でしょうが，一般的に求められる専門的知識・能力は次のようなものです。

（1）内部監査についての知識・技能
（2）監査対象の組織や，事業，業務に関する知識

(3) 内部監査のテーマとなる内部統制，リスク・マネジメント，ガバナンスについての知識

(4) 監査の実施に関連する法令，会計，税務，経済，統計，情報システム等の知識

(5) コミュニケーション能力

　特に最近の内部監査はコンサルティング機能を発揮することを期待されているので，(5) のコミュニケーション能力の重要性は高まっています。この機能はまた監査を受ける組織や職員との良好な関係を築き，監査を円滑に実施するために不可欠の能力です。また (4) の情報システム等の IT 関連の知識や技能を保持するという条件は情報化社会の到来という環境とともに重視されるようになっています。

　さらに知識や技能にすぐれていても実務経験がなければ，そのスキルは活きません。内部監査担当者として活躍するためには，スキルを活用する監査現場でのトレーニングが必要です。スキルと経験のマッチングにより，望ましい内部監査担当者が誕生します。

　内部監査担当者の条件としての一般的な知識や経験について考えてみましたが，中堅・中小規模の組織の内部監査では，内部監査部門を常設できない組織が多いため，毎年同じ目的の監査を定期的に実施することをせず，必要な事案が発生するのに合わせ，そのつど経営者が指名する場合が多く，そのようなケースでは依頼者である経営者が実施を予定する内部監査目的に照らして担当者に必要な能力や経験を判断し人選せざるをえません。したがって，内部監査担当者に求める知識・能力および経験は経営者の意向および目的により変化し，誰に任せるかは経営者の「目利き」にかかっています。

　経営者が目利きの能力を発揮し，適切な能力，経験の人材を選べれば，有効な内部監査の実施が期待できるし，そうでなければせっかく実施した内部監査が無駄に終わってしまうのです。

4
内部監査担当者の正当な注意

(1) 内部監査担当者の正当な注意の意味

　内部監査担当者の正当な注意とは，内部監査の実施における専門職としての当然払うべき注意を意味します。専門職としての当然払うべき注意とは，同じまたは類似の状況において，平均的に慎重かつ有能な内部監査担当者が，通常期待される知識および技能をもって監査業務を遂行するに当たって当然に払うべき注意をいいます。それゆえ，専門職的内部監査人としての正当な注意の水準は，善良な管理者として払うべき注意の程度であり，実施される監査業務の複雑さに照らして適切でなければなりません。

　内部監査担当者が業務を遂行する上で常に正当な注意を払うことは，監査主体が保持すべき職業倫理です。

(2) 内部監査担当者の正当な注意の特質

　正当な注意は内部監査担当者に全く過失のないということを意味しません。内部監査担当者が正当な注意を払って内部監査を実施しても重大なリスクの全てが認識できるとは限らず，内部監査担当者が，不正行為または法令違反が発生していないという絶対的な保証を与えることは不可能です。

　なお，日本内部監査協会の作成・公表している内部監査基準の第3章第2節「専門職としての正当な注意」のなかの 3.2.3 は「内部監査人は，職務上知り得た事実を慎重に取り扱い，正当な理由なく他に漏洩してはならない。」とし，内部監査人の秘密保持義務を正当な注意のカテゴリーに含め内部監査担当者に要求しています。

（3）正当な注意と内部監査担当者の負う責任の関係

　上記（2）で述べたように，正当な注意とは監査担当者に全く過失がないという意味ではありません。そのため内部監査担当者側に何らかの過失が存在し，その結果，関係者に損害を与えてしまったとしても，専門職としての正当な注意を払い監査業務を遂行したことを証明できれば，内部監査者としての善良な管理者として払うべき注意義務を果たしたとして法的な責任を追及されることはありません。

$$\frac{}{5}$$

内部監査チームの品質管理

　監査対象となる組織の規模にかかわらず，大規模組織も中堅・中小規模の組織も内部監査における管理者・責任者による内部監査業務の品質の管理は必要です。中堅・中小規模の組織では監査組織全体の管理よりも監査チームの管理が中心となりますが，有効かつ効率的な内部監査の実施のための品質管理には，経営管理の原則が適用されなければなりません。この内部監査チームの品質管理も基本原則は PDCA のマネジメント・サイクルです。このサイクルの指針として機能するのが上記第2節第2項のなかで言及した「内部監査規程」です。内部監査規程は，内部監査を効果的，組織的に実施するための組織内規程です。そして組織として，内部監査規程に準拠した監査を実施するため，「品質管理プログラム」を作成します。内部監査規程や品質管理プログラムは，関係者により承認され，文書により明確化しておくことが必要です。

　内部監査規程については標準形というものがなく，自分の組織に適合する内部監査の姿を想定し作成する性格ゆえに中堅・中小規模の組織でも作成は可能と思われます。しかし品質管理プログラムを作成し，そのプログラムに準拠し，個々の内部監査や部門全体の品質を保証し，内部監査活動の有効性を持続的に監視することは中堅・中小規模の組織の内部監査では簡単ではな

いと想像できます。

　中堅・中小規模の組織では，内部監査により便益を受ける依頼人である経営者および実施主体である内部監査担当者は，自分の組織の内部監査について，どのレベルの品質管理が必要かについて十分検討し，身の丈にあった品質管理を実行しなければなりません。

　なお，内部監査の一般的な品質管理については第2部第6章で説明します。

課題研究

　読者の属している組織の中で，内部監査部門の責任者および担当者として適任と思われる職員を想像し，具体的に理由とともにあげてみてください。

第 **4** 章

実施論

————————本章で学ぶこと————————

　最近の内部監査では，内部監査部門を中心とした組織的な監査の実施を前提に実施理論と実務を展開しています。日本内部監査協会が作成・公表している内部監査基準を見ても他の諸文献を見ても内部監査部門の部門長を中心に，いかに部門を適切に管理し，円滑な内部監査の実施を担保していくかが監査実施の中心的なテーマとして扱われています。しかし第3章の主体論で説明したように中堅・中小規模の組織では，組織的内部監査をテーマとするよりは，むしろ非組織的内部監査を扱うことが必要になります。そこで本章では内部監査部門による組織的内部監査の実施および管理を念頭に置きつつ，中堅・中小規模の組織の内部監査に配慮した内部監査チームによる監査の実施を中心に説明をします。

1
監査の目的および対象の選定

　法定の監査である財務諸表監査ならば，財務諸表が一般に公正妥当と認め

られる会計基準に準拠して作成・開示されているか否かという『財務諸表の適正性』を監査の目的や対象とします。また同じく法定の監査である監査役や監事監査ならば取締役あるいは理事が法律に基づき職務を誠実に執行しているか否かを目的や対象とします。では内部監査では，何を目的に，何を対象にするのでしょうか。

　任意の監査である内部監査では法律が監査の目的・対象を決めるのではなく，一般的に経営者の意向で決まります。しかし，監査テーマを全て経営者の独断で決めれば有効な内部監査になるでしょうか。確かに内部監査の方針といった中長期的，戦略的な事項については経営者が決めるべきものでしょうが，具体的な目的や対象については経営者が気づかない，あるいは知らない場合もあります。

　「何を内部監査の目的・対象とするか」という監査目的や対象を具体的に選定する際に，現在の内部監査は監査担当者の経験と勘ではなく，リスクを指標とします。これがリスクベースの内部監査です。内部監査部門の責任者や担当者の組織を取り巻く様々な事象に関するリスクの適切な識別・評価に基づく，合理的な監査対象の選定が，有効かつ効率的な内部監査の実施を実現させます。

　経営者は内部監査について中長期ビジョンを持ち，これに基づき基本方針や目標を掲げ，具体的・短期的な目的や対象については内部監査部門の責任者や担当者がリスクベースで監査計画を提案し，経営者と内部監査部門とが相互に相談をしながら監査計画を策定するスタイルが理想です。

2
リスクベースの内部監査

　内部監査の実施方法については，この監査が法定ではなく任意の監査であるため，規制当局主導で策定された特定の基準，例えば企業会計審議会作成の監査基準のようなルールはありません。そのため統一的な方法を強制されることはなく，また具体的な目的が経営者により個別に設定されるため，そ

の方法は内部監査の個別目的に焦点を合わせ，実施する組織によりバラバラ
で，日本内部監査協会が策定した内部監査基準等があるものの，従来，どち
らかといえば内部監査部門あるいは内部監査担当者の経験と勘に裏打ちされ
た各組織の独自な方法をとってきました。

　しかし内部統制および内部監査の急速な普及と発展に伴い，有効かつ効率
的な内部監査の方法へのニーズが高まり，新しいアプローチの研究と実務へ
の応用および適用が進展し，新しい方法が数多く提案されました。

　ところで，このようなダイナミックな変化の時代の内部監査を取り巻く環
境を見わたすと，マネジメントの世界では基本的考え方としてリスクマネジ
メントと呼ばれる経営管理手法が普及しました。また監査の世界でも公認会
計士または監査法人が担当する法定監査としての財務諸表監査について，監
査を失敗してしまう危険を「監査リスク」と呼び，この監査リスクを一定以
下のレベルにコントロールすることにより財務諸表監査の信頼性を維持する
監査手法である「リスクアプローチ」が一般に公正妥当な方法として原則化
されています。このような背景から，内部監査でも多くの実施に関する提案
の中で，特に『リスクベースの内部監査』が一般に支持されています。

　リスクベースの内部監査という言葉は20世紀の末から各種文献に紹介さ
れだしました。しかし我々が頻繁にこの言葉を見るようになったのは，リー
マンショックとそれに続く国際的な金融危機の拡大を受け，特に金融機関で
リスクマネジメント態勢の徹底を促すことの重要性が改めて認識されだした
十数年前にすぎません。金融機関の内部監査の基本方針を説明する際にリス
クベースの内部監査という表現が使用されるようになり，現在では金融機関
の内部監査はリスクベースで実施することが当然になっています。

　このリスクベースの内部監査は，リスクマネジメントの有効性を検証・評
価するばかりではなく，ガバナンス，コントロール等の内部監査の全ての対
象の検証・評価についても有効な考え方であり方法です。そのため現在では
リスクベースの内部監査は金融機関ばかりではなく，多くの組織の内部監査
の実施方法の考え方として浸透し，主流の地位を獲得しています。本書で
も，内部監査の実施の方法として，このリスクベースの内部監査のアプロー
チを中心に説明します。

リスクベースの内部監査とは，どのような内部監査でしょうか。簡単に表現すれば，相対的にリスクの大きな分野や業務，事象に対して，より大きな監査資源を投入する監査手法です。すなわち，リスクを信号にして赤信号（高リスク）の分野や対象そして事象に関して焦点を絞り，集中的に調査・評価し，青信号（低リスク）の分野については，それなりの監査資源しか投入しないというメリハリをつけた効率的な監査の目的・対象の選定および実施方法です。

簡単な例を示せば，リスクが低いと評価した事業所については，予定していた今期の監査を止めて，翌期にまわすとか，事業所に出向かず（往査をせず），必要な書類を取り寄せて熟読するにとどめるなど，手間と時間とコストを節約する監査です。

内部監査は部門責任者や監査担当者の経験と勘で実施するもので，原則的なアプローチは必要ないという意見もあるでしょうが，このような考え方では安定したレベルの内部監査を継続的に実施できません。内部監査の実施にも中心となる背骨が必要です。中心に相応しい監査実施の考え方としてリスクベースの内部監査があります。経営管理の基本的アプローチとしてリスクマネジメントが定着している今日，内部監査はリスクが内部統制によってチェックされ，そしてコントロールされているかを調査し，内部統制の有効性を評価し，伴せて改善提案をすることを重要な目的にしています。

リスクマネジメントについては本書の第2章で詳述しましたが，ここではリスクマネジメントとリスクベースの内部監査の関係を最初に説明します。

(1) リスクマネジメントのプロセス

ここでは最初にリスクマネジメントについて復習します。リスクマネジメントとは，組織の価値を維持・増加させるため，組織が経営を行っていく上で，事業に関連する内外の様々なリスクを適切に管理する活動です。リスクマネジメントもマネジメントである以上，下記のPDCAのプロセスで実行されます。

① Plan（計画）：リスクマネジメントに関する最高経営者の基本方針を決定

し，その方針を実現するための基本計画を策定します。

　まず何を目的（例えば利益の極大化，株価の維持，コストの最小化等）に
してリスクマネジメントを行うのか。組織構成員に対しどのような行動をし
てほしいのかについて経営トップが明確に示す必要があります。また組織の
抱える全てのリスクに対応することは不可能なため，方針の実現に向けて，
企業が直面しているリスクを洗い出し，評価し，優先的に対応すべき案件の
順位をつけます。また順位上位の案件に対する組織の対応戦略について行動
計画を策定します。対応には回避・低減・移転・受容の四種類のパターンが
あります。これらの対応については下記3）で説明します。

② Do（実施）：リスクの高い案件に対し，計画に従い，リスクに対応した行
　動を起こします。

③ Check（検証）：リスクマネジメントが実際に計画通りに実行されている
　か否かを検証します。検証には次の二種類があります。

　・　自己評価（セルフチェック）：リスクマネジメントを行っている側
　　　が，自ら実施するモニタリングです。CSA システムと呼ばれること
　　　もあります。このシステムに関しては後述する第3部第9章の監査
　　　証拠の収集活動の部分で説明します。

　・　内部監査：経営者に代わり，リスクマネジメントを対象に，その有効
　　　性について検証・評価し，結果について経営者に報告します。

④ Action（是正）：検証で発見した問題を是正・改善する行動です。リスク
　マネジメントの見直しです。

　この是正行動を活かし，組織を取り巻く環境に対応しリスクマネジメント
を見直していくため，もう一度①の計画に戻り，マネジメントサイクルをま
わします。このサイクルでリスクをコントロールします。

　では，このリスクマネジメントの最初の① Plan（計画）のなかでの中心
的な活動である固有リスクおよび残余リスクの評価，リスクへの対応につい
て次に説明します。

1) リスクの評価：固有リスクの評価

リスクマネジメントにおいて，最も大事な作業は組織の諸活動に関するリスクの評価です。リスクマネジメントにおけるリスク評価では，まず各対象や事象についての「固有リスク」を評価します。

狭義のリスクを前提とすると，固有リスクとは，ある特定の対象，事象が潜在的に持っている「発生可能性」や「想定される損害（影響度）」です。すなわち組織経営者が内部統制等のリスクのコントロール手段を全く導入していない状態での，ある事象の本来備えているリスクです。

発生可能性とは，ある事象が発生する可能性（頻度）を意味し，想定される損害は発生時の組織に与える影響のレベルを意味します。

発生可能性は通常「高」，「中」，「低」というように評価することもあれば，「％」などで評価することもあります。また想定される損害は金額で評価することもあれば，「大」，「中」，「小」などの定性的な形で表現することもあります。

この発生可能性と影響度の二つの要素の見積もりにより固有のリスクが評価され，諸活動が持つリスクの重要性が測定できます。

この固有のリスクを視覚で理解するために，リスクマッピングという手法が利用されますが，この点については第3部第8章第4節で扱います。

2) リスク評価：残余リスクの評価

リスクマネジメントでは次に残余リスクを評価します。残余リスクとは，リスクの発生可能性や影響度を変更しようという内部統制等の整備と運用のような組織経営者のリスク対応行動後に残るリスクを意味します。つまり残余リスクは，見積もられた固有のリスクの可能性や影響度に対し，組織経営者がその数値を何らかの手段で対応しても残ってしまうリスクです。

固有のリスクと残余リスクの関係を式で表現すると次のようになります。

固有リスク－内部統制等で対応できる（消せる）リスク＝残余リスク

四つの事象例を使い，上記式を説明します。各種リスクを数値で表現でき

ると仮定して固有リスクと残余リスクのレベルを5から1と数字で表現し，大きいほどリスクが高いとしましょう。そして固有リスクを内部統制等でコントロールできるとして，そのコントロールできる数値を内部統制等の有効性に応じてやはり数字で評価します。固有リスクを全部消せるような内部統制は不可能ですし，仮に可能性があるとしても費用と便益を比較すれば，合理的ではありません。そこでコントロールできる大きさを3から1という数字に置き換え，残余リスクを計算します。

　では，A事象（固有リスク3）とB事象（固有リスク5）とC事象（固有リスク4）およびD事象（固有リスク3）を対象として残余リスクを評価します。組織の内部統制によりコントロールできるリスクの数値を2とします。なおD事象については内部統制等のコントロール対象とならない事象であると仮定すると，各事象の残余リスクは次のようになります。

・A事象：3 − 2 = 1
・B事象：5 − 2 = 3
・C事象：4 − 2 = 2
・D事象：3 − 0 = 3

図表 2-4-1：残余リスク

3）リスクへの対応

　上記A事象のように，元々の固有のリスクが小さく，内部統制等の何らかの手法によりリスクをコントロールできれば，残余リスクも小さくなります。またC事象のように，固有のリスクが大きくても，内部統制等のリスクをコントロールする手段をとれば，ある程度，残余リスクは小さくなります。またD事象のように固有のリスクが中程度でも，何のコントロール手段もとらない場合は，残余リスクは大きくなります。

　リスクを怖がって避けているだけでは組織の発展は期待できません。リスクを適切にとり，組織を継続的に経営していくことは経営者の仕事です。経営者のリスク選好は様々です。そのためリスクにどう対応し，残余リスクを減らすかは経営者の判断です。リスクはあくまで見積もりであり，発生した過去および現在の事実ではありません。予測に基づき判断することほど難し

い仕事はありません。この困難な課題に立ち向かうのが経営者の最大の仕事です。

経営者のリスクへの対応を一般的に類型すると次の4パターンに分かれます。

- ・回避：リスクを引き起こす事業活動から撤退することです。例えば将来，組織に巨大な損失を与える可能性のある事業や部門を売却する場合などです。
- ・低減：内部統制などの整備によりリスクの発生可能性または影響度，あるいはその両方を低減させる行動をとることです。
- ・移転（転嫁）：リスクの一部を保険やヘッジ取引を利用して第三者に転嫁することでリスクの発生可能性または影響度を低減させることです。例えば特定のリスク案件に対し保険をかけたことで保険料というコストはかかりますが，リスクが実現した場合の損害額を保険会社に移転させることができます。
- ・受容：リスクの発生可能性または影響度を低減させるような行動をとらないことです。リスクが発生した場合の損失が，リスク対応にかかるコストより少なければ，組織はそのリスクを受け入れます。

経営者は対応策の判断に当たり，リスク対応策の効果や必要とする費用を勘案し，個々の事象の残余リスクを許容範囲内に収めるべくマネジメントしなければなりません。その際，個々の事象の残余リスクの大きさに注意するのはもちろんですが，組織全体のリスク選好についても配慮しなければなりません。残余リスクを組織としてのリスク選好の範囲内にいかに収めていくかも経営者の大切な仕事です。

例えば上記のA〜Dの事象のうち，D事象は固有のリスクが3ですが，経営者がリスクを「受容」すると決定をしたため，残余リスクが3で収まる例です。また経営者がC事象について特別にコントロールをする方針を決定し，内部統制の整備・運用を強化する策を講じ，その結果，内部統制によりコントロールできるリスクを2から3に変更できる場合にはC事象の残余

リスクは1になります。またA事象に対する内部統制を強化することで低減効果が3と評価できるとすると，A事象の残余リスクは0となり，リスクはないということになります。

　全ての監査対象事象の残余リスクをゼロにする組織経営が，最良のマネジメントかというとそうではありません。残余リスクゼロの経営は，極端な話，組織の活動を内部統制のルールで縛りつけ，何もできない状態に追い込むでしょう。また内部統制の運営に係るコスト負担や作業時間が過大となり，ライバルに勝てない体質の組織になってしまうことが心配されます。B事象のように経営者の経営戦略上の判断として，固有のリスクは5であっても，内部統制等の低減策をとっても残余リスクが3と高いレベルのままにしておくこともありえます。

　組織は合理的な範囲でリスクをとりながら組織目標の実現と組織価値の増加を目指さなければなりません。リスクマネジメントは，この残余リスクを組織としてどこまで許容し，合理的にリスクをとりながら組織の目的を実現していくかのマネジメント手法です。

　この方向性がリスクの全社的な視点での把握を目指す全社的リスクマネジメント（ERM）の実現に結びついていきます。

(2) リスクマネジメントと内部統制の関係

　事業の発展及び継続性を阻害する要因を狭義のリスクとすると，このリスクをコントロールするための活動（プロセス）がリスクマネジメント，そしてリスクへの対応が確実に行われるための仕組みが「内部統制」です。すなわち内部統制は，リスクマネジメントの立場から考察すると，組織がその業務を適正かつ効率的に遂行するために，リスクに適切に対応するために組織内に構築され，運用される態勢と考えられます。

　なお，内部統制については，通常上記の側面が注目されますが，リスクを広義に捉え，プラスの可能性をもたらす要因についてもリスクと考えると，リスクを合理的にコントロールし，より大きな利益を組織にもたらすための仕組みもまた内部統制のカテゴリーに加わると考えられます。

リスクマネジメントと内部統制の関係については第2章の第5節（40頁）に経済産業省の主宰した研究グループの発表した報告書の中で示された図表1-2-5を示しています。読者の皆様の理解に役立つと思いますので，前に戻り参照してください。

──────Column──────
原子力発電所（原発）の安全性とリスクマネジメント

　本書を執筆している2020年11月時点では，東日本大震災により発生した津波が襲った東京電力福島第一原発の事故に伴う原発の安全性の再点検・再評価の影響で日本の原発は一部を除き停止しています。そして月日が経過した現在も，依然として再稼働については実現が難しい状況が続いています。

　賛否両論がありますが，「エネルギーの安定供給の観点から」原発の再稼働の方針を基本とする日本政府は，米国政府で使用している「確率論的リスク評価」と呼ばれる，自然災害やテロ，機器の故障，誤操作などによる原発事故の可能性や影響を推測し，危険性を数字で表すリスク評価手法の導入方針を明確にしました。

　全ての原発について，ほぼ一律の安全対策を求めるのではなく，この方法を採用すれば，原発ごとにきめ細かくリスクを見積もり，その結果に基づき，リスクをコントロールするための対策を策定できることになります。

　米国では1995年にこの方法を導入し，安全性の指標を四段階に分け，調査結果として指標が悪い原発には検査の対象範囲を拡大して安全対策の強化を図っています。

　この手法により日本でも地震や火山の噴火の影響を受けやすいというリスクの高い原発は，機器の改修や安全設備の増設などの追加的な対策を実施し，審査機関の安全検査を受け，合格した原発も次々にでてきました。また，東日本大震災から10年を経過し，災害地においても宮城県の女川原発で操業の前提となる地元自治体の再稼働の同意も得られ，日本各地の原子力発電所の本格的な再開が近づいています。リスクの小さい原発は過剰な安全対策を導入する必要がなくなりました。また対応が難しく，早々と廃炉を決めた原発も数多くありました。

　この手法は，原発におけるリスクマネジメントの導入です。リスクマネジメントという考え方が，米国では20世紀末から様々な事象の管理に利用されています。

（3）リスクマネジメントとリスクベースの内部監査の関係

　リスクベースの内部監査では，リスクマネジメントにより，組織のリスクが内部統制などにより合理的にコントロールされているか否かを調査・評価することを実施の主要目標とします。そして問題がある場合には，コンサルタント機能を発揮し改善提案をし，問題がない場合には，批判機能を発揮しリスク対応の合理性を評価し，保証（アシュアランス）する報告を行います。

　次に，このリスクベースの内部監査実施の一連のプロセスを説明します。リスクベースの内部監査の実施過程は，次の図表のように説明できます。

図表 2-4-2：リスクベースの内部監査のプロセス

| リスク分析 | ⇒ | 監査計画の策定 | ⇒ | 予備調査 | ⇒ | 監査実施 | ⇒ | 監査報告 |

3
リスクベースの内部監査の準備プロセス

（1）内部監査の立場からのリスク分析

　リスクの分析自体は現代における組織経営者のマネジメントの主流のアプローチであるリスクマネジメントの基本的活動です。上記第2節で説明したように経営者は，組織を取り巻く内外の環境を検討し，長期的な視点から組織活動に関わるリスクを分析し，中・長期の経営計画に反映させなければなりません。

　内部監査においても，経営者が各種リスクに対応した長期的な経営計画を策定したならば，それを念頭に置き，中・長期の内部監査計画を策定しなければなりません。経営者による将来のプラスのリスク，マイナスのリスクの把握と，それらに対しリーダーとしてどう立ち向かうかの方針は，内部監査

77

部門の責任者にとって，内部監査の長期戦略を練る根拠になります。

　このように内部監査にとって，中・長期的なリスク分析も意味がある活動ですが，組織により長期的な経営計画の策定はまちまちで，リスクに関しても抽象的な内容になるため，本書では詳しくは扱いません。ここで説明するリスク分析は，短期的なリスクに関する分析です。

　内部監査では，監査計画策定の前段階として内部監査の目的と対象を絞り込むための準備として，内部監査の立場でのリスク分析を実施する必要があります。この段階ではリスクマネジメントと同様，監査対象の諸活動について固有のリスクを分析し，次に分析したリスクに対し，現在の組織の内部統制が機能していることを前提に内部統制ではコントロールできない残余リスクを推定します。そして内部監査ではこの結果を踏まえ固有リスクの大きい事象や項目，また残余リスクの大きい事象や項目について優先的に内部監査の対象として監査資源を積極的に投入する監査計画を策定します。この内部監査担当者による監査計画策定に至るリスクの検証・分析の具体的作業例については第3部第8章をご覧ください。

　ただし，内部監査担当者が組織のリスクの全てを分析することは物理的に不可能です。そこで内部監査担当者は重要なリスクについて，前述のリスクマネジメントの一環として，組織が行っているリスク評価を利用します。そのため経営者に対するインタビューや組織が作成したリスクマトリックス等の書類を検証します。したがって，内部監査では，仮にリスクを内部監査担当者自らが洗い出し，影響や頻度といった重要性を評価するといった活動は十分にできなくとも，組織が行ったリスク分析の適切性を評価するとともに，適切ならばその結果を内部監査の計画に利用します。

　しかし，内部監査担当者がリスク分析を他部門に依存し，独自で行わなくても良いのかというと問題が残ります。内部監査の立場で経営にとって重要なリスクは何かという視点は常に持たなければなりません。そのため内部監査担当者は日常，各種リスクに関する情報収集に努め，現場からリスクの兆候を嗅ぎ取るということも忘れてはなりません。第3部第10章では，このような内部監査担当者のリスク視点についても詳しく紹介します。

　リスクベースの内部監査として，リスクの評価を組織側に依存するケース

も，依存せず独自に再分析する場合でも，内部監査としてのリスク分析では，監査対象の事象により想定される「固有リスク」の調査・評価よりは，むしろリスクマネジメント等によっても残ってしまう「残余リスク」に注目しなければなりません。残余リスクの大きい事象や項目については，固有リスクをコントロールするためのリスクマネジメントや内部統制の有効性や問題点を把握するため，監査資源を集中投入する監査計画を策定することが，内部監査の眼の付け所（監査項目およびチェックポイント）になります。

組織体の目標達成に影響を及ぼすリスク要因としては様々なものが考えられますが，代表的な要因を外部的要因と内部的要因に分け，次に示します。

【外部的要因】
・経済的要因：金融市場，競争，債務不履行等
・自然環境的要因：エネルギー，自然災害，排出等
・社会的要因：人口問題，消費者行動，テロリズム等
・政治的要因：政権交代，規則，公共政策等
【内部的要因】
・組織の技術的要因：開発，保守等
・人事的要因：従業員の能力
・不正の発生
・記録の完全性

リスクベースの内部監査が中堅・中小規模の組織にとっても有効であることは変わりません。しかしながら中堅・中小規模の組織では，組織が行うリスクマネジメントといっても，精緻で客観的なリスク分析を必ずしも実施していないのが現実で，経営者あるいは上級管理者の経験と勘に頼る場合が多いと思われます。

熟達した経営者の経験と勘が，精緻な分析よりも重要なリスクを把握する可能性は高いのですが，内部監査チームの責任者はスタートに際し，経営者および上級管理者の行ったリスク分析の適切性・十分性を，内部監査の立場から再評価し，経営者の眼の付け所に誤りはないかを確認し，問題がある場

合には経営者あるいは組織との間で調整することが，誤った方向への監査展開を防ぎ，有効な内部監査計画の策定をもたらします。

　リスクベースで内部監査を実施する場合，従来の実施とは違う特色が現れる局面は，監査計画に関連したものです。そこで，まずリスクベースの内部監査における監査計画について説明します。

(2) 監査計画の策定

　組織の諸活動を経営管理するためのマネジメントの基本的手法として，PDCA（Plan ⇒ Do ⇒ Check ⇒ Action）の原則は有名ですが，その出発点が P（Plan），すなわち計画の作成です。マネジメントの成否は，この計画の策定段階でほとんど決まると断言する専門家が多数いるほど重要な段階です。

　PDCA によるマネジメント手法はある特定の目的実現のために１人以上の複数の人間が協力して活動する全ての場合に当てはまります。内部監査活動についても，当然この経営管理の原則は当てはまりますし，内部監査部門の責任者および内部監査チームのリーダーは積極的にこの経営管理の原則に基づき，有効で効率的な監査の実施に向けて行動しなければなりません。内部監査における PDCA サイクルを説明すると次のようになります。

　内部監査の監査計画が策定され，次にその計画に基づき監査を実施します。そして，実施結果に基づき監査報告書を作成し，依頼者である経営者等に報告します。報告書には監査により発見された問題事項が記載されます。報告を受けた経営者は内部監査の業績を評価し，示された改善点や課題を被監査部門に伝え，改善を指示します。支持を受けた被監査部門は改善策を策定し，それを実行に移します。最後の段階で内部監査部門は，被監査部門が実施している改善の状況について，調査し，その効果を確認します（フォローアップ）。このサイクルを図示すると図表 2-5-3 のようになります。もし，内部監査が十分にその機能を果たしていない領域があるならば，計画に戻り，不十分な部分についてこのサイクルをやり直します。

　監査計画を策定するに際し，内部監査部門の責任者は監査時間やコスト等

図表 2-4-3：内部監査のマネジメントプロセス

```
            PLAN
       （内部監査の計画策定）

ACTION                      DO
（フォローアップ監査）      （内部監査の実施）

            CHECK
       （結果報告と改善提案）
```

の制約を考慮せずに，何が何でも見落としのない完璧な監査の実施を目標に
するでしょうか。経営管理のための内部統制の一環として実施する任意の監
査である内部監査において，このような完璧を目指す監査部門の責任者は落
第です。内部監査では経営者等が認める限られた時間・コスト・スタッフと
いった条件の下，コストとそこから得られる効果（パフォーマンス）を比較
し，目標を達成していかなければなりません。これができなければ内部監査
は無駄な業務として葬りさられてしまいます。ではどのような知恵があるで
しょうか。

　現代の内部監査はリスクベースで実施します。このリスクベースの内部監
査がこの経営側の要請を満たす内部監査の実現を可能にします。

　すなわち監査資源を無駄にしないで，内部監査の有効性・効率性を向上さ
せるためにはリスクを志向した内部監査の実施しか道はありません。リスク
ベースの内部監査は，目標に対し完璧な実施を目指すのではなく，合理的な
実施を目指す監査です。

　では，リスクベースの内部監査では，どのように監査計画を策定するので
しょうか。監査部門の責任者は直近のリスク評価の結果に基づいて内部監査
計画を策定し，経営者等の承認を受けなければなりません。

　そのため内部監査では，法令違反が発生しやすい，不正や処理の誤謬が発
生しやすい，あるいは業務の効率性が損なわれる可能性がある事業や業務や
場所，つまりマイナスのリスクが大きい部門・部署や業務を中心に監査資源
を投入し，リスクが小さい対象については監査資源の投入を節約するといっ

た工夫が必要になります。

　リスクの大きいところを中心に，小さいところは程々にというアプローチは財務諸表監査の原則である「リスクアプローチ」の原点の考え方です。内部監査ではリスクの大きな監査対象について，リスクマネジメントおよび内部統制によりリスクが合理的にコントロールされているか否かを内部監査により調査・評価します。具体的には監査対象の固有なリスクに対し内部統制によりリスクを減らし，残った残余のリスクでリスクを合理的にコントロールできているかどうかを調査・評価します。

　では具体的な監査計画はどのように策定するのでしょうか。

　一般的な計画の策定方法は，最初に中・長期の計画を立て，次にそれに基づき年度の監査計画を立て，そして最後に年度における個別・具体的な計画を立てるというアプローチです。

　内部監査にこの一般的なアプローチを当てはめると，「中・長期監査計画」，「年度監査計画」，そして最後に監査対象の状況を事前に調査する「予備調査」を実施した後に策定する具体的な「監査実施計画」の三種類の監査計画を立てるということになります。

図表 2-4-4：監査計画の策定アプローチ

| 中・長期監査計画の策定 | ⇒ | 年度監査計画の策定 | ⇒ | 監査実施計画の策定 |

この三種の計画の特徴と違いを次に示します。

① 　中・長期監査計画：数年間にわたる組織の監査活動の大綱を定める計画であり，あるべき内部監査の姿を実現するための計画で，その実現のための内部監査の基本方針や目標の設定，監査人員計画，将来の組織の経営展開を見据えた新しい監査領域等の計画

② 　年度監査計画：限定された監査資源を有効利用するための計画であり，年度（1年間）の内部監査部門全体の短期的な監査方針や目標の設定，監査対象，実施の時期，要員や予算等を定める計画

③ 　監査実施計画（個別監査計画）：個別の監査プロジェクトの計画（被監査部門および監査対象とする業務の範囲，監査基準日，監査実施の

具体的なスケジュール，監査責任者および監査担当者の氏名や分担及び監査項目の割り振り等）

①の中・長期監査計画は具体的な実施項目や実施手続，要因のスケジュールを決めるというよりは内部監査部門の将来の方針や方向性を示すところに意義があります。そしてこの方針や方向性に基づき年度計画や実施計画が具体化されます。中・長期の監査計画は②の年度監査計画の3年から5年分をまとめて中・長期の計画にするといった単純なものではありません。特に監査人員計画は重要です。内部監査を担当する専門的能力のある担当者は急にはそろえられません。内部監査部門の要員計画を中・長期の観点から内部監査に必要なスタッフの質と量を検討し，もし明らかに不足するようならば，人員の増員，それが無理ならば外部委託や外部専門家との共同監査を考えなければなりません。

またリスク・ベースの内部監査において，リスクの分析は欠くことのできない活動ですが，①の中・長期監査計画においては組織全体についての総括的なリスクを分析・評価し，②の年度監査計画では，この結果に基づきリスクの高いものを中心に詳細にリスク分析・評価を実施し，それを監査実施計画に反映させます。これら三種類の監査計画の関係と示すと次の図表 2-4-5 のようになります。

なお，計画の名称に関しては組織により様々ですが，策定アプローチの基本は図表 2-4-5 に示したように長期から個別に徐々に具体化していくというものです。そしてこれらの監査計画は，中・長期監査計画書，年度監査計画書，監査実施計画書という形で文書化されます。

図表 2-4-5：各監査計画の関係と策定プロセス

会社全体のリスクを検討 ⇒ 「中・長期監査計画」を策定し計画期間の監査目的・対象の決定や見直しを実施 ⇒ 具体的リスクの評価 ⇒ 「年度監査計画」を策定し内部監査部門の監査対象や時期・要員等を決定 ⇒ 監査通知 ⇒ 個別の内部監査案件について「予備調査」を実施 ⇒ 具体的な「監査実施計画」を設定

内部監査の計画に関しては，経営計画とは違うので5〜10年先の長期の
計画を策定するというのは現実的ではありません。しかし，内部監査部門を
中心に組織的に監査を実施するということならば，部門長を中心に3〜5年
程度の中期にわたる計画を策定することは組織運営上必要になります。

組織的な内部監査では，一定期間に監査対象領域の全体をカバーすること
が望ましく，この監査方針に基づき中期監査計画では，監査対象として予定
される部署や活動といった特定の監査範囲のリスク分析の結果をもとに監査
対象範囲を選別し，監査実施の優先順位を決定し，監査計画を策定します。

1年間に複数チームが並列的に定期的な内部監査を実施しているような内
部監査部門を持つ組織では上記のような三種の計画策定が必要になります
が，常設の内部監査部門がなく，必要に応じ不定期に内部監査を実施するよ
うな中堅・中小規模の組織では，①および②の中・長期監査計画，年度監査
計画を策定せず，いきなり③の監査実施計画（個別監査計画）から始めるこ
とも考えられます。

また，組織的な内部監査を実施していない中堅・中小規模の組織では，監
査計画策定の必要はないといった考え方もありますが，これでは内部監査の
品質管理ができなくなります。監査責任者は少なくとも監査実施計画の策定
に心がけなければなりません。

個別の内部監査プロジェクトの実施に関する監査実施計画は，中堅・中小
規模の組織といえども最低限，内部監査に着手する前に策定する必要があり
ます。なぜならば，内部監査部門という常設的な組織がなくても，複数の担
当者でチームを組織し，共通の監査目的を合理的に達成するための内部監査
チームのマネジメントの基本原則がPDCAであり，その出発点が計画であ
り，計画を策定せずに，いきなり監査をスタートさせることは，風任せの航
海のような不安定かつ不合理な監査の実施となり，目的の達成は困難になる
ことが予想されるからです。目標を確実に実現するため，有効かつ効率的な
内部監査の実施を目指すならば，まず監査計画を策定し，マネジメントプロ
セスを意識しつつ業務を管理することが必要です。

経営者から内部統制の実施を命じられたリーダーは，目標実現のため当該
プロジェクトの有効性と効率性を確保しなければなりません。リーダーに

とって，このためのキーはチームのマネジメントです。PDCA で表現される
マネジメント活動のスタートは，内部監査の計画にあります。そのために
チームリーダーは経営者の意向を確かめ，経営者の要求に合致するよう目標
を設定し，最低でも個別の内部監査プロジェクトに関する「監査実施計画」
を策定し，監査実施計画書という形に文書化しなければなりません。

　では次に，内部監査実施の一連の流れを示します。内部監査の実施に関し
ては，方法についての厳格な原則やルールはありません。以下に示すプロセ
スの一部を事情により省略すること，順番を前後することも認められます。
ここで示すプロセスは典型的な例と考えてください。

4
内部監査の実施プロセス

　内部監査の実施は，実施の準備と監査先への通知後，図表 2-4-6 のよう
に「予備調査」を実施し，「本調査」に進みます。以下では，このプロセス
の各段階について説明します。

（1）実施の準備と通知

①実施の準備（事前ミーティングの開催）

　個別の監査実施の準備に，どの程度の時間と手間をかけるかについては，
監査計画の完成度が大きく影響します。監査計画の中で，特に実施計画の策
定に十分な時間と手間を費やし，検討を重ねた上で策定している組織では，
円滑に内部監査をスタートできます。しかしながら，内部監査部門という常
設の組織を持たず，経営者の意向により内部監査責任者として指名された職
員が特定目的のための監査チームを組織内の人材や外部の専門家の助けも得
て臨時に編成するような場合には，組織外部や組織内の各部門から集められ
たメンバーに，監査計画の編成段階から参画してもらうことは難しいので，
今回実施する内部監査の目的と実施計画について誤解のないよう理解をして

図表 2-4-6：内部監査実施のプロセス

```
(1) 実施の準備と通知
(2) 予備調査
(3) 本調査
    ① 監査実施計画書（個別監査計画書）の作成
    ② キックオフミーティングの開催
    ③ 監査証拠の収集（監査手続の実施）
    ④ 検出事項の検討
    ⑤ 講評・意見交換会の開催
    ⑥ 監査結果の検討と監査調書のとりまとめ
```

もらい，また監査のスタート前に，メンバー間のコミュニケーションを築くためにも，「準備会議（事前ミーティング）」の開催が不可欠です。

　特に中堅・中小規模の組織では，このようなケースも大いに考えられるので，事前ミーティングの開催を内部監査責任者は企画しなければなりません。その際，責任者から目的を説明すると間接的になり，内部監査実施の趣旨が必ずしも十分に伝達できない危険があるので，内部監査をチームに命じた経営者がミーティングに参加し，実施を予定している内部監査の目的を監査メンバーに直接伝達することも必要になると考えられます。

②実施の通知

　内部監査は内部監査の責任者（内部監査部門長等）が発行した「監査通知」を監査対象部門・部署の責任者（部長，工場長，支店長等）に通知してスタートします。

　なお，内部監査には「予告監査」と「抜き打ち監査」があります。予告監査では監査通知によって，数週間あるいは1ヶ月程度前に何月何日から実際に現場に出向き稟議書等の各種書類，帳簿や棚卸資産，現金や有価証券といった現物に対する実地監査を行うと通知し，また事前に監査実施に必要な諸資料の提出等を受けて次のステップである「予備調査」に進みます。監査通知から内部監査担当者が実際に現場に出向き実地監査の開始までに，どの程度の期間を設けるかについては，内部監査の目的や組織の事情により異なり，原則はありません。

　それに対して「抜き打ち監査」では，文字通り「抜き打ち」なので，監査

担当者が「監査通知」を持参し，実地に現場で監査を行う初日に対象部署や部門の責任者に提示します。本来，監査に必要な資料の収集等は，この時点までにある程度準備していなければなりませんが，秘密で進めるため監査先からの情報提供等の協力は得られないので，監査に必要な情報は自分達で独自に集めるしかなく，しかも監査先に気づかれないよう内密に実施する必要があります。

　抜き打ちの内部監査は，このような準備不足といった問題ばかりでなく，内部監査部門や経営者に対する監査先の不信や恐怖をもたらす結果になり，不正の兆候に基づく不正摘発目的といった特別な場合を除き，できるならば避けた方が，内部監査部門の将来の活動にとって有益と考えられます。

(2) 予備調査

　監査は，①予備調査（アンケート・事前インタビュー）と②本調査とに区分されることが一般的です。本調査は被監査部門での現場での調査作業を意味し，予備調査は「本調査前に行う調査の総称」です。予備調査が不十分な場合，本調査が混乱し，「行き当たりばったり」になることが多いため，本調査の成功は予備調査の内容に依存するといっても過言ではありません。例えば，被監査部門の内部統制を事前に理解をするためには，被監査部門から関係資料（内部管理プロセスで利用されている資料）を事前に入手し，特定の取引について取引の発生から完了までの関係資料を追跡(ウォークスルー)しておくことが必要です。なお，追跡（ウォークスルー）については次頁の参考2で説明します。その結果，不明事項をあらかじめ整理して質問事項を明確にしておく方が本調査は効率的に行うことが可能になります。また，予備調査で入手できなかった必要な資料を明らかにしておき，本調査で入手すべき資料を被監査部門に伝達しておくことも考えられます。

　予備調査が十分に行われていれば，本調査ではその不明事項を明らかにすることに終始すれば良いわけです。実務的な感覚では必要となる全ての作業に要する時間のうち，半分近い時間（時には半分以上の時間）を予備調査に割り当てる場合もあります。それだけ予備調査は重要とされます。

また予備調査において，内部監査担当者間の意思疎通，役割分担，作業日程等の時間配分についても事前に十分に検討しておくことが望ましいでしょう。

(3) 本調査

　ここでは予備調査終了後の本調査のプロセスを説明します。

①監査実施計画書の作成

　予備調査の結果に基づき監査実施計画書を作成します。この監査実施計画

書は前述の中・長期監査計画書及び年度の計画書に基づいて作成されます。
監査実施計画書に記載される事項は次のようなものです。

・監査責任者及び監査担当者
・被監査部門及び被監査部門責任者
・監査のテーマ
・監査の範囲
・重点監査項目
・監査実施の時期
・監査の実施場所
・その他監査実施に係る内容（監査プログラム，手続書，チェックリスト
　等を含む）

　監査責任者は適時に監査実施計画書を作成して，経営者の承認を受けます。また，この段階で被監査部門に監査実施の具体的な予定を示した通知書を提出する場合もあります。

　なお，上記の「監査プログラム，手続書，チェックリスト」は，具体的な監査手続の一覧です。監査手続の水準の一定化や手続の漏れを防止するために，こうした書類を利用して，監査実施状況を管理することがあります。通常は第3部第10章，第11章において示す内容が記載され，1）何のために（監査要点），2）いかなる監査手続（監査技術）を，3）どのような資料（証拠資料）に対して実施するかを具体的に示したものです。

②キックオフミーティングの開催

　儀式的な意味で監査の目的や協力の依頼，監査チームの紹介，日程や手続の概要を被監査部門に説明する意味も大きいですが，オフサイト調査の結果に基づいて事前に被監査部門に資料を依頼している場合には，その資料の確認を行うことになります。また，事前に依頼できなかった資料については，このミーティングで依頼することも考えられます。

③監査証拠の収集（監査手続の実施）

　内部監査も監査である以上，監査担当者が出す結論については合理的な根拠が必要です。この監査の結論を支える根拠を「監査証拠」といいます。そ

して監査証拠を集めるための監査担当者の活動を「監査手続」といいます。

1）監査手続と監査証拠の関係

　監査計画策定段階で内部監査には特定の具体的な目的が与えられます。例えば，業務の効率性，不正の有無，ガバナンスの有効性，コンプライアンスの状況等です。監査担当者は，これらの目的を達成するために監査を実施し，結論を出し，それを経営者等に報告しなければなりません。

　この結論と報告は内部監査担当者の感想であってはなりません。報告を受けた者，そればかりか監査を受けた相手先も納得できる合理的な根拠に基づかなければなりません。そこで監査担当者は監査目的を分解し，より具体的な監査対象と，その対象に対するチェック・ポイント（監査要点）を定め，証拠資料を収集し，その資料に対して監査技術を選択・適用し，そこで得られた情報を適切に分析，評価した上で監査証拠とし，この証拠に基づいて監査テーマに関する結論を出さなければなりません。

　監査担当者の監査証拠収集活動である監査手続を分解すると下記の四つのプロセスに分けることができます。

図表 2-4-7：監査証拠の収集活動

監査対象と要点の選定	⇒	証拠資料の決定と収集	⇒	監査技術の選択	⇒	監査技術の適用

　「監査対象と要点の選定」とは内部監査担当者が監査の目的を果たすためにどのような項目・事象に対して何を立証するのかという決定です。この選定は監査の目的を達成できるかを決める最重要課題です。次の「証拠資料の決定と収集」とは，監査対象を立証するため，監査担当者が検証の対象とすべき具体的な素材である「証拠資料」を決定し，収集することです。証拠資料としての素材には種々のものがあります。証拠資料については様々な分類がありますが，詳しくは第3部第10章を参照してください。

　三番目の「監査技術の選択」とは，多種多様な監査証拠を収集するための道具である監査技術の中から，現在置かれている状況に相応しい道具を選ぶことです。最後の「監査技術の適用」とは，選択した監査技術を証拠資料に

対して使用することです。これらの諸要素の関係を示すと図表 2-5-8 のようになります。

図表 2-4-8：監査手続のプロセス

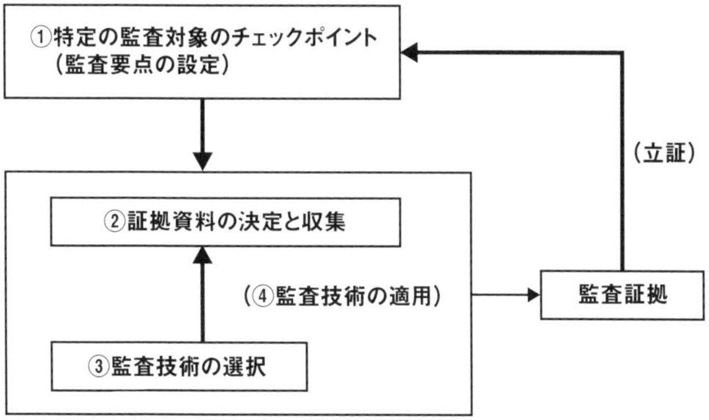

```
┌─────────────────────────────┐
│ ①特定の監査対象のチェックポイント │◄───────┐
│ （監査要点の設定）               │        │
└─────────────────────────────┘        │
              │                          (立証)
              ▼                          │
┌─────────────────────────────┐        │
│     ②証拠資料の決定と収集        │        │
│                                │   ┌──────────┐
│      （④監査技術の適用）────────┼──►│ 監査証拠  │
│                                │   └──────────┘
│   ┌──────────────┐            │
│   │ ③監査技術の選択 │            │
│   └──────────────┘            │
└─────────────────────────────┘
```

　なお入手した情報について内部監査担当者は，次に特定の監査対象に関するチェック・ポイント（監査要点）を立証するために，質的かつ量的に十分であり，信頼性，関連性および有用性を備えた適切な情報であるか否かを評価しなければなりません。監査要点を立証するのに必要で十分かつ適切な監査証拠を「合理的な監査証拠」といいます。

　この合理的な監査証拠を入手するために監査計画を策定するのですが，もし不十分ならば監査計画を修正し，追加の監査手続を実施し，新たな監査証拠を補充しなければなりません。また監査要点を立証するのに十分すぎる監査証拠を収集してしまった場合は，監査計画策定の失敗と考えられます。効

図表 2-4-9：監査証拠と合理的な監査証拠の関係

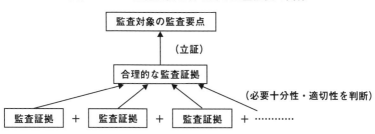

91

率的な内部監査を目標とする以上，この失敗は許されません。

　合理的な監査証拠が収集できれば特定の監査対象に関するチェック・ポイント（監査要点）を立証でき，結論を出すことができます。このプロセスを図示すると図表2-4-9のようになります。

　次にここで監査証拠の収集活動として概要を説明した監査手続を構成する中心的な要素である「監査対象」，「監査要点」，「監査技術」について内容を詳細に説明します。

2）監査対象と監査要点（チェック・ポイント）

　この監査対象と監査要点は内部監査に与えられた目的からブレーク・ダウンされ導き出されます。監査要点は監査によって証明されるチェック・ポイントを意味します。

　内部監査の目的は様々なので財務諸表監査のように「財務諸表の適正性」といった定型の対象（財務諸表）と要点（適正性）はありませんが，例えば内部統制の整備・運用状況を目的とするならば，内部統制が監査対象となり，「有効性」，「効率性」，「法令等への準拠性」等が監査要点（チェック・ポイント）になります。

　内部監査が従業員による不正やその兆候の発見を目的にするならば，監査対象と監査要点は「現金・預金あるいは棚卸資産（対象）の実在性（要点）」，「負債（対象）の網羅性（要点）」，「資産・負債（対象）の評価の妥当

図表2-4-10：内部監査の目的と監査対象・要点の関係

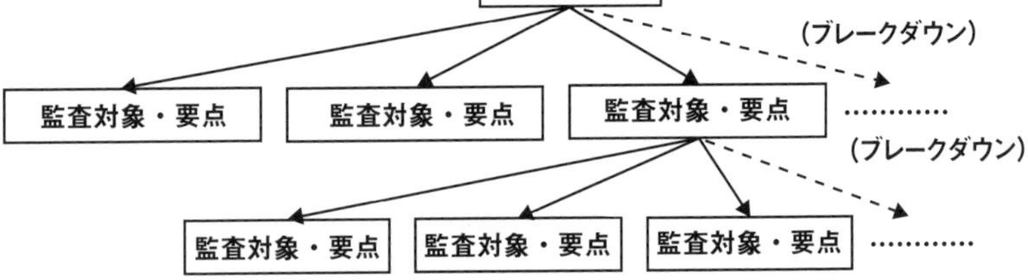

性（要点）」といったものが考えられます。

　ガバナンスの有効性を監査目的とするならば，監査対象と監査要点は「アカウンタビリティ（対象）の確立（要点）」，「倫理観と価値観（対象）の高揚（要点）」，「組織関係者間の情報の伝達（対象）の有効性（要点）」というようにブレークダウンされます。

　また，上記の例に示した監査目的からブレークダウンされた監査対象と要点は，さらに細かく分解され，具体化されます。

3）監査技術

　「監査技術」とは，監査証拠を集めるための道具です。監査証拠を集める道具は多種類あるに越したことはないとの考えもありますが，あまり多いと逆に使いづらい場合もあります。ここでは代表的な監査技術をあげて説明します。

a. 観察

　観察とは監査対象の事務所や工場，倉庫等の事業所に出向き，業務処理の過程や手続を見る技術です。内部統制の整備・運用状況について検証するのに有用な技術であるため，内部監査においては多用されます。

b. 質問

　質問とは，内部監査担当者が疑問点あるいは確認したい事項に関し，経営者，従業員または外部の関係者に問い合わせて，説明または回答を求める技術です。

　質問は上記 a. の「観察」と同様，内部統制の整備・運用状況を確かめるために用いますが，予備調査や往査開始時の監査業務の初期段階で，仕事の流れや業務の実施状況を把握する目的で主として使用されます。そして質問は監査証拠を収集するための技術というよりも，業務把握後の次の監査段階で調査をしなければならない領域を明らかにするための監査技術です。

　特にある質問に対し，相手が非協力的であったり，恫喝したりした場合，その質問事項について問題が潜んでいる可能性があり，他の監査技術を用い，当該部分に関し，次に説明するような慎重に対応をとる必要があります。

質問に対する関係者の口頭による回答だけでは，関係者の思い違い，言い間違い，嘘といったケースも考えられるため，根拠として弱い証拠しか入手できません。そこで，重要な情報については，質問に対する相手の回答をまとめた文書を早期に作成し，記名捺印してもらうなど書面のやり取りにより，証拠能力を向上させる工夫が必要です。

また，十分な立証能力のある監査証拠を入手しなければならない状況に担当者が置かれた場合には，質問の一種ですが，特定の状況において必要に応じて用いる下記 g. で説明する「確認」と呼ぶ監査技術を用います。

なお，質問と形態は類似していますが，「ディスカッション」という技術があります。質問が情報の入手の手段であるのに対し，ディスカッションは，相手との交渉または説得することを目的とした監査技術です。この技術は相手との見解が対立した場合に必要となります。

ディスカッションは監査証拠の収集のためのテクニックというよりも，むしろ対立している事項について，監査対象者を説得する性格の技術です。内部監査担当者が監査対象部門との見解の相違を認識した場合，内部監査担当者は互いの立場の違いを認識した上で，経営改善という両者の共通の目的の達成のために相互に歩み寄る態度で監査証拠という根拠に基づく自己の見解について交渉と説得に当たらなければなりません。このためには交渉後，監査計画を変更して新たな監査証拠を入手しなければならない場合も考えられます。

c. 閲覧

閲覧とは紙や電子媒体またはその他の媒体による組織内外の記録や文書について懐疑心をもって読み確かめる監査技術です。

なお，閲覧は，帳簿や文章について懐疑心を持って読み込むという技術ではあるものの，それだけではなく，会計データとそれを裏付ける領収書や納品書といった証憑書類の照合によって，証憑書類に示された取引が正しく記録されていることを確かめる「証憑突合」や会計帳簿と会計帳簿を照合して，正確な記録が行われていることを確かめる「帳簿突合」も含まれます。

特に第三者が作成した証憑書類は証拠としての立証能力が，組織内で作成した文書等と比較し，高いと評価されています。そのため証憑書類に基づく

監査証拠は証拠の中でも中心的な位置を占めます。それだけに他の証憑書類あるいは帳簿と比較する「突合」の技法は重要です。ただし，証憑の偽造等の人為的な操作には注意を払わなければなりません。詳しくは第4部で説明します。

d. 分析的手続

分析的手続とは，監査人が財務データ相互間または財務データ以外のデータと財務データとの間に存在する関係を利用した推定値を算出し，推定値と財務情報を比較することによって財務情報を検討する技術です。

分析的手続の例としては次のようなものがあります。

・当期の情報と前期の類似情報との比較

・当期の情報と予算または予測との比較

・他の組織体の類似情報や業界の類似情報との比較

分析的手続により予想外の差異が発見された場合，その原因の検討が必要になります。検討の結果合理的な説明ができない差異については，不正や異常事態，不効率などが推定されます。

この技術は監査計画段階や個別の監査技術を使用する前段階で，各種情報間の整合性を検討し，問題のありそうな事項や確かめるべき項目を把握するのに効果があります。

e. 実査

実査とは監査担当者自らが，自らの手で現物を実際に確かめる技術です。当然ですがこの技術により，最も立証能力の高い監査証拠が入手できますが，この技術を選択・適用するには多くの時間と手間が必要になり高コスト体質の監査技術です。

f. 立会

立会とは分類の上では上記a.の「観察」の一種です。ただし一般的な観察とは異なり，監査担当者が監査対象組織の現場に出向き，棚卸資産等の実地棚卸の作業が規則どおりに実施されているか否か，問題事項は発生していないかなどを現場で確かめるため，時間と手間，すなわちコストがかかります。そのため，一般的に使用される技術ではなく，リスクの大きい重要な事項を調査する場合に選択・適用する監査技術です。

組織の内部統制の整備・運用状況を実証する，強力な監査証拠を入手できる技術です。

g. 確認

確認は上記 b. の「質問」の一種です。勘定残高とその明細に関連する情報または現在の契約条件等について，監査担当者が組織の取引先等の第三者に対して問い合わせを行い，その回答を直接入手し評価する技術です。第三者からの文書による回答は，強力な監査証拠となります。しかしながら，この技術も高コスト体質であり，限られた時間とコストの中で目的を達成しなければならない内部監査において，重要でリスクの高い項目にしか選択・適用できません。

h. 再計算

再計算とは，計算結果の記録について，監査担当者が自ら再度計算結果の正確性を確かめる技術です。減価償却の処理の正確性などを確かめるために選択・適用されます。

i. 再実施

監査対象である現場の職員が実施している業務処理を内部監査担当者自身が再度実施してみる技術です。内部統制の有効性を確かめる場合に有効な技術です。

j. ウォークスルー

ウォークスルーとは，上記第 2 項の「予備調査」の段階でも参考 2 として言及しましたが，元々は IT 関係の用語であり，プログラムの使用やプログラム自体に誤りがないかどうかを，プログラム全体にわたって開発に携わった者が集まり，工程ごとの成果物に対して検証する活動を意味します。

転じて監査活動，特に内部統制に関する検証の際の監査技術として，同様なテクニックが使われだしました。

本監査におけるウォークスルーでも，基本は予備調査と異なることなく，重要な取引ごとに代表的な取引を選び，その取引の開始から完了までの業務処理の流れを資料で確認，追跡する技術です。一連の業務プロセスの「始め」から「終わり」までを通して，業務プロセスの内部統制の有効性を評価します。業務処理の中で発生する帳票や記録あるいは物品を追跡し，設計の

段階で文書化された内部統制が実際に整備され，適切に運用されているか，そして識別したリスクを十分にカバーできているか否かを検証します。

　なお，ケースに基づく具体的な様々な監査手続の実施については，第3部をご覧ください。

4）新しい監査手続

　ある監査対象の特定の監査要点を立証するために監査技術を選択・適用する監査証拠収集活動である監査手続については，新しいアプローチが開発されつつあります。ここでは下記の二つのアプローチについて説明します。

a. CSA（自己評価システム：Control Self Assessment）を利用した監査手続

　CSA は内部統制を評価するための一つの方法です。ある部署の内部統制の整備・運用状況についての調査・評価は，内部監査の中心的な職務です。しかし，もう一つ別の方法があります。それは対象部署自らの自己点検を利用する方法です。その自己点検が CSA です。

　多くの内部監査部署は常に人手不足で，多くの監査対象，監査テーマを抱え，効率性と有効性の両立を要求されます。このニーズに CSA は応えることができます。

　内部監査部署が直接監査するのではなく，CSA を事前監査ツールとして活用し，その結果によって内部監査の対象を決めるなどして内部監査の資源を有効活用することができます。CSA は，内部監査の実施に際しての手法として注目され，実際に内部監査態勢に組み込まれ使用されています。

　CSA を実施する方法としては，「ワークショップ形式」と「質問書（チェックリスト）形式」の二つがあります。

　前者は少人数の参加者に対し，司会・進行役（ファシリテーター）がついて，内部統制の状況に関しテーマを決めてグループ討議をする方法です。後者は，あらかじめ内部統制の特定のテーマについて質問票を作成しておき，対象部署の担当者に回答してもらい，結果を評価する方法です。

　監査対象組織の CSA が内部監査の結果，有効であると評価できれば，多くの証拠収集活動を省略でき，監査を効率化できます。しかし CSA 自体は，

監査対象から情報を引き出す手段であり，引き出した情報が即座に監査証拠になるわけではありません。その情報に内部監査担当者が他の監査技術を選択適用することにより，監査要点である内部統制の有効性を立証する監査証拠となることに注意しなければなりません。

CSA を導入するには経営者の全面的なバックアップと組織全体の理解を得た上で，多大な時間とコストがかかります。このため中堅・中小規模の組織で導入するのは難しいかもしれません。しかし，中堅・中小規模の組織といえども，内部統制の有効性は基本的に大規模組織と変わりません。内部監査の問題というよりも内部統制の課題として規模の大小にかかわらず，より良い内部統制を構築するには，外部評価だけでなく CSA のような自己評価も自主的に採り入れ，1980 年代に日本の多くの工場で導入された品質管理活動の QC 活動のように常に改善に取り組む必要があります。

　内部監査部門では，内部監査担当者の業務負担の軽減，往査時間の短縮といった監査の効率化の一環として監査担当者が往査に向かう前に，コントロール項目について被監査部署に自己チェック（評価）してもらう方法を採用することがあります。この際の質問票については内部監査部門が作成し，被監査部署に送付し回収・活用する場合もあるし（直説法），内部監査部門ではなく，統括部門等が質問票を作成し，被監査部署に送付・回収したものを内部監査担当者が活用させてもらう場合もあります（間接法）。後者のケースでは，CSA に近似する方法ということもいえます。

b. CAAT（Computer Assisted Audit Techniques）

　監査の具体的な対象になる各種記録は紙ではなく，電子化されていることが多くなっています。このため，監査要点を立証するに際し上記各種監査技術を用い手作業で確かめる作業の効率は著しく低下します。そこで，これら技術の選択適用をコンピュータで行う CAAT（キャットまたキャッツ）と呼ばれる技術が注目され利用され始めています。

　CAAT とはコンピュータを利用して監査証拠を収集するための技法です。この技法の特徴は，手作業では実施が困難であるような大量のデータに対する監査証拠の収集活動が可能となることです。この特徴を利用し，膨大な取引の中からパソコンを使用し，比較的容易に不正会計の兆候を見出すことが

可能になります。この技法は会計不正への対応を迫られている会計士監査はもちろん，内部監査のツールとしても注目を集めています。

　監査のツールとしての CAAT の具体的利用方法として，監査対象の組織の全仕訳データを対象にした網羅的な仕訳検証があります。このような精密な仕訳テストは次に示す参考3で説明する部分的な証拠収集（試査）を原則とする現代監査において実施は困難です。しかし CAAT を利用すれば全仕訳データの中から異常のある仕訳を瞬時に抽出可能となり，効率的に不正会計の潜在的リスクの発見につながる仕訳テストの実施が可能となります。

　しかし CAAT に異常な仕訳データに関する条件をあらかじめ設定し組み込むのは人間です。すなわち何が異常な仕訳データなのかの詳細な条件は，人間が設定しておかなければコンピュータは動きません。CAAT は設定された条件に合致する仕訳データを抽出する技法にすぎません。このため CAAT に任せれば，自動的に不正な仕訳は全て選びだしてくれるというような便利な道具ではありません。

　さらに，CAAT により抽出された仕訳データが全て不正であるとはいえません。本当に不正の兆候を表すものであるかどうかを判断するには，別途詳細な監査手続の実施により人間が判断しなければなりません。

　このように CAAT は万能ではなく，人間の判断が不可欠であるということが CAAT のもう一つの特徴といえます。

　CAAT といえば，従来はコンピュータを利用した不正発見のための技法として公認会計士が財務諸表監査において使用するイメージが強かったように感じます。

　しかし CAAT は IT を用いた監査技法であり，現在では IT の進展とともにその利用が内部監査においても拡大しています。例えば監査用の特別なソフトではなく，表計算ソフトを使用したデータ分析も広い意味で CAAT のカテゴリーに入ります。

　さらに用途も売掛金や買掛金等の特定データの年齢調べや特定条件に当てはまるデータの抽出といったデータ分析だけでなく，業務効率の分析，利益率の分析などに広がり，監査調書の作成も専用ソフトを使用することにより効率化できるようになっています。

このように CAAT は，監査スタッフの不足に悩む内部監査部門において，その利用を真剣に考える時代に入ったように思います。

参考3 —— 精査と試査

　監査技術を選択・適用し監査手続を実施して監査証拠を収集するアプローチには「精査」と「試査」の二種類があります。

　「精査」は，監査対象の全てに選択した監査技術を適用し，対象の隅から隅まで確かめるアプローチです。例えば監査対象組織の特定の取引に不正の兆候がある場合など，当該取引に関係する1か月分の証憑書類の全てに対し監査技術を選択・適用し，徹底的に偽造等の有無について調査する必要がでてきます。

　それに対して「試査」は監査対象の一部を抽出し，その部分だけに選択した監査技術を適用して立証するアプローチです。試査については，料理をする際の「味見」を連想してください。小さじ一杯のサンプルをすくい，味を確かめれば，調理をしている料理の全体の味を想像できます。試査も全体の一部をサンプルとして抽出し，抜き出したものに監査技術を選択・適用して調べ，結果を入手し，その結果が全体を代表していると推定できると考えます。

　試査は，特に内部統制の運用状況の良否といった監査要点を確かめるために，各部門の業務が社内規程や業務マニュアル通りに実施され，コントロールされているか否かを確かめる際の対象事項を抽出するために適したアプローチです。サンプルを抽出しただけでは監査は終わらず，監査担当者は，抽出した事項の特定の監査要点を立証するために相応しい監査技術を選択・適用し，監査証拠を収集します。

　監査対象の全てに対し，監査技術を選択・適用する精査は理想ですが，監査資源（内部監査者の人数，期間，予算）に成約があり，不可能であるため，内部監査においても試査は多用されます。

　それに対し，精査は完璧な立証を目標とするアプローチであり，不正の兆候のある監査対象を調査する場合などには有効ですが，時間と手間がかかるため，通常は用いられません。

　内部統制の整備・運用状況の良否などの監査には試査で十分対応できます。顧客満足度や業務の効率性の調査などの一部を除き，内部監査の大部分の監査手続は試査により行います。

　試査ではサンプル対象となる母集団が適切であること，またサンプルの方法が恣意的にならないようにすることが重要です。試査の具体的な進め方については，第3部で説明します。

(4) 検出事項の検討

　調査の結果，想定どおりにコントロールが有効であれば特に問題はありませんが，例えば照合や承認の不十分性，必要な管理資料の欠落，一致すべき数値が不一致のままに放置されている等のエラーを発見する場合があります。この場合，その原因や影響，修正を要するかどうか等，検出事項の内容に基づいて，監査対象部門への改善勧告に含めるかどうかを中心に検討します。この段階で被監査部門の担当者の理解を得ておくことも重要です。

　被監査部門の担当者の理解を得ないままに検出事項として指摘すれば，被監査部門の担当者の抵抗を招き，内部監査担当者に反感を抱く可能性もあります。そのため，下記（5）で示すように講評や意見交換の機会を設けることが通常です。

(5) 講評・意見交換会

　通常，オンサイト調査の最終日に被監査部門と内部監査担当者とで会議を行います。

　別途，日程を設けて，正式に内部監査の結果報告を行うとしても，監査部門が被監査部門に調査協力の感謝の意を述べるという儀式的な意味の他，緊急を要する指摘事項の有無や指摘事項の内容に係る見解の不一致の有無等の事実確認，監査の過程で気がついた点（指摘事項に該当するほどではない点の説明や確認を含む）を説明する場を設けます。

　現地での往査が終了した時点（最終日）で，内部監査担当者が監査対象の部署・部門の責任者や関係者を招集し，実地監査で発見した事項や指摘事項について報告と説明を行う講評と意見交換の会議について「現地講評会」あるいは「エグジット・ミーティング」という名称が使われます。

　監査において監査担当者が発見し，重要と認識した事項については，監査を実施する側と受ける側では事実認識が異なることがあります。内部監査担当者の思い込みで指摘した事項により，後日，監査対象部門に思いもよらない影響が発生し迷惑をかける危険性もあります。また指摘事項については現

場の職員にも言い分があると思います。

　内部監査は批判機能よりも，むしろ指導機能，コンサルティング機能を発揮し，組織が直面する各種の問題点の改善に貢献することが使命です。したがって，監査結果としての問題点の指摘だけでは，その使命の半分も果たしたことにはなりません。現地の責任者や職員といった関係者とひざを交じえて率直な意見交換を行うことは，この使命の達成に欠かせません。

　現地講評会には，このような意義があるため，発見事項や指摘事項についてはリスクや内部統制上の問題点について内部監査担当者も含め関係者と共有し，また改善策についても協議を行い，互いのコンセンサスを得ておくことが，内部監査の結果報告後の改善効果を倍増させるために大切です。

　講評会で議論を盛り上げるためには，監査業務の完結に追われ，時間がない中で大変ですが，口頭だけの報告ではなく，発見事項や指摘事項に関する簡単なメモ程度で十分なので，文書での提示が必要になります。

　現地講評会を開催しても，内部監査担当者が口頭で指摘しただけでは相手の聞き違いや誤解を招くこともあります。あるいは何も報告せずに現場を去ることは，監査対象部門に不安を与え，今後の内部監査の報告を生かせない危険をもたらしますので，避けなければなりません。

(6) 監査結果の検討と監査調書のとりまとめ

　監査結果は監査調書としてまとめられます。監査調書は監査の実施記録であり，主に以下の事項を明らかにするために作成されます。

・内部監査が内部監査の目的を達成するために適切に実施されたこと

・内部監査の計画，実施した手続の内容，その結果

　監査調書は，所定の様式を使用することが一般的であり，必要な情報が網羅的に記載されていなければなりません。

　通常は，各組織において「内部監査調書の様式」を定めていますが，その際，あらかじめ策定した監査計画との整合性に留意する必要があります。

　また，監査調書は監査の品質管理（監査業務が適切に行われているかどうかの査閲や審査等を含む）に際して重要な位置付けとなりますから，監査調

書の記載内容が監査の水準を示すといっても過言ではありません。監査調書の様式を定めない場合，場当たり的な監査となり，また必要な監査業務が実施されないことや，監査業務が重複する可能性ばかりでなく，監査業務が適切に行われたかどうかを確認することができなくなりますから，監査の品質管理が不可能になります。

　一般的には，監査計画書，監査手続書，チェックリスト等の監査の実施に関する書式を定型化して，具体的な作業はそれらの書式に必要な記載事項を埋めていくことで実施されることが多いようです。しかしながら，こうした単純作業のみで監査業務が完結するとなると形式的な監査に終始することになり，柔軟な監査業務の遂行に支障をきたすことにもなりかねません。実務的には，そうした形式重視による弊害を意識しながら，必要な手続の実施が漏れていないかどうかの確認のために，定められた書式を埋める作業を行うことが必要とされます。

　また，監査結果は，一般に以下の三つに収束します。

①監査を実施した結果，問題が識別されなかった（問題なし）。

②監査を実施した結果，問題が識別された（問題あり）。

③監査の実施が完了せずに，問題の有無について判断できなかった（問題の有無不明）。

　監査は監査要点を立証するために行うことは既述のとおりですが，監査要点は「準拠性」「有効性」「効率性」等を明らかにすることを意味します。例えば，準拠していれば「○」として上記の①「問題なし」と判断されます。また，準拠していなければ「×」として上記の②「問題あり」と判断されます。さらに，監査を実施したにもかかわらず，必要な監査手続が実施できない場合（監査証拠が入手できない場合）には，準拠しているかどうか判断できないため「？」として上記の③の問題の有無不明と判断されます。

　監査調書では監査上の問題の有無を含めて，監査の結果が適切に記載されなければなりません。

　監査調書は監査の品質を表すため，監査チームの責任者がチーム構成員の仕事をレビューする際，および監査部門の責任書がチームの仕事をレビューする際の貴重な資料となります。そのため監査調書の作成に当たっては監査

過程が容易に検証できるよう，監査過程を念頭に設定した関連番号を付すなどの工夫が必要になります。

例えば，調書間で情報のやり取りとする場合には，あらかじめクロス・レファレンスの方法を決め，関連番号（クロス・レファレンス）を付したり，監査手続の実施を記録した調書を明らかにするため，監査手続にあらかじめ調書のレファレンスを付したりなどが考えられます。また調書をレビューした担当者を明確にして責任の所在とチェック漏れをなくすため，レビュー済みのサインを入れる欄を設けておくことも大事です。

最近では監査調書のファイルは紙ではなく電子ファイルの形で保存されていることが多くなってきています。このため，もし誰かが情報を持ち出そうと思えば，パソコンによる送信や USB メモリー等を使用して容易にできます。監査調書のファイルの中には秘密情報，個人情報を含む，監査に関連したあらゆる情報が入っています。内部監査部門および内部監査担当者は監査の実施過程で対象組織の機密情報に接します。監査先が安心して監査担当者に情報を開示してくれる環境を作るためにも，監査担当者には秘密を保持する義務と責任があります。

監査チームの責任者および監査部門の責任者は監査調書へのアクセスの管理に十分な注意を払い，あらかじめ情報を簡単には覗けない，また持ち出せないようなルールを設定しなければなりません。

課題研究

1. それぞれの組織に適合する内部統制や内部監査を整備し運用するには，組織が従来とっている「リスク許容の傾向」や「リスク対応の傾向」について分析することが必要です。あなたの属している組織のこれらの傾向を分析してみてください。

2. あなたが経営者であったら，内部監査の目的として最優先に選ぶものは何ですか。またこの目的を達成するために，どのような監査対象を選び，内部監査担当者に何をチェックさせますか。

3. 参考１で紹介した CSA（自己評価システム）の採用は，中堅・中小規

模の組織にとって内部監査の有効性と効率性を担保する有力な手段とな
ります。システム導入時に手間がかかりますが，あなたの組織でこの方
法を採用する実現可能性について検討してみてください。

第 5 章

報告とフォローアップ

────本章で学ぶこと────

　本章では，第4章で説明した監査実施の結論を，誰に，どのように報告するかという問題を扱います。また内部監査は報告で完了せず，その機能を有効に果たすためには報告後のフォローアップが重要です。この点についても詳述します。

1
監査報告書の作成

　内部監査における監査報告書の解説をする際に筆者が難しいと感じるのは，監査役監査や公認会計士・監査法人が担当する法定の財務諸表監査や内部統制の監査とは異なり，内部監査では，監査先の規模や業態，経営者の意向などの環境で，読者である報告書利用者が望む内容や様式に大きな違いが発生し，読者の皆様に標準を示すことが極めて困難なことです。

　例えば内部監査が独立的な監視活動の一環として内部統制の有効性を検証するアシュアランス（保証）機能を期待されている場合と組織の経営戦略

等，経営活動の改善提案（アドバイスあるいはコンサルティング）機能を期待されている場合では，適切な報告書の内容・様式は大きく異なります。

　内部監査部門の責任者は，内部監査の結果と実施概要について，経営者や監査対象部署の管理責任者をはじめとする指摘事項等に関心がありかつ適切な措置を講じえる者に原則として文書で報告しなければなりません。

　内部監査では，法定の財務諸表監査あるいは監査役監査において作成される短文式の定型のひな型というものはありません。内部監査の概要と結果を知りたい関係者の様々なニーズに応じ，適切な形，内容が決まります。一般的には長文の詳細な監査報告になります。そこでここでは「内部監査報告書」あるいは単に「監査報告書」あるいは「個別監査報告書」と呼ばれる一般的な長文式の内部監査の報告書を念頭に説明します。また，内部監査の本質に根差した監査報告書の在り方を中心に説明します。

　なお，個別監査報告書に対して年間の内部監査部門の内部監査活動について記載し，経営者をはじめとする関係者に報告する「年次監査報告書」という報告書もあります。

　ケースに基づく具体的な報告書の例については第3部第10章をご覧ください。

（1）内部監査における報告書の意義

　株式会社に対する法定の財務諸表監査における監査報告書は，会社が作成・開示した財務諸表が会社の財政状態と経営成績を一般に公正妥当と認められる会計基準に従い適正に表示していることを保証する機能（アシュアランス機能）を果たしています。すなわち財務諸表の「保証書」です。この保証書により会社の利害関係者は会社との取引を財務諸表に基づき安心して行うことができるようになります。財務諸表監査の監査報告書はこの保証機能を主たる機能として情報提供機能を副次的機能とする考え方が通説です。

　では，内部監査の監査報告書も保証書としての機能を求められているのでしょうか。確かに内部監査における監査報告書も対象組織の業務やシステムの問題点の有無を検証し，問題点を指摘することで経営者等に何らかの保証

を提供する保証機能があることは否定できません。

　金融商品取引法の内部統制監査の対象となるような大規模組織の経営者が内部監査に対し期待する機能は，組織の内部統制の有効性を自ら宣言する内部統制報告書の作成の基礎的データとしての専門部署による組織の内部統制の有効性の評価結果の提供です。ここでは内部監査部門がアシュアランス（保証）機能を果たします。

　しかしながら，内部監査の発展にともない，その機能も変化しています。内部監査に期待される機能が提案を通して業務に付加価値を与える改善提案型から内部監査担当者の専門的知見を活かし，内部監査の立場から経営をサポートする経営課題支援型に変化していく過程で，監査報告書もアシュアランス（保証）だけでなく，指摘や改善提案やアイデアを積極的に示すアドバイス機能（コンサルティング機能）を重視した報告書が注目されだしています。

　監査報告書の在り方，姿は，組織の経営者あるいは経営者層の内部監査に対し期待する機能によって，大きく影響を受けることになります。特に中堅・中小組織の内部監査に関しては，組織の個性が現れると考えられます。内部監査の報告書は積極的に問題点を改善する解決策を提案する助言機能あるいはより積極的にコンサルティング機能を果たさなければならない時代に突入しています。

　報告書では指摘した不備や問題点の重要度や背景・原因についても言及することが求められ，また提案する改善策は実現可能で監査対象先も十分に理解し納得できる提案でなければなりません。

　では，この機能は果たすにはどのような監査報告書を，どのように作成することが必要になるのでしょうか。

（2）内部監査報告書の記載事項

　日本内部監査協会が作成・公表している内部監査基準 8.2.3 は内部監査報告書の記載事項について次のように規定しています。「内部監査人は，内部監査報告書に内部監査の目標と範囲，内部監査人の意見，勧告および是正措

置の計画を含めなければならない。」

　またIIAの国際基準2410. A1では内部監査の監査報告書の記載については，監査の結論（監査意見）とともに改善提案ないしアクション・プランまたはその両方の記載が必要とされています。すなわち報告書の基本構造は「監査に結果としての結論ないし意見」と「監査に基づく指摘事項及び改善事項」です。前者はアシュアランス（保証）系統の報告事項，後者はコンサルティング系統の報告事項です。

　一般的な内部監査報告書は，両者が含まれますが，経営者あるいは組織のニーズにより，報告書中のバランスは異なってきます。なお，最近のガバナンスやリスクや戦略に焦点を当てたコンサル重視の内部監査では，監査報告書も従来のものでは読者の期待に応えることはできず，大幅に変化していくものと想像されます。

　下記に内部監査報告書の記載事項の標準例を示します。内部監査の場合，採用する組織の個別事情（内部監査を導入する背景），監査目的，監査実施内容，提出先等が様々であり，監査報告書も必要やニーズに合わせて一律のものはありません。そのため，下記はあくまで例であり，ひな型とは性格が異なります。

【監査報告書】

① 　監査対象：監査対象の部門・部署を記載

② 　内部監査の目的：何をテーマに内部監査を実施したかについて記載

③ 　内部監査の範囲：上記②の内部監査の目的に照らした監査の実施範囲　業務の性格および程度の記載

④ 　監査実施期間：監査日程の始めと終わりを記載

⑤ 　監査担当者：監査責任者および監査担当者の氏名

⑥ 　実施した監査手続の概要

⑦ 　内部監査担当者の意見：総合意見（全般的な意見）と個別指摘事項の記載

⑧ 　改善提案：指摘事項に対する改善策の記載と改善策の実行予定日と検証予定日

⑨ 　配布先のリスト

(3) 監査報告書作成上の留意事項

① アシュアランス（保証）には積極的と消極的の二種類がある

　積極的アシュアランス（保証）は「………の内部統制は有効である。」あるいは「………の内部統制は有効ではない。」といった二者択一の意見を表明する保証形式です。

　それに対し消極的アシュアランス（保証）は「監査の結果，内部統制に関して特に重要な問題は認められなかった。」といった保証形式で，実施した監査手続を列挙した上で，その手続を実施した範囲では特に気づいた点はなかった趣旨の保証形式です。

　公認会計士または監査法人が実施する法定監査では，積極的アシュアランス（保証）しか認められないのに対し，内部監査では，どちらの方式も用いられます。中堅・中小組織の内部監査では，消極的アシュアランス（保証）が報告において用いられるケースが圧倒的に多いと思われます。

② 十分かつ適切な監査証拠に基づく意見の表明

　監査報告書で表明する監査担当者の意見は合理的な根拠に基づいたものでなければなりません。日本内部監査協会の監査基準 8.1.2 は次のように規定しています。「内部監査の結果には，十分かつ適切な監査証拠に基づいた内部監査人の意見を含めなければならない。」

　監査担当者の意見は証拠により確信を得たものであり，また説得力のある説明のできるものでなければなりません。したがって監査報告書作成の前段階の品質管理の一環として，内部監査チームの責任者および内部監査部門長は当該内部監査により意見を支える合理的な根拠を収集できたか否かのレビューおよび評価が不可欠です。

　なお，①で示した積極的アシュアランス（保証）を表明するための監査証拠の質と量，消極的アシュアランス（保証）を表明するための監査証拠の質と量を比較すると，後者の質と量の水準は相対的に低くても十分かつ適切と考えられます。このことをもって消極的保証の価値が劣るということはありません。内部監査では，経営者あるいは経営陣から与えられた目的に応じて

保証レベルを柔軟に変えることが費用（対）効果の観点から望ましいと思われます。

③　報告書作成前の関係部門とのコミュニケーションの確保

　内部監査チームのリーダーあるいは内部監査部門長は内部監査報告書の作成に先立ち，対象部門や関連部門との良好なコミュニケーションの確保に留意しなければなりません。日本内部監査協会が作成・公表している内部監査基準 8.2.2 は次のように規定しています。「内部監査人は，実効性の高い内部監査報告書の作成と，迅速な是正措置の実現を促し，内部監査の実施効果と信頼性をより一層高めるため，内部監査報告書の作成に先立って，対象部門や関連部門への結果の説明，問題点の相互確認を行うなど，意思の疎通を十分に図らなければならない。」

　監査報告の中の監査担当者の意見としての指摘事項，改善提案について相手に十分説明し，理解を得て納得してもらわなければ，報告後の改善行動には結び付かなくなり，報告の効果は発揮されず，また是正措置の実現は難しくなります。

　内部監査担当者は対象部門や関連部門への結果の説明に十分な時間をかけ，問題点の相互確認をとらなければなりません。具体的には，内部監査部門と監査対象部門で見解のすり合わせを行い，事実確認と改善方法についての協議を行うことが必要です。前述（第4章第5節）の現地講評会で，監査対象部門の責任者ばかりでなく従業員も含め監査実施後，早期に発見・認識した問題点を指摘し，かつ改善提案を含めた監査報告書（案）が完成した後に監査対象部門に示し，彼らとの協議を行うことが大切です。これらの過程を経た上で監査報告書を完成させ，配布します。

④　早期の作成および提出

　監査報告書は監査業務終了後，できるだけ速やかに作成し，提出しなければなりません。指摘する事項や，提案予定の改善事項については監査対象先の記憶と認識が消えないうちに報告しなければ，監査対象先では次の是正ステップに円滑に進めず，監査報告が遅れれば遅れるほど効果が半減してしま

います。

⑤　文書による報告

　監査報告は，原則として文書によらなければなりません。しかしながら緊急性が高い重要な事項については口頭による報告を優先しなければなりません。

　日本内部監査協会が作成・公表している内部監査基準 8.1.5 は次のように規定しています。「報告は，原則として文書によらなければならない。ただし，緊急性および重要性の高い場合には，口頭による報告を優先することができる。」

⑥　個別意見および総合意見の表明

　法定の財務諸表監査の監査報告書には，具体的な「個別意見」とそれらをまとめた財務諸表全体についての監査担当者の結論を示した「総合意見」を示します。これに対し内部監査の監査報告書では，内部監査の結論を示すものの，監査担当責任者の意見という形をとらないケースも考えられます。また報告書に示す発見事項や是正措置あるいは改善提案は，担当者の個別意見とは性格が異なります。

　したがって，法定の財務諸表監査のような個別意見をまとめ，最終的に財務諸表全体の見解としての総合意見を表明するという関係は内部監査の報告書では想定されていないと考えられます。ただし，総合意見の表明も必要に応じて行われます。日本内部監査協会が作成・公表している内部監査基準 8.2.4 は「内部監査部門長は，必要に応じて，内部監査報告書に総合意見を記載しなければならない。」と規定しています。

⑦　指摘事項および是正措置に関する記載

　監査報告書には，監査により発見した問題事項を指摘します。リスクベースの内部監査における指摘事項にはリスクが十分にコントロールされていない状況を示し，続けてリスクの内容，レベルそしてリスクをコントロールするための改善提案を示します。

重要なことはこの指摘事項を関係部署が真摯に受け止め，改善に向け是正する努力をしてもらうことです。そのため，改善の方向性や改善計画策定の期限等の是正措置計画に関しての内部監査部門の指摘は監査報告書の最後に言及しておく必要があるでしょう。

　なお，監査を受ける各部署には，指摘されることにマイナスのイメージをもち，拒絶反応を示す現場も見受けられます。この反応は内部監査の有効性を減退させます。

　内部監査において指摘事項を監査報告書に記載することは，経営目的の達成に貢献するためであり，指摘をすることにより内部監査部門の実績をあげる目的ではありません。この点を被監査部署に認識，確認してもらうためには次の事項に留意する必要があります。

　1)　確認した事実について誤認がないか。

　2)　事実に基づく評価が妥当なものか。

　3)　結論としての改善措置の内容を被監査部署が受け入れ，自ら措置を実施できるもの（実現可能）となっているか。

　このようなプロセスを経ても被監査部署との調整がうまくいかない場合について，日本内部監査協会が作成・開示している「内部監査基準実践要綱」【6】1.（2）報告基準④は，強権を発動するのではなく，「………内部監査部門の意見と，相手方の見解とを合わせて記載することが望ましい」とする被監査部署の選択肢を提供することも示しています。

⑧　良い点はほめる

　監査報告書に記載する担当者の意見としての指摘事項は不備や問題点といった批判ばかりとは限りません。監査対象について良い点については，積極的に監査担当者の意見として評価し，ほめる態度が必要です。この意見は経営者にも伝達されるので，監査対象部門のモラールは，著しく向上し，より一層の改善活動に結び付くと思われます。

⑨　監査報告書の配布先

　監査報告書は，まず内部監査の実施を命令した経営者に対し提出しなければなりません。経営者に対する報告は，通常の詳細な監査報告書に代えて重要な場合には監査終了後速やかに口頭で報告し，忙しい経営者に配慮し，経営者向けの実施概要と発見事項を簡潔に記載したサマリーである「要約報告書」を作成し，提出するスタイルも経営者の希望があれば考えるべきです。経営者以外の配布先としては，株式会社の場合は取締役会，監査役（会）や監査委員会，協同組合などの組織では理事会，監事会，経営管理委員会などが考えられます。なお，任意監査である内部監査では監査報告書の配布先について特別な制限や規則はなく，内部監査部門長の判断で，その他の者に報告することも可能です。

　日本内部監査協会の監査基準 8.3.1 は「内部監査結果の組織体外部への開示」として次のように規定しています。「内部監査部門長は，組織体外部に内部監査結果を開示する場合には，法令または規則に定めのある場合を除き，事前に以下の事項を実施しなければならない。

①　結果の開示によって生じる可能性のある組織体に対する潜在的リスクの評価
②　最高経営者を含む適切な関係者との協議
③　結果の使用および開示先の制約についての検討　　　　　　　」

（4）監査報告書作成に求められる要件

　監査報告書は関係者に読まれ，利用されて初めて機能を発揮します。このため作成に際しては，下記の要件を満たすことが望まれます。

・正確性
・客観性
・明瞭性
・簡潔性
・完全性
・適時性

（5）中堅・中小規模の組織の内部監査報告

　中堅・中小規模の組織の内部監査における監査報告では，報告先の範囲が経営者だけ，あるいは経営者を中心にして絞り込まれる可能性があります。特に最高経営者からの特命に基づく内部監査（特命監査）では，最高経営者だけに報告し，それ以外の者には監査結果については秘密にするケースもでてきます。しかし一般的には内部監査の結果を示す監査報告書は，指摘事項等に関し適切な措置を講じえる者には，できるだけ報告することが望ましいと思われます。

2
フォローアップ

（1）フォローアップの意義

　内部監査におけるフォローアップとは，監査報告書で指摘し，勧告した事項に関する監査対象部門や関連する部門の改善状況を継続的に調査・評価する活動です。内部監査部門は該当部門の行っている是正措置状況の見守り役として，日常的なモニタリングを担当しなければなりません。

　内部監査は主たる目標は監査を通じての経営の改善です。この目標は監査を実施し，結果について報告書を提出すれば完結する簡単なものではありません。監査報告書で指摘した不備や問題点が改善されなければ，内部監査の目的は達成されません。内部監査が求めた経営改善を確実なものにするため内部監査部門長は，監査終了後も監査対象部門等の改善状況を継続的にモニタリングするため下記（2）に示すフォローアップ・プロセスを構築し，これを維持しなければなりません。

　フォローアップは内部監査の締めくくりです。この活動を経営者のマネジメントの過程における「ACTION」に役立ててもらうことにより，マネジメントサイクルが円滑にまわります。

日本内部監査協会の監査基準 8.5.1 は内部監査のフォローアップについて「内部監査部門長は，内部監査の結果に基づく指摘事項および勧告について，対象部門や関連部門がいかなる是正措置を講じたかに関して，その後の状況を継続的にモニタリングするためのフォローアップ・プロセスを構築し，これを維持しなければならない。」と規定しています。

(2) フォローアップ・プロセス

　内部監査で問題点や不備を発見したならば，早急に改善しなければなりません。内部監査担当者は監査報告書の作成を待つ必要はありません。現地講評会における指摘・勧告がフォローアップ・プロセスのスタートです。その指摘や勧告を伝達された監査対象部門の改善活動の開始が第二のスタートです。

　また第二のスタートに際し，内部監査部門長は，監査対象部門の責任者に対し実地監査で指摘した不備や問題点に関して改善措置状況の現状を速やかに「改善報告書」という形にまとめ提出することを求め，その報告書について書面での検証を実施する方法が有効です。この方法は監査対象部門の迅速な改善への取り組みを動機付けます。改善に責任を持つ現場の管理責任者や内部監査部門長等の関係者はこの改善報告書を中心に改善プログラムを展開します。

　実地監査で内部監査担当者が指摘した問題点や不備は監査対象部門の努力や工夫により，監査報告書の提出前に直ちに改善ができるケースもたくさんあります。しかしながら，簡単には改善できない場合もまた多くあります。改善が進まない事項については，内部監査部門も積極的な追加提案等の支援をしていかなければなりません。現場での改善作業に長期の時間がかかる場合には，内部監査部門長は監査対象部門の改善担当の責任者に対し新たに改善報告書の提出を求めることになります。

　また重要な事項については，内部監査部門が改善報告書をもとに，監査対象部門での活動と改善結果について再調査します。担当者が往査を実施し，確認し，確認結果を「改善確認書」という文書にして経営者に提出すること

もあります。

　さらに監査報告書の作成に際し，監査対象部門の改善を早期に確実に実施してもらうため，監査対象部門に対して求める「対応予定日」を記載することも有効です。

　フォローアップが終了し，指摘事項が改善されたことを確認して内部監査の一連のプロセスが完了します。

　また日本内部監査協会の監査基準 8.5.2 は「内部監査部門長は，是正措置が実現困難な場合には，その原因を確認するとともに，阻害要因の除去等についての具体的な方策を提言するなどフォロー活動を行わなければならない。」と規定しています。

(3) フォローアップの困難性

　内部監査部門は監査対象部門の問題点を指摘し，経営改善について提言します。しかし，内部監査部門は監査対象部門に対し，改善を命令する権限は持ちません。

　監査対象部門が指摘事項や改善提案を理解し，改善に向けて踏み出してくれたとしても，指摘し提言した改善案が円滑に導入され効果を発揮するとは限りません。様々な障害が立ちはだかることが通常です。そのため内部監査部門長は，二の矢として是正措置が実現困難な場合には，その原因を確認するとともに，阻害要因の除去等についての具体的な方策を提言するなど第二のフォロー活動を行わなければなりません。

　ただし，改善を命令できるのは最終的には最高経営者です。したがって内部監査部門長の行うべき重要なことは改善の実現に向けて経営者の理解と支持を得ることです。しかしながら，最高経営者が常に内部監査の結果を尊重してくれる保証はありません。

　内部監査部門長は監査の結果，ある事項に関し残余リスクが，このままの状態では重大な影響を組織にもたらすと判断した場合，早急に何らかの対応をとることによりリスクを減少させなければならない旨をまず最高経営者に報告します。この報告を聞いた後，どうするかの判断は経営者の責任であ

り，内部監査部門長の責任ではなく，内部監査部門長は対応策をとる権限も
ありません。しかし指摘した問題に関し，何も解決がなされず危険なリスク
が放置されている場合，内部監査部門長がその状況を放置することは，内部
監査部門の責任者として正当な注意を払ったとはいえません。埒があかない
問題を直接解決する権限がない以上，内部監査部門長のできることは限られ
ています。取締役会や監査役（会），あるいは理事会や監事（会）といった
最高経営者に対して牽制する機能を持つ機関に情報提供，意見具申を考えな
ければならないでしょう。

　しかし，これは内部監査部門長として組織の危機を前にしたやむにやまれ
ぬ行動で，最悪のケースと考えるべきです。ここまでくると，組織内で様々
な軋轢が発生し，今後の組織全体の経営管理に悪影響をもたらすことになり
ます。こうなる前の関係者の賢明な対応が求められます。

　日本内部監査協会の監査基準 8.5.3 は「内部監査部門長は，組織体にとっ
て受容できないのではないかとされる水準のリスクを経営管理者が受容して
いると結論付けた場合には，その問題について最高経営者と話し合わなけれ
ばならない。内部監査部門長は，それでもなおその問題が解決されていない
と判断した場合には，当該事項を取締役会および監査役（会）または監査委
員会に伝達しなければならない。」と規定しています。

（4）中堅・中小規模の組織におけるフォローアップ

　中堅・中小規模の組織では全ての権限が最高経営者（オーナー）に集中
し，取締役会や監査役会，理事会や監事会が最高経営者を監督し牽制すると
いう本来の機能を発揮できない場合が通常です。

　このタイプの組織では，最高経営者が内部監査の指摘や提案に納得しなけ
れば，それらが組織に受け入れられることはありえません。したがって内部
監査部門長は最高経営者の理解を得るために，より一層の努力を払わなけれ
ばなりません。また直接チャレンジしても巨大な壁のごとくはね返される場
合には，制度上の機関の力に頼るのではなく，間接的に問題解決を経営者に
働きかけるために，時間をかけて組織内に内部監査の提案についての賛同者

を増やし，彼らの力を借りて経営者を動かすことも考えなければなりません。

<table>
<tr><td style="background:black;color:white;text-align:center">課題研究</td></tr>
</table>

1. あなたが監査報告書を利用する立場であると想定し，役に立つ報告書とはどのような形式・内容の報告書であるかを考えてください。
2. あなたが内部監査部門の責任者であると想定し，内部監査のフォローアップを成功させるための重要ポイントを探してください。
3. 内部監査報告書で提言した改善事項が，いつまでも残存してしまう状況は，どの組織でもありがちです。あなたの属する組織に改善事項が残存している事例はありますか。あったならば，それをケースに，要因を考えてください。

第**6**章

内部監査の
品質評価と管理

―――――本章で学ぶこと―――――

　内部監査部門の責任者は，自身が責任を負う部門全体の管理とともに内部監査部門の各監査チームが実施する内部監査の品質を一定のレベルに維持しなければなりません。このためには内部監査の品質管理が重要になり，内部監査部門長は部門のマネージャーとしてその職責を果たさなければなりません。なお，この点に関し中堅・中小規模の組織については，監査チームのリーダー主導の品質の管理が重要になります。

　内部監査部門およびチームが実施する監査の品質を管理するには，PDCAで表現されるマネジメントの手法を部門の管理に適用しなければなりません。しかしこれだけでなく，企業の成長のためには内部監査部門や監査チームが実施する内部監査自体についても継続した改善活動が必要です。内部監査の品質を継続的に改善していくために，内部監査部門長やチームリーダーは品質管理プログラムを作成し，保持し，適時に見直さなければなりません。見直しのためには特に現在の内部監査部門の監査業務の品質を評価することが重要になります。

　本章では，内部監査活動の改善に欠かすことのできない内部監査の品質評価と管理について解説します。

1
内部監査の品質評価

　内部監査の品質とは，内部監査が経営者あるいは経営者層の期待を満足させる程度を意味します。すなわち経営者や経営陣の期待を満足させられる内部監査が組織にとっての高品質の内部監査ということになります。技術的に難しい監査手法をふんだんに取り入れ，分厚い詳細な監査報告書を作成する内部監査が高品質な監査ということではありません。

　中堅・中小組織の内部監査が様々な制約条件から大規模組織の内部監査と比較し，品質が劣るということではありません。内部監査担当者は経営ニーズを丁寧に調査・把握し，そのニーズに合致した内容の内部監査が高品質の内部監査です。中堅・中小組織の内部監査の成功へのヒントが，そこにあります。

　では，内部監査部門はどうすれば高品質の内部監査を提供できるのでしょうか。

　経営者をはじめとする関係者のニーズを把握することが第一ですが，もう一つ，規模の大小にかかわらず，どの組織も付加価値の高いサービスの提供に向け，内部監査の改善機会を発見するための内部監査の評価を常に実施することが必要になります。

　内部管理の品質評価は，内部監査部門の責任者の管理活動として実施するPDCAサイクルのC（check）に該当します。そして次に最後のA（action）に，内部監査の評価結果を結び付けていかなければなりません。

　監査とは当事者以外の者による検証・評価・報告活動です。内部監査もこの監査の一種です。この内部監査自体が担当者以外の者から品質の評価を受けるということについて奇異に感じる読者も多いと思います。しかし内部監査部門やチームの業務も，組織の中の他部門や他職員と同様に効率性や有効性に問題を抱えることもあるでしょうし，他部門との共謀などの不正も考えられなくはありません。そのため品質管理プログラムに内部監査活動の有効性および効率性を持続的に監視する品質評価を含めなければなりません。品

質評価には，内部評価および外部評価の2種類があります。内部評価の実施
だけで満足することなく，内部評価と外部評価を組み合わせることが大事で
す。

　なお，中堅・中小規模の組織がこれらの評価活動を大規模組織と同様に導
入するには難しい面があります。そこで本章では後述の第5節で中堅・中小
組織特有の評価問題を別に取り上げます。

$\overline{2}$
内部評価

　内部評価は内部監査部門内で実施する評価です。内部評価は次の2種類の
評価から構成されます。

① 　日常的な業務サイクルで実施する評価：内部監査部門の日常的業務に
　　組み込まれた継続的モニタリングです。

② 　定期的に実施する評価：定期的な自己評価，または組織体内の内部監
　　査の実施について十分な知識を有する組織体内の者によって実施され
　　る定期的な評価です。この評価は，少なくとも年に1回実施されなけ
　　ればなりません。なお，内部監査部門長は，少なくとも年に1回，品
　　質管理プログラムによる評価結果を最高経営者，取締役会，および監
　　査役（会）等に報告しなければなりません。

　①の「日常的な業務サイクルで実施する評価」とは，どの組織，どの部署
でも実施する上司による部下の活動結果に対するチェック，承認です。内部
監査の場合は内部監査部門長の実施する監査チームが作成した監査計画書，
監査調書や各種報告書に対する日常的な検証と押印を行う作業です。問題点
が見つかれば直ちに是正措置を実行できます。単なる口頭による注意や指導
で是正できるものもあれば，内部監査計画を修正し，再監査ということも考
えられます。

　②の「定期的に実施する評価」とは，実施した内部監査に直接関係しない

組織体内の者による一定期間ごとに定期的に実施される評価です。

　組織体に属する職員が他の職員の監査活動を定期的に評価するのですから，上下関係が明確な場合は別ですが，上下関係が不明確な場合には，先輩や同僚の部員が実施した監査に対し批判的な指摘をすることを差し控えるといったことが起こりがちで，客観性の確保が難しくなり，有効に機能しない側面があります。

　このような欠陥を除くには，内部監査部門の内部に品質評価を専門に担当する職員を配置することやセクションを設置することが理想です。しかしながら，コストや人材がネックとなり，大規模な組織でなければ採用は困難です。

3
外部評価

　外部評価は組織体外部の者による評価です。内部評価と比較し評価担当者の独立性の点および評価の客観性の点で優れています。しかし，外部から適切な能力を持つ者を捜し，引き受けてもらうのは簡単ではなく，またコストや評価作業に時間と手間がかかるという短所があります。

　しかし外部評価は，内部評価と比較して内部監査の品質をより客観的に評価する手段として有効であるため，組織体外の適格かつ独立した者によって，少なくとも5年ごとに実施することが望ましいと考えられています。

4
評価対象と評価基準および評価プロセス

(1) 評価対象

　内部監査の何を評価対象として調べるかというと，組織の内部監査に関す

る基本方針や経営者の意向が影響すると思われますが，おおよそ下記のような事項が代表例と考えられます。

① 内部監査の守備範囲や提供しているサービス

② 内部監査のプロセス：リスク評価，監査計画の策定，実施，報告，フォローアップといった監査の一連のプロセス

③ 内部監査関係者の受け止め：経営者や被監査部署による内部監査サービスへの満足度，期待や要望，監査報告書に関する評価等

（2）評価基準

内部監査の品質の良否を判断する評価基準を内部監査の目的から考えてみると，内部監査関係者（経営者や監査対象部門）の内部監査に対するニーズや期待にそった満足度の高い監査になっているか否かで判断すべきです。

また，文書化された明確な評価基準としては，それぞれの組織で制定している内部監査規程や，一般的なものとしては日本内部監査協会が作成・公表している「内部監査基準」や「内部監査基準実践要綱」，IIA（内部監査人協会）の各種基準などが利用できます。

（3）評価プロセス

内部監査の品質を調査する活動は，次のようなプロセスで進められます。

① 内部監査の現状の把握

② 内部監査の目標の把握

③ ギャップの把握

④ 改善提案の立案

⑤ 評価結果の報告

5
中堅・中小規模の組織の内部監査の品質管理

　中堅・中小規模の組織の内部監査部門は少人数で構成され，部門長だけが専任で他のスタッフは兼任で，日常は他の職務に従事し，あるいは部門長もスタッフも兼任という場合も多いのが現状です。さらに年間の内部監査実施対象は多くありません。そのため内部監査部門長の仕事も，部門全体の管理よりも，むしろ監査チームの管理という視点が重視されます。そのため数十人規模の内部監査部門で必要な高度な品質管理手法をそのまま適用することは適切ではないし，無理があります。

　しかしながら，規模が小さいからといって内部監査の管理を全て部門長に任せ，部門長の責任で毎期自由に内部監査部門を運営させる場当たり管理では品質の管理は期待できません。

　内部監査の品質を継続的に維持し向上させるためには，何らかの管理手法を導入しなければなりません。上記で説明したように内部監査の品質評価には内部評価と外部評価がありますが，中堅・中小規模の組織の品質評価では内部評価，特に「日常的な業務サイクルで実施する評価」が実現可能であり，有用です。この評価は日常的な品質管理業務といってもよいでしょう。高度なテクニックではなく，最もシンプルな管理業務は，部門あるいは監査チームの責任者が，監査現場が作成した監査調書をまめにレビューし，監査の流れを観察し，全体の進捗と監査結果の整合性を検証する方法です。このためにチェックリストを作成し，それに基づき進捗管理をする方法もあります。

　品質管理プログラムに基づかない内部監査では，場当たり的で，内部監査担当者の能力と経験と熱意次第でレベルが決まる品質の安定しない監査になり，内部監査の目的を達成することは難しくなります。

　中堅・中小規模の内部監査部門長は，組織の規模をはじめとする諸条件を勘案し，自己の組織に適合する管理プログラムを上記の理想的な内部監査品質プログラムを参考として整備し，運用し，内部監査の品質を確保し，経営

者や監査対象部門の信頼を得ていくことが大事です。

━━━━━Column━━━━━
時代が求める PDCA サイクルから OODA ループへの変化

PRAN（計画）⇒ DO（実行）⇒ CHECK（評価）⇒ ACT（改善行動）の PDCA サイクルは，現代の組織の経営戦略から日常的活動までを管理するための基本的手法あるいは考え方となっています。この手法はもはや経営管理の原理といってもいいほど普及しています。

デミング賞で有名なデミング博士が品質管理の手法として 1950 年代に提唱したこの手法は，60 年の歳月を経て，変化に対応するスピードの遅さや現場がこの手法に固執するあまり，自ら考える力を失い，社員の想像力を喪失させるというような問題点も指摘されるようになりました。

今まで優秀な経営管理者とは，不確実性を減らすために過去の情報を最大限収集し，慎重に計画を立案し，進捗を管理し，そして何か問題が生じれば適切な是正行動を指示する者でした。この経営管理活動は今でも重要です。しかし，DX の時代となり，従来型の PDCA サイクルを上手に駆使する経営管理者は，特に日常的な管理に関しては，しだいに人工知能（AI）に代替されようとしています。

大規模地震やコロナ感染症の発生といった突発的重要事態が頻繁に現れる現代においては優秀な経営管理者のイメージは変わります。すなわち組織の継続性に危機をもたらすような偶発的な重要事象が発生しても，慌てず現状を観察し，有効な策を考え，迅速に現状に適応した意思決定を行い行動する者が必要になります。

現代は，どんなに頑張ってもゼロにはできない不確実性を減らそうとするよりも，リスクを前提にし，起きている事実を見極め，臨機応変に軌道修正できる柔軟性のある経営管理の手法の有用性が主張され始めています。

米国では，PDCA に代わるいくつかの手法が提唱され，企業で適用されています。そのなかの一つに OODA ループという手法・考え方があります。この手法は米空軍パイロット向けの空中戦における意思決定プロセスとして提案されたといわれています。OODA とはオブザーブ（観察）⇒ オリエント（適応）⇒ ディサイド（決定）⇒ ACT（改善行動）というサイクルで，状況をまず見るところから始まります。現在の不安的な状況を前提にこれからの経営管理活動を遂行していこうと考えているところに特徴があります。

現代は，変化に対応して安定をもたらす経営管理ではなく，組織を取り巻く環境の激変に逆らわず，自ら適応していくための経営管理が求められる時代になってきたようです。

（参考文献：日本経済新聞 2020 年 8 月 11 日朝刊 4 面・中山淳史「Opinion」）

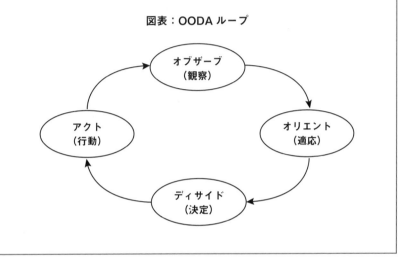

図表：OODA ループ

課題研究

中堅・中小規模の組織では，内部監査の導入すら大変で，品質管理にまで手が回らない組織が多いと推定されます。中堅・中小規模の組織のための品質管理の手段として本書であげた本格的な手法以外に，導入しやすい簡便な方法があるかを考えてください。

第 7 章

他の監査との関係
―三様監査―

――――――本章で学ぶこと――――――

　三様監査とは各種法律で強制されている監査役あるいは監事が担当する「監査役監査」・「監事監査」，独立の職業的会計専門家である公認会計士または監査法人が担当する「会計士監査」，そして経営者の任意により導入される内部監査担当者による「内部監査」の三種類の監査の間の連携や補完関係を考察する際に使用される用語です。

　大規模な株式会社では，これら三種の監査が全社的監査システムとして整備・運用されています。中堅・中小規模の組織では監査役監査あるいは監事監査そして内部監査は導入しているものの，会計士や監査法人による監査は導入していない組織がほとんどです。したがって二様監査になります。

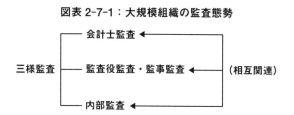

図表 2-7-1：大規模組織の監査態勢

　三様の監査は，それぞれ独自の目的を持ち，また独自の必要性が認められ
導入されました。また，これらは同じ組織の監査を実施するものであって
も，その目的も監査範囲も異なります。そのため本来，各監査間には連携や
補完の関係は存在しません。

　しかしながら，三種類の監査は，監査としての共通の要素を持ち，それぞ
れの監査の最終目的は組織の健全な経営の維持・向上という点で一致しま
す。特にガバナンスという観点から各監査は密接に関連すると考えられま
す。また各監査にはそれぞれ固有の限界も存在しています。そのため，これ
らをバラバラに実施するよりは，組織全体の監査システムというマクロ的な
立場から，各監査の連携・補完を図り，監査資源の無駄遣いを抑制するとと
もに，効率性・有効性の向上を図っていこうというアイディアが生まれまし
た。このような期待を込めて三様監査という用語が誕生しました。

　本章では，二様であれ，三様であれ，他の監査形態との協調が，内部監査
の機能の発揮にとって重要であることを説明します。

図表 2-7-2：中堅・中小規模の組織の監査態勢

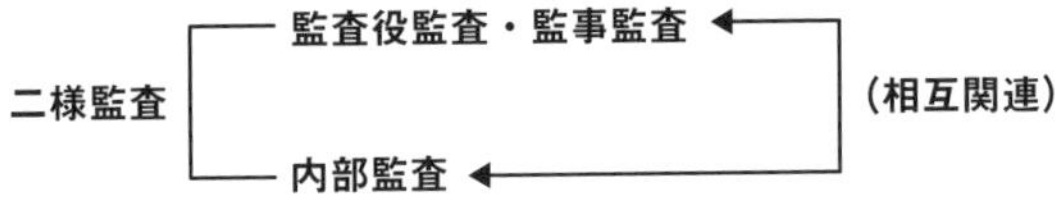

```
                  ┌──── 監査役監査・監事監査 ◄────┐
二様監査                                              (相互関連)
                  └──── 内部監査 ◄──────────────────┘
```

1
監査役監査および会計士監査の機能と特徴

　内部監査以外の二つの監査の機能を要約すると次のようになります。

（1）監査役監査・監事監査

　会社法に基づき株主総会で株主から選任され，株主の代わりに取締役の職
務の執行全体を監査することを任務とする監査役あるいは協同組合等の組織

が会社法に準拠した各種業法に基づき実施する組合員に代わり理事の職務の執行全体を監査する監事による監査です。監査の内容に関しては，取締役や理事の職務全般を監査対象とするため，会計業務の監査（会計監査）および会計以外の業務の監査（業務監査）を実施します。

図表 2-7-3：監査役監査・監事監査の内容

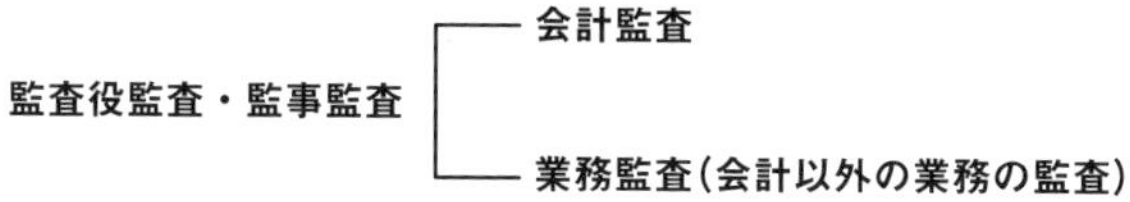

監査役監査・監事監査 ─┬─ 会計監査
　　　　　　　　　　　　└─ 業務監査（会計以外の業務の監査）

(2) 会計士監査

　会社法，金融商品取引法に基づき実施される独立の職業的専門家である公認会計士または監査法人による，財務諸表の適正性を検証し，その適正性を保証する監査です。なお，金融商品取引法では財務報告に係る内部統制の有効性に関する経営者の評価・報告が適正であるか否かについて，当該企業等の財務諸表の監査を行っている公認会計士等が監査し，内部統制監査報告書を作成・開示する内部統制監査も導入されています。

　内部監査も含め，三様の監査の間でそれぞれの監査で発見した問題点について情報を共有することにより，組織全体の監査態勢としての相乗効果が期待できます。

　そのため，内部監査の実施に当たっては情報を多元的に入手し判断していかなければなりません。内部監査部門長は，適切な監査範囲を確保し，かつ業務の重複を最小限に抑えるために，外部監査人，監査役（会）または監査委員会等との連携を考慮しなければなりません。

　これらの監査が，それぞれが監査の性格および限界を正しく認識した上で，可能な限りお互い協力するように努めることが組織全体の監査を合理的に遂行する上で重要です。

2
監査実施のプロセスにそった
三様の監査の連携・補完関係

　監査実施の計画，監査証拠収集段階，意見形成の各段階における三様の監査の連携・補完関係を説明します。

(1) 監査計画段階における連携・補完

　内部監査が監査の対象として計画している部門・部署について，監査役・監事および会計士も同じように同時期に監査しようと考えているケースはありえます。それぞれの監査がリスクベースで対象を選択し，適切な時期に往査を計画するならば，同じ対象，同じタイミングで実施が集中します。監査を受ける部門・部署は対応に追われ，仕事になりません。

　そのため，内部監査部門，監査役・監事，会計士（監査法人）は，相互に監査計画を連絡調整し，円滑な業務遂行と監査全体の効率性の保持，監査の漏れを防ぐため，適切な監査計画を策定できるように努めなければなりません。具体的には次のような注意を払うことが必要になります。

　　①　各監査主体は相互に，自らの監査方針，監査の実施時期，往査の計画の概要を通知し，必要に応じて説明する。

　　②　各監査主体は，他の監査計画案を考慮の上，それぞれの監査計画を決定する。

(2) 監査実施段階における連携・補完

　各監査主体は，連携についての法令の定めの有無にかかわらず，監査を効率的かつ有効に行う上で他が必要とする情報を相互に提供するとともに，自らの監査実施に活用するよう努めなければなりません。具体的には，次のような注意を払うことが必要になります。

第2部　内部監査の一般的理論

132

① 各監査主体が監査の過程で異常な取引，重要な不正行為あるいは違法行為およびその兆候並びに組織の資産または損益に重大な影響を及ぼすような事実について発見した場合は，速やかに相互に報告を行うとともに，報告を受けた側は，監査計画を見直す等適切な対応を図る必要がある。

② 往査の実施に当たっては，各監査主体の監査結果を参考にしなければならない。

③ 他の監査主体からの各種情報提供により監査計画の見直しが必要になった場合には，内部監査担当者は速やかに監査計画を変更し，その変更した事実の内容を他の監査主体に連絡しなければならない。

④ 各監査主体は，子会社等の監査を含め，監査の方法と結果について相互に報告し，説明を求められた場合には十分な説明を行わなければならない。

(3) 監査意見形成段階における連携・補完

各監査主体は，意見の形成に当たっては，他の監査結果を活用することができます。ただし，無条件で他の監査に頼るというのでは，監査主体の自主性がなくなり，人任せの監査になってしまいます。監査結果の活用に際しては監査対象の重要性および他の監査の信頼性のレベルを勘案し，監査結果の検証等により，他の監査が適切であるかを調査・評価し，他の監査結果の利用程度および方法を決定しなければなりません。

なお，日本内部監査協会が作成・公表している内部監査基準 9.0.1 は，次のように内部監査と法定監査との関係を示しています。

「我が国の法律に基づく監査制度としては，金融商品取引法による公認会計士または監査法人の監査，会社法等による監査役または監査委員会の監査，会計監査人の監査，民法による監事監査，地方自治法による監査委員および包括外部監査人の監査，会計検査院の検査等々がある。これらの監査は，内部統制の適切な整備・運用を前提としている。内部監査は，法定監査の基礎的前提としてのガバナンス・プロセス，リスクマネジメントおよびコ

ントロールを独立的に検討および評価することにより，法定監査の実効性を
高める一方で，必要に応じて，法定監査の結果を内部監査に活用しなければ
ならない。これによって，内部監査と法定監査は相互補完的な関係を維持す
ることができる。」

3
中堅・中小規模の組織における他の監査との連携

　前述のように中堅・中小規模の組織の場合には，会計士監査は実施され
ず，結果として二様監査になっている場合がほとんどです。二様監査でも，
組織の監査態勢の充実のためには内部監査と監査役監査あるいは監事監査の
相互補完関係は三様監査と同様に重要です。

　ただし二様の監査が相互に協調し，監査の目的を達成するには，内部監査
の問題だけでなく，むしろ組織の監査役あるいは監事の独立性の維持・確保
や監査のレベルの向上がポイントになります。

　監査実施過程における内部監査・会計監査人監査・監査役監査の三様間の
連携については前述しましたが，内部監査と監査役監査の二様間の関係を考
える際，中堅・中小組織の監査役には専属のスタッフがいない組織がほとん
どであるという現状から，内部監査側から監査役監査への支援が組織の適正
なコーポレートガバナンスの維持にとって重要になります。内部監査による
監査役への支援は次の二つの側面から考えられます。

（1）情報提供面からの支援

　内部監査部門が監査実施過程で入手した注目すべき被監査部署の状況や，
監査結果について，監査役に情報提供することにより，監査役は有用な被監
査部署に関する情報を内部監査部門経由で入手できます。

(2) 人的支援

　監査役スタッフがいない中堅・中小組織の監査役にとって，内部監査部門との「共同監査」，あるいは一歩進んで，一部の監査役監査業務について内部監査部門のスタッフが監査役の指揮下で従事するといった形も考えられます。

　これらの内部監査側からの支援活動は，内部監査，監査役監査のそれぞれの理念や目標の違い，独立性といった点を原因として様々な問題はあるものの，中堅・中小組織内の監査資源の有効活用や被監査部署の監査対応時間の縮減等のメリットが認められることは確かです。

　なお，注意しなければならないことは，監査役あるいは監事の監査の弱さだけでなく，二様監査あるいは三様監査を考察する際には，監査役監査，監事監査の強さにも配慮すべきであることです。

　経営陣の動向を取締役会，理事会を通じて一年を通して接し，経営陣も物申す権限があり，かつ法律上，公認会計士・監査法人，内部監査人では考えられない差し止め請求権等，強力な権限を持つ監査役・監事のパワーには一目置かなければならず，非常時にはそのパワーを利用することを考えておかなければなりません。

課題研究

　三様監査，二様監査を成功させるためのキーは「監査役監査」あるいは「監事監査」にあります。読者が属している組織の監査役あるいは監事が，役割を十分に果たしているか否かをじっくり観察してください。もし，機能していない場合の解決策としては，どのような手段が考えられますか。

第3部

内部監査の実務

―内部監査の実践―

　内部監査の実務において最も重要な点は，「検証対象の選定」です。

　マンネリ化した内部監査を続けるのか，その経営環境に合致した内部監査を行うのかは内部監査担当者の力量だけでなく，経営者の内部監査に対する意識も影響します。

　「しっかり内部監査をしてもらわないと困る」という経営者の意識が強ければ，「今年は何を検証対象とするか？」という問題意識につながりますから，決してマンネリ化した内部監査を放置することはないでしょう。

　「何を監査するか？」をハッキリさせれば，「①いかなる人材が必要か」という監査主体の条件（能力や独立性等），「②どのように監査手続を行うか？」という監査手法，さらには，その結果として「③どのように監査結果を報告するか？」という監査報告方法の議論に発展します。

　制度として行われる外部監査とは異なり，内部監査の対象は，企業の置かれている環境によって多岐にわたり，企業の裁量に委ねられていますから，かえって悩ましい問題になるのでしょう。

　それでは，一般に内部監査の検証対象はどのように選定されているのでしょうか？

　検証対象を選定する前提として，リスクの識別・評価を行うことが一般的です。

　規模の大きい組織では，内部監査部門が自らリスク識別・評価を行わずとも，リスクマネジメント部門やその機能を有する部門や人，または経営者自身による評価を参考にすることも考えられます。注意することは，仮に組織内で複数のリスク識別・評価が行われている場合には，種々のリスクがそれぞれ独立的に検討されるのではなく，有機的に関連づけられるようにすることです。そのためには，リスクマネジメント部門と経営者，内部監査部門が定期的にコミュニケーションをとることにより，識別されたリスクを摺り合わせることが必要になります。

　一方，中堅・中小規模の場合には，複数の部門でリスク評価が行われることは想定されにくいかもしれませんが，重要なことはリスクに係る情報を一元的に管理することにあり，これに基づいて経営者や内部監査部門長の指示の下で，リスクの影響度や発生可能性，リスクへの対応，リスクに対するコントロールの脆弱性等の検討を通じて，検証対象を選定する必要があるのです。

　第3部では中堅・中小規模の組織を念頭に置きながら，第8章でリスクとコントロールの具体例を示し，第9章で内部監査対象業務の選定方法と内部監査の計画と実践の具体例を示します。

　また，第10章では中堅・中小規模の組織における最低限必要な内部管理態勢を提言します。自らの組織と照らして，基本的な内部管理上の問題がないかどうか検討する材料としてください。

第**8**章

リスクと
コントロール具体例

──────────本章で学ぶこと──────────

　リスクは何らかの目的があることを前提として,「『リスク』はその目的非達成の可能性である」と簡潔に定義できます。またコントロールは何らかのリスクがあることを前提として,「『コントロール』はリスクを低減するためのプロセスである」と同様に定義できます。本章は,こうした「目的」―「リスク」―「コントロール」の関係を具体的に把握することがテーマです。

$$\overline{1}$$

リスクとコントロールの具体例

　中堅・中小規模の組織の経営者の方には,「我が社では内部監査や内部統制は縁遠い」と考えている方が多いようです。確かに内部監査部門を設定している中小組織は少ないかもしれません。しかし,内部統制はいわば「リスクをコントロールするためのプロセス」であって,かなり広範な意味であるため,意識的か無意識かにかかわらず,中堅・中小規模の組織であっても内部統制というプロセスを構築しているケースが多いと思われます。仮に無意

識に行っていることでも，意識的に行うことでより有効な管理態勢を構築することができるものです。

　繰り返しになりますが，単純に「リスク」といった場合には，一般に「目的非達成の可能性」と定義付けられ，また「目的」は，第2章第4節の内部統制概念の箇所で示したとおり①業務の有効性と効率性，②財務報告の信頼性，③関連法規の遵守といった経営目的に関連します。これらの目的が果たされない可能性としての「リスク」を低減するためのプロセスが「コントロール」であって，そのプロセスの集合体が「内部統制」なのです。

　以下，唐突な感がありますが「そば屋」を例にとって，リスクとコントロールについて考えてみましょう。

　そば屋の出前もちのリスクについて考えると，「適時・適切に配達する」という目的に対して，①配達中にどんぶりを落とすリスク，②遅れてお客様を怒らせるリスク，③注文を誤って配達するリスク等が考えられます。

　これらのリスクは「『出前迅速』を謳ったそば屋の商売繁盛」という「目的」の達成に関連しています。①はどんぶりの代金や作り直しのコスト負担が生じます。②は店の評判の問題でしょうし，③も作り直しのコスト負担につながります。また①～③は全て客の信用を失ってしまい，度重なるようであれば，お客様は二度と注文してくれないかもしれません。

　上記の識別されたリスクを評価すれば，相応の発生可能性や影響の重要性が認められますから，何らかのコントロールを構築する必要があるでしょう。

　まず①のリスク対して，出前用の桶に滑り止め等の加工を施してどんぶりが動かないようにする，②のリスクに対して「歩きではなく，バイクで配達する」というコントロールも有効でしょう。③については出前を受けた場合に，住所，名前，注文を記録したメモを残して，そのメモと配達しようとしているモノとを「指差呼称」するといったコントロールが考えられます。

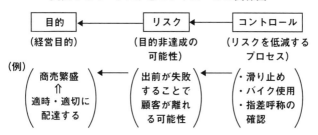

図表 3-8-1：リスクとコントロールの関係図

目的	←	リスク	←	コントロール
(経営目的)		(目的非達成の 可能性)		(リスクを低減する プロセス)

(例)
商売繁盛 ⇧ 適時・適切に 配達する	←	出前が失敗 することで 顧客が離れ る可能性	←	・滑り止め ・バイク使用 ・指差呼称の 　確認

　非常に単純な例ではありますが，上記の考え方のポイントは「発生可能性や影響の重要性が高いリスクが放置されていないか？」「その結果，現実に業務に支障をきたしていないか？」という問題意識です。

　仮にそうしたリスクが放置されているのであれば，何らかの対応（早急にコントロールを構築する等）が必要となります。逆にいえば「コントロール」は「リスク」との関連で構築されるものですから，「リスクのないところにはコントロールは不要」なのです。

　組織内の問答で，こんなやり取りを聞いたことがあります。

「なんでこんな書類打ち出しているのですか？」

「いや，過去の慣例で。前任からずっと打ち出していますから引き継いでいます」

「誰か見ることがあるのですか？」

「いや，誰も見ません」

「だったら打ち出さなくても良いのではないでしょうか？」

「いや，しかし，過去の慣例なので…」

　上記の会話は「書類を打ち出して保管する」というコントロールだけが一人歩きをしている状況を意味しています。リスクに対応しないコントロールは不要であるのと同様に，誰も見ない書類を打ち出して保管しておく必要は一切ないのです。

　「目的」「リスク」「コントロール」の中でも特に「リスク」をハッキリさせることが，内部統制の有効性や内部監査を実施する意義につながることになるのです。

「リスク・アプローチ」という考え方の基本は,「合理性の追求にある」といわれます。

そもそもリスク・アプローチは,アメリカの財務諸表監査の実務に導入されたといわれていますが,これは訴訟社会にあって,監査人がどのように監査資源を配分したかを合理的に説明できるようにするため,すなわち,監査人自らが行った監査手法について,訴訟に耐えうる合理性を付与することを目的としていたといわれています。

リスク・アプローチは,リスクの高いところは徹底化した手続を行い,リスクの低いところは簡略化した手続を行うことを主眼とし,リスク評価結果に応じて監査資源を配分する考え方で,実は単純な発想に基づいているのです。

一方,これに相対する考え方としては,「紋切り型(チェックリスト的)手法」があります。リスクの高低にかかわらず,行うべき手続を決めて,それらを網羅的に実施する手法です。紋切り型手法は,万遍なく全ての項目を検証するのに適していますが,チェックリストに従って調査すればよいことからマンネリ化したり,リスクの高いところについて十分な検証を行われなかったり,またはリスクの低いところに余計な検証作業を行ったりすることが考えられます。このようにチェックリスト的手法では,監査の有効性(目的の達成)と監査の効率性(限られた監査資源での実施)との双方に支障をきたす可能性があります。

内部監査において伝統的には紋切り型的・チェックリスト的な監査が行われることが少なくないようですが,昨今の内部監査ではリスク評価に重点が置かれています。

図表 3-8-2:リスク・アプローチ監査と紋切り型監査の特徴

	リスク・アプローチ監査	紋切り型監査
意味	リスクに応じた資源配分	チェックリスト等を利用した固定的手法
メリット	監査の目的達成としての「有効性」と限られた資源での実施という「効率性」の同時追求が可能	実施担当者の経験や勘に頼らずに監査手続の実施水準の標準化が可能で,網羅的な検討に適している
デメリット	リスク評価を誤ると監査資源の配分も不合理となる	リスクを考慮せずに監査の有効性や効率性が害される可能性が高い

チェックリスト等を利用した紋切り型監査の最大の問題は,経営環境の変化に適時に対応できない点です。そのためチェックリストを適時に更新したり,種々の組織の環境に合致するようにカスタマイズしたりすれば,マンネリ化した監査の実施を防ぐことも可能でしょう。

一方で,例えば現金の実査や棚卸資産の立会,経費の予算実績差異検討等,決まり切った監査手続を粛々とやるべき場合もあるでしょう。この場合には伝統的な紋切り型監査が

有効に機能する場合もあると考えられます。

　重要なことは，チェックリスト的な監査自体が否定されるのではなくて，そのチェックリスト自体が監査の目的に合致しているかどうかを定期的に見直すことです。また，チェックリストを利用する場合には，単に監査実施者に対して実施すべき手続のみを示すのではなく，監査手続の実施に際しての注意点やその手続の目的，入手すべき資料等を具体的に示すことも必要です。これにより，より実効性の高い監査を行うことも可能となります。

2
リスクの例

　リスク概念は非常に広範で，上記の「そば屋」の例にあるような一般的な事例として捉えることができる一方で，いざ企業の中でリスクを識別しようとしても，なかなか掴み所が難しい面もあります。

　以下では，いくつかの切り口によりリスクの具体例を示します。

(1) 一般的なビジネスリスク

　「リスクの負わない者にはリターンはない」といわれます。一般の事業会社を想定すれば，リターンとしての「利益」を求める以上，何らかのリスクを負って事業活動を行っています。それがビジネスリスク（事業上のリスク）です。

　例えば，従来市場にない新製品を開発し，これを製造して販売する場合を想定すると，単純に以下の三つのリスクを識別することができます。以下のリスクはビジネス成功（お金儲け）の阻害要因として位置付けられます。

・開発リスク

　新製品を開発する場合，開発が失敗して多額の損失を被るリスクがあります。いわば新事業分野に進出する際の大きなリスクの一つで，市場調査が十分に行われずに企画倒れに終わるリスクや，開発に多額の資金が必要となり資金調達が不調に終わるリスクの他，一定の品質が確保できずに開発を断念

するリスク等を含みます。

・在庫リスク

仮に新製品の開発が成功したとしても，市場のニーズに合わず販売が不調に終わり，多額の不良在庫を抱えるリスクがあります。また原材料を多量に入荷した結果，品質が劣化して不適合品が制作されて出荷できないリスクも考えられます。

・訴訟リスク等

新製品の開発が成功し，市場のニーズに合致して販売が好調に終わったとしても，その後，製品の瑕疵が原因でユーザーに危害を与えた結果，損害賠償請求を受けるリスクや，顧客が廃棄した製品が不法投棄され，ブランドイメージを損なうリスクも考えられます。

(2) 内部統制の目的に関するリスク

内部統制の目的は 140 頁に示したとおりですが，これらの目的に関連したリスクは以下のとおりです。

・業務の有効性と効率性に係るリスク

営利を目的とする株式会社においては，収益の最大化・費用の最小化といった経営努力を通じて利益の最大化のための活動を行うこととなり，また市区町村や県・国といった公共団体は住民の安全や安心，幸福度を最大化するための活動を行うこととなります。

「業務の有効性に係るリスク」とは，そうした組織目標が達成されない可能性を意味し，また「業務の効率性に係るリスク」とは，組織目標達成のために無駄な資源が投入されてしまう可能性を意味します。

・財務報告の信頼性に係るリスク

財務報告の信頼性に係るリスクとは，粉飾決算などにより財務諸表に重要な虚偽表示がもたらされ，投資家等の財務諸表利用者を含め，社会一般からの信頼を失うリスクを意味します。

上場企業やある一定規模以上の組織では，公認会計士又は監査法人による財務諸表監査が義務付けられています。こうした外部監査は，組織の内部統

制の一環として位置付けられるわけではなく，あくまで自らの組織が適正な財務諸表を作成する体制を構築していることを前提としていることに注意が必要です。

・法令等の遵守に係るリスク

法令等の遵守に係るリスクとは，組織の構成員が法令を遵守しないことにより組織の業務運営に支障を来すリスクを意味します。組織がいかなる法令に遵守して活動をしているかは，その組織の業種・業態により様々ですが，法令違反は組織の不祥事とされ，社会一般からの批判の対象となり，時としてブランドイメージを毀損する可能性もあるため法令等の遵守体制の整備・確立は，非常に重要な経営課題とされます。

(3) 業種別に想定される事業上のリスク

以下は一般的な事業区分別の一部の企業の有価証券報告書に掲載されている「事業上のリスク等」を適宜，整理・要約したものです。それぞれの業種で示しているリスクはあくまで例に過ぎず，必ずしも当該業種を代表するリスクを示すわけではありませんが，業種別の様々なリスクが想定されることを理解してください。

・建設業　～建設業法違反リスク

建設業法等に違反し，監督官庁による処分や指導を受けた場合，営業活動が制限されるリスクが生じます。

・食品メーカー　～食の安全リスク

食の安全に支障を来す事態の発生により，製品の回収など想定外の費用の発生や信用力の低下により，業績に大きな影響を及ぼすリスクがあります。

・繊維メーカー　～材料高騰リスク

石油化学原料等の価格変動により，業績に大きな影響を及ぼすリスクがあります。

・化学品メーカー　～環境汚染リスク

化学品の製造では，気候変動の原因とされる温室効果ガスを大量に排出することから，低炭素社会への移行により，業績に大きな影響が及ぶリスクが

あります。

・**製薬業　〜副作用リスク**

　発売時には予期していなかった副作用により重篤なケースが認められた場合には，販売中止・回収等が必要となり，また製造物責任を負うとともに，金銭的，法的および社会的信頼に関する損害を負うリスクがあります。

・**石油採掘業　〜埋蔵量の見積りリスク**

　石油埋蔵量の見積りは，地質学的，技術的，経済的情報に基づいた主観的判断を伴うため，正確に測定することが困難であって，仮に実際の埋蔵量が見積りを下回った場合には，業績に大きな影響を及ぼすリスクがあります。

・**鉄鋼メーカー　〜鋼材需給の変動リスク**

　他国での過剰生産能力問題等に起因した過剰供給による世界市場での厳しい競争は，世界の鋼材価格の引下げ要因となり，業績に大きな影響を及ぼすリスクがあります。

・**百貨店・スーパー　〜商品取引におけるリスク**

　消費者向け取引において欠陥商品や食中毒を引き起こす商品等，瑕疵のある商品を販売した場合，公的規制を受けるとともに，製造物責任や債務不履行責任等の責任追及を受けるリスクがあります。

・**銀行業　〜自己資本比率等に関するリスク**

　自己資本比率及びレバレッジ比率が各種資本バッファーを含め要求される水準を下回った場合，金融庁から社外流出額の制限，業務の停止等を含む様々な命令を受けるリスクがあります。

・**証券業　〜システムリスクについて**

　証券取引に係る情報を瞬時・大量に処理するオンライン株式委託売買業務において，システムが機能不全に陥った場合には，事業に重大な影響を及ぼすリスクがあります。

・**保険業　〜自然災害リスク**

　台風や地震，気候変動等の影響による自然災害により多額の損害が発生するリスクがあり，また自然災害による支払保険金の増加等により，当社グループの資金繰りが悪化するリスクがあります。

・**運輸業　〜交通事故リスク**

運送事業を中心とした車両による営業活動の中で，重大な交通事故を発生させた場合には，社会的信用の低下，行政処分による車両の使用停止処分，事業所の営業停止等による事業中止のリスクがあります。

・通信業　〜市場環境の急激な変化及び競争激化のリスク

第5世代移動通信システム／IoT／AIやビッグデータといった技術進展の中で，新規通信事業者の参入や電気通信事業法の改正等により競争が激化するリスクがあります。

参考2 ── 上記の他，業種にかかわらないリスクの例

・反社会勢力リスク

反社会的勢力からの接触・何らかの取引等を行った場合には，社会的信用の失墜と営業活動が制限されるリスクがあります。

・感染リスク

新型コロナウイルス等の感染症の流行に伴い，役職員やその家族等が感染し，就業不能となった場合には，事業継続が困難となるリスクあります。

・労働環境リスク

従業員の労働環境・労働条件に関する事業主の義務を十分に果たすことができない場合には，法違反の責任追及・損害賠償請求が発生するリスクがあります。

・カントリーリスク

世界各国で事業を行っており，テロ・戦争・暴動等の発生及びその国の政情悪化等により，事業継続が困難となるリスクがあります。

(4) 不正リスク要因

不正とは，不当又は違法な利益を得るために他者を欺く行為を伴う意図的な行為を意味します。また誤謬とは，非意図的な行為として，不正と誤謬は区別されます。

不正が「意図的な行為」である以上，不正実行者はその隠蔽工作を行うことが多く，その摘発には困難が伴います。そこで監査上は，不正を摘発するに当たって，不正そのものの有無に注意を払うことに加えて，以下の「不正リスク要因」にも注意を払うことが必要とされます。

不正リスク要因とは，不正を実行する「動機」や「プレッシャー」の存在

を示す事象や状況，不正を実行する「機会」を与える事象や状況，又は不正行為に対する「姿勢」や不正行為を「正当化」する状況を意味します。

例えば，経理担当者の会社資金の横領の事例では以下の不正リスク要因が想定されます。

「動機・プレッシャー」；多額の個人的な債務を負っており，借金返済に苦しんでいる。

「機会」；経理業務を任され会社資金を自由に個人口座に振り替えることができる。

「姿勢・正当化」；「どうせバレないし，チョット借りるだけだから」との意識が生じる。

これは20世紀半ばの社会心理学者，ドナルド・クレッシーが提唱した不正のトライアングル理論であり，不正はその実行する「動機・プレッシャー」，「機会」，「姿勢・正当化」の三つが揃った場合に発生するとして，組織内に発生する不正の防止又は発見是正のために有用な理論とされます。

図表3-8-3は，監査基準委員会報告書240「財務諸表監査における不正」の付録1で示されている資産の流用の隠蔽に係る不正リスク要因の事例です。

図表3-8-3：不正リスク要因の事例

不正リスク要因	具体例
動機・プレッシャー	・現金等の窃盗されやすい資産を取り扱う従業員が，会社と対立関係になっている。 ・経営者や従業員に個人的な債務があり，現金等の窃盗されやすい資産を流用するプレッシャーとなっている。
機会	・手許現金又は現金の取扱高が多額であったり，棚卸資産が小型，高価又は需要が多いものである。 ・旅費やその他の支出とその精算に対する監視が不十分である。 ・内部統制において重要な役割を担っている従業員に強制休暇を取得させていない。
姿勢・正当化	・資産の流用に関するリスクを考慮した監視活動を行っていない，又は当該リスクを低減する措置をとっていない。 ・資産の流用に関する内部統制を無効化する，又は内部統制の不備を是正しない。 ・行動や生活様式に資産の流用を示す変化が見られる。

こうした不正リスク要因の存在は，必ずしも不正が行われていることを示すわけではありませんが，不正が発生した状況においては，不正リスク要因が存在していることが多いとされます。そのため監査の実施過程で，こうした不正リスク要因を識別した場合に，実際に不正が発生していないかについて懐疑心を高めて監査を実施することが必要となります。

（5）中堅・中小規模の組織におけるリスクと大規模企業との相違点

　会社の規模にかかわらず，リスクの評価及び対応が有効かどうかは，基本的に「経営者の誠実性」によるところが大きく，「不正・誤謬を許さない」という経営者の姿勢が従業員に伝達されることで，不正の発生可能性は相当，低減できると考えられます。

　一方で，中堅・中小規模であるがゆえに種々のリスクが放置され，その結果，リスク対応策が不十分であることが考えられます。そこで図表 3-8-4 では一般的な例として，本書のテーマとなっている「中堅・中小規模の組織」におけるリスク及びコントロールについて，大企業と比較する形で概括的に整理してみます。

図表 3-8-4：中堅・中小規模の組織におけるリスクの特徴

切り口	中堅・中小規模の組織におけるリスク	（参考）大規模企業の場合
1）会計	経理等の間接部門の人員不足の可能性や，外部監査を受けていない結果，税務会計にのみ準拠している関係で企業実態を適時・適切に把握できないリスクがある。	一般に公正妥当と認められる企業会計の基準に準拠しているかどうかについて，外部監査人の監査を受けており，財務諸表の適正性が検証されている。
2）税務	税務上の処理や判断を税理士等の外部の専門家に完全に委ねることが多く，社内で税務上のリスクや優遇措置に係る検討が不十分となるケースがある。	業務の複雑性等から申告内容等が複雑になる可能性に対応して十分な組織体制を構築することが多い。
3）労務	公的機関の監視があるものの，労働組合がなく，労災や賃金不払い，サービス残業等の労使問題が生じやすい。	労働組合があり労使間の交渉は適切な手順を経ているケースが多い。

149

4) 不正防止策	人員不足や設備が不十分なことに起因して不正の発生可能性が高い。またディスクローズの意識の欠如から，不正発生の事実が隠蔽され，公表されにくい。	内部統制に対する意識が高いことが多く，有効な内部統制が構築されているケースが多い。またプレスリリース等，開示が適時・適切になされることが多い。
5) 資金調達	一般に金融機関からの借入等，限られた手法での資金調達が行われ，自由度は比較的低い。	信用度が高いことから資金調達手法の自由度は高く，その手法は多岐にわたることが多い。
6) 取引先	対取引先の立場が弱いことが多く，クレーム等に関連して不当な扱いを受けることや，信用度の低い取引先と取引をすることがある。	取引先の管理を厳格に行うことも多く，信用調査等を十分に行っているケースが多い。
7) IT	パッケージ・ソフトウエアをカスタマイズせずに利用する等，ITが簡易なため，未承認のまま遡及修正が可能であったり，適切な権限の付与等のコントロールが不十分であったりする場合が多い。	ITに関する適切な方針及び手続を定め，権限分掌や承認制度等の導入により，組織内外のITへの環境に適切に対応しているケースが多い。
8) 経営者の関与	日常業務に広範な関与を行っているケースが多い。	日常業務への関与は限定的なケースが多い。

　上記はあくまで相対的な傾向であって，必ずしも全ての中堅・中小規模の組織に合致するものではありませんが，仮に上記1）～8）の想定されるリスクとその低減策としてのコンロールの例をあげると以下のとおりです。

1) 税務会計に基づく決算書について，専門家のレビューを受け，現状の財務諸表とあるべき財務諸表とを差異を認識する。
2) 税務の専門家と協議する場を設け，税務上のリスクや優遇措置について検討する。
3) 就労規則の整備，運用状況を調査すると共に，役員及び従業員の面談等により労使問題が放置されていないかどうか検討する。
4) 担当者の職務分掌が不十分な場合には，例えば上長による監視等，代替的な内部統制（担当者相互間のチェック，レビュー，残高調整等）の要否について検討する。

5) 資金調達の自由度に係るリスクを低減することは比較的困難であるため，基本的に当該リスクは受容するほかないと思われる（中堅・中小規模の組織では，相対的に高めの資本コスト負担することになり，また多様な資金調達が困難な場合が多い）。
6) 大手企業からの不当な扱いについては，しかるべき公的機関に相談し，また信用度の低い取引先との取引については，信用調査機関を利用する等の対応を採る。
7) 入力データが改ざんされ，またバックアップが有効に行われない可能性があるため，パスワードや承認，照合等により改ざんを防止・発見し，また定期的にバックアップデータを保存する態勢を構築する。
8) 経営者が内部統制を無効化するリスクが相対的に高いと考えられるため，経営者の誠実性や倫理観等に問題がないかどうかについて，取締役会や監査役等の監視を強化する。

　なお，中堅・中小規模であること自体がリスクを意味するわけではありません。むしろ，中堅・中小規模であるがゆえにリスクが低い場合や，また柔軟な態勢であるが故にリスクに適切に対応できる場合もあります。

　しかし，一般には中堅・中小規模の組織は上記を含めて様々な点で内部管理態勢が不十分であることが指摘されます。上記の例を踏まえつつ，経営者や内部監査責任者は，会社の負っているリスクを様々な着眼点から洗い出すことが必要となります。以下では，もう少し具体的なリスクの洗い出し方法を検討します。

3
リスクの洗い出し

　リスクベースで内部監査を進める場合の最初の課題は，数多く存在するリスクを網羅的に把握することです。そのための作業が「リスクの洗い出し」です。この場合，特定の視点に立ってリスクを識別しようとするのではなく，なるべく様々な視点を利用することが重要です。

リスク評価の方法としては，全社レベルと部門レベルとに区分して行うことが一般的ですが，そのレベルごとの方法として，例えば以下の方法があります。

まずやるべきことは，仕入先や得意先，外注先や納入業者等，様々な外部関係者との関係を明らかにして，組織の業務の鳥瞰図を示すことです。

これにより，最も高い視点からの組織運営の概況を把握することが可能となり，その結果，取引先との関係，外部経営環境との関係の把握を通じて，大局的かつ網羅的なリスクの識別に有用な情報が得られます。また，自社の業種・業態におけるビジネスリスクの重要性の検討に加えて，リスクへの対応の要否やその方法の他，必要に応じて内部監査の対象とする業務の有無を検討することも可能となります。

中堅・中小規模の企業の場合，業種や業態が特定しており，外部との取引関係や外部経営環境が相対的に単純なケースが多いので，こうした鳥瞰図は一つで足りることが少なくないでしょう。しかし，仮に複数のビジネスを行っており，それぞれ別々の取引関係や外部経営環境を考慮する必要がある場合には，複数の鳥瞰図が必要となると思います。

図表 3-8-5：組織と外部環境との関係

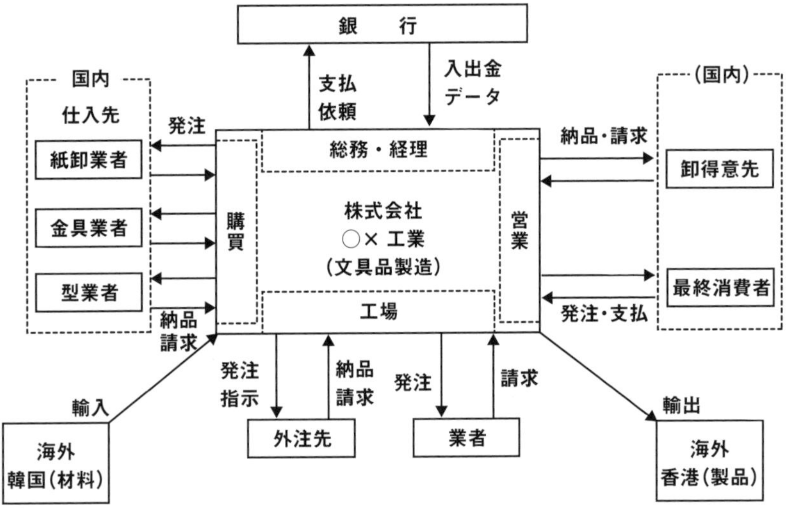

図表 3-8-5 の組織と外部環境との関係図には，組織と取引関係者等との関連が示されますが，その中で例えば得意先との関連であれば営業部門が対応し，仕入先との関連であれば購買部門や倉庫部門が対応し，またそれらの情報が集約される部門として経理部門等の管理部門がそれぞれの役割を果たしています。こうした組織内の関係を以下の図表 3-8-6 が示します。これにより組織の部門構造の大枠が示されることになります。また，図表 3-8-6 は部門間の関係にも着目し，各部門の業務プロセスを鳥瞰することを通じて組織内に存在する部門及びその部門の機能を概観して，監査対象とすべき部門に漏れがないかの検討にも寄与します。

　端的にいえば，外部環境に着目した図表としての図表 3-8-5 と内部の部門構造に着目した図表としての図表 3-8-6 により，組織内外の経営環境を把握することができるのです。また，組織内の各部門（販売部門，購買部門，工場部門・倉庫部門，研究開発部門，総務部門等）における業務プロセスに係るリスクを洗い出すためには，更に各部門の業務記述書やフローチャート等を利用して，リスク・コントロール・マトリクスを必要に応じて

図表 3-8-6：組織内の各部門間の関係図

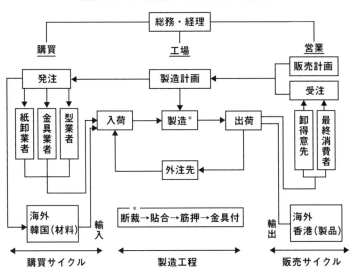

注：＊「製造」の工程は「断裁→貼合→筋押→金具付」から構成される。

153

第8章　リスクとコントロール具体例

作成します。

　以下の図表 3-8-7 及び図表 3-8-8 はその例です。なお，図表 3-8-7 の下線部（C4 のコントロール）は本書のテーマである内部監査を一つのコントロールの導入例として示しています。

図表 3-8-7：購買サイクルを例にした業務プロセス

仕入先	購買部	検収部	経理部

発注
- (R1) 見積依頼 (C1)
- 見積書 → 見積書
- 承認 (C2)
- (R2) 注文 ← 発注書 控 → 発注書(控)

検収
- 納品書／商品
- 納品書／照合 (C3)
- (R3) 商品　No／Yes
- 不一致調査
- 検収

仕入計上
- 承認
- 検収報告書 → 検収報告書 (C4)
- (R4) 仕訳計上／仕入先元帳／支払予定表

支払
- 請求書 → 請求書
- 照合　Yes
- (R5) No (C5)
- 不一致調査
- 承認／支払

154

図表 3-8-8：リスクとコントロールの例

	リスク		コントロール
R1	購買担当者と仕入先との癒着のリスク	C1	見積依頼に際しては複数業者から見積書を取る
R2	未承認の発注がなされるリスク	C2	発注書は上長の承認が必要である
R3	発注と納品とに不整合が生じるリスク	C3	検収に当たって，発注書（控）と納品書，商品は照合される
R4	検収報告書と仕訳計上とに不整合が生じるリスク	C4	内部監査人が定期的に検収報告書と仕訳や仕入先元帳とを照合する
R5	支払う必要のない請求に応じて支払うリスク	C5	検収の事実に基づく支払予定表と請求書とを照合する

注：リスク及びコントロールは具体的に記載する必要があり，またリスクとコントロールは一対一の関係ではないことが多いのですが，上記はあくまで例示として簡便的に記載しています。

　上記の例では，⑭〜⑲のリスクに対して，ⓒ〜ⓒのコントロールが構築されていることを前提としていますが，通常は図表 3-8-7 で明示された各業務プロセスにいかなるリスクがあるかを洗い出し，そのリスクの発生可能性や影響度を評価し，当該リスクへの対応の必要性やコントロールの十分性を検討します。仮に特定の業務プロセスの中に，緊急性の高いリスクが識別される場合には，直ちに構築すべきコントロールが識別される場合もあります。

　また上場会社において実施されている内部統制監査では，図表 3-8-5 や図表 3-8-6 の評価の結果等を踏まえて，数多くの図表 3-8-7 の業務プロセスに係るリスクの洗い出しを行うことが必要となります。しかし，中堅・中小規模の組織を前提とすれば，必ずしも網羅的な業務プロセスに係るリスクの洗い出し作業は必要ではなく，図表 3-8-5 の鳥瞰図に基づいて，経営者が最も懸念する業務プロセスに焦点を絞って，リスクの洗い出しを行う方法を採用しても構いません。

　その後，「今年は販売部門を監査したから，来年はどの部門を監査しようか？」，というようにローテーションでリスクの洗い出し作業の網羅性を担保するように作業を進めれば，簡便的ではありますが，その組織の規模に

あった有用な方法となると考えられます（監査対象業務の選定方法については第9章で扱います）。

4

リスクの対応方法

（1）マッピング

具体的なリスクの例が多岐にわたる以上、画一的なリスク対応策を講ずることはできません。そこで識別されたリスクをマッピングして、適切な対応策を検討することが一般に行われます。リスクマッピングは、識別したリスクを評価する手法で、通常「発生可能性」と「影響度」とに区分して検討します。

図表3-8-9は、購買に関する業務プロセスを検討した結果、複数のリス

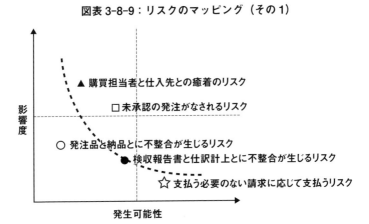

図表 3-8-9：リスクのマッピング（その1）

▲ 購買担当者と仕入先との癒着のリスク
□ 未承認の発注がなされるリスク
○ 発注品と納品とに不整合が生じるリスク
● 検収報告書と仕訳計上とに不整合が生じるリスク
☆ 支払う必要のない請求に応じて支払うリスク

（縦軸：影響度、横軸：発生可能性）

注：図中のマッピングはあくまで便宜的なものであり、個々の状況によって異なると考えられます。また、図中の点線は「発生可能性」と「影響度」の両者の観点から、何らかの対応が必要となるラインとして示しています。この点線から上に乖離しているリスクについては、その乖離度合いに応じて優先的に対応策を検討することが必要となります。

クが識別された場合のマッピングの例です。

　リスクのマッピングに関する一般的な順位付けの手法は以下のとおりです。

図表 3-8-10：リスクのマッピング（その 2）

影響度重要	6 (7)	3 (4)	1 (1)
影響度中	8 (8)	5 (5)	2 (2)
影響度低	9 (9)	7 (6)	4 (3)
	発生可能性低	発生可能性中	発生可能性高

　図表3-8-10では「発生可能性」を「影響度」よりも「相対的に」優先して順位付けをしています。ただし、必ずしもこのような順位付けが義務付けられるわけではなく、「発生可能性」を「絶対的に」優先して順位付けすることも可能です。この場合、（括弧）が優先順位になりますが、重要なことは、優先順位そのものではなく、発生可能性と影響度の二つの要因に応じて優先順位が決まるという考え方なのです。

（2）リスクへの対応方法

図表 3-8-11：リスクへの対応方法

回　　避	発生可能性が高く、その影響度も大きい場合には、回避策をとることになる。例えば政情不安を原因にその国の営業拠点を撤収する、または瑕疵のある製品の販売に伴い賠償請求リスクを回避するために生産中止とする等の対応がある。
低　　減	リスクの発生可能性を低くしたり、発生したとしても影響度を低くしたりする対応である。
移　　転	リスクを嫌って他に移転する方法である。損害賠償のリスクに対する保険や、為替リスクに対するヘッジの他、売上債権の回収リスクをファクタリングにより買取先に移転すること等が含まれる。
受　　容	「何もしない」という対応である。発生可能性や影響度が低い場合には、そのリスクを受容するという対応が合理的である。

157

リスクへの対応方法は既に第4章第2節にて示していますが，図表3-8-11では，その四つのそれぞれについて簡単な例を示します。

上記のうちリスクを低減するプロセスがコントロールであって，そのコントロールが適切かどうかを監視することが内部監査の重要な役割ですから，上記のうち，本書でテーマとなっているのが3番目の「リスク低減」策です。

(3) コントロールの種類

コントロールは一般に図表3-8-12のように三つに区分されます。

図表3-8-12：コントロールの種類

予防的コントロール Preventive Control	事前的な問題防止のためのコントロールを意味する。 例えば「出荷指示がある注文に限り出荷作業を行うことができる」というコントロールにより「注文のない出荷を行うリスク」が予防される。
発見的コントロール Detective Control	事後的な問題発見のためのコントロールを意味する。 例えば，「得意先から入手した物品受領書と売上伝票の得意先名，売上品目，売上計上日との整合性を確かめる」というコントロールにより，売上伝票の内容が誤っていることを発見することができる。
補完的コントロール Compensating Control	直接的な予防的・発見的コントロールではなく，間接的なリスク低減のための代替的なコントロールを意味する。 例えば，月次で集計された試算表（売上データを含む）の実績値について，本社において予算と比較して著増減分析を行うことで，販売実績に関する異常の有無を明らかにできる。

必ずしも三つのコントロールを組み合わせる必要はなく，リスクに応じて適宜，上記コントロールを組み合わせてリスク低減を行うことが一般的です。

例えば，図表3-8-9を簡易に4象限に区分すると図表3-8-13が作成できます。

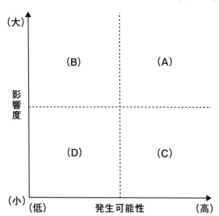

図表 3-8-13：リスクのマッピング（その3）

（大）

（B）　　　　　（A）

影響度

（D）　　　　　（C）

（小）（低）　　発生可能性　　（高）

　図表の（A）の発生可能性が高く，影響度の大きいリスクについては，上述のとおり単純にリスクを回避してしまうことも考えられますが，仮にリスクを回避しないのであれば，予防的コントロール及び発見的コントロールの双方を利用して，発生可能性を低くしたり，または発生したとしても影響度を低くしたりしてリスクを低減する方法がとられます。複数人の関与による相互牽制や上長による承認，内部監査担当者による監視等を行うことで管理を厳重にすることが該当するでしょう。

　また，図表の（B）の発生可能性が相対的に低いものの影響度が大きい場合には，移転により影響度を低くすることが一般的です。これは災害や賠償保険等が該当します。保険を利用せずにリスクを移転しない場合には影響度を小さくするコントロールが必要でしょう。取引金額の上限を定めたり，その金額以上の取引を行う場合に上長の承認を必要としたりすることが該当します。

　さらに，図表の（C）の発生可能性が高くても影響度が相対的に低い場合には，発生可能性を低くするための予防的コントロール策を講ずることが通常です。小口現金の管理などで，記帳担当者と出納担当者とを別々の担当者にする場合も該当します。

　最後に，図表の（D）の発生可能性が低く，影響度も低い場合には，受容

することも一つの選択肢となります。仮に，許容しえないリスクが残るようであれば何らかのコントロールで発生可能性や影響度を低減することも必要でしょうが，そのコントロールに要する費用と効果とを勘案してコントロールの水準が決まることになります。例えば，郵便切手や印紙の私消を防止するために，現物管理責任者を決めたり，通信費や印紙代の費用実績を定期的に見直したりして，異常の有無を報告させるコントロールが該当するでしょう。

上記をまとめると図表3-8-14のようになります。

図表3-8-14：リスクとマッピング（その4）

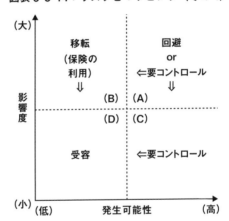

(4) コントロールの具体的手法の例

コントロールの種類が一般に三つに区分されることは上述のとおりですが，多岐にわたるリスクを具体的にコントロールする手法もまた，多岐にわたります。以下では，一般的に採用されているコントロールの具体的手法を参考までに図表3-8-15にまとめます。

承認	取引実行の条件として他者の「承認」を経ることを条件とするコントロールである。これにより独断での業務執行による不正や誤謬の発生可能性が低減される。一般に，稟議決済や取締役会の承認の他，部下の行う取引を上長が承認することが行われている。
分掌	一つの業務を複数の者に管掌させるコントロールである。承認と同様，独断の業務執行が抑止されることで誤りを防止する意図がある。例えば現金出納担当者と現金出納の記帳担当者（実行者と記帳者との区分）とを別の者が行うケースが該当する。
文書化	事象や状況，口頭で述べたこと等を文書化することを通じて，客観性を持たせて牽制する効果がある。一般に，会議の議事録を作成することや押印簿を残すことの他，電話受注をメモとして残すこと，交通費の精算を支払証明書等に基づくこと等が行われている。
照合	一致するはずの複数の数値等を照合し，不一致の場合にその原因を究明させるコントロールである。これにより関連数値の正確性が担保されるとともに，不一致の原因の究明により，不正や誤謬を発覚することにつながる。一般に預金の残高照合の他，勘定明細と勘定残高との照合等が行われている。
アクセス制限	鍵，金庫等による物理的な隔離の他，IT に組み込まれたパスワード等により，資産や情報を保全するコントロール手法である。
上長のレビュー	上司が部下の行った作業結果を示す資料を通読して，誤りがないかどうかを検証することを含めて，予算実績や月次推移表，前期比較等，業績や比率の推移に着目して異常の有無を確かめるコントロール手法である。
連番管理	不正使用の可能性を低減するために証憑資料に連番を付すコントロール手法である。小切手帳や領収書，請求書といった証憑資料は連番で管理され，不正な発行を牽制するとともに，重複や脱漏の発見を容易にすることが期待される。
独立的評価	決められたプロセスどおりに業務が行われているかどうかを業務から独立した者がチェックするコントロールである。内部監査部門が行う場合もあるが，それ以外の業務から独立した者が行うことも考えられる。

注：上記のコントロールは，それぞれが単独で機能することもありますが，複数のコントロールが組み合わさって機能する場合もあります。例えば，照合された書類には照合印が押され，それを上長がレビューすることで，より効果的に不正や誤謬が生じにくくなることが考えられます。

1.　組織内に存在するコントロールの具体的な例を探してみましょう。数多くのプロセスがあなたの所属する組織の中に組み込まれていることでしょう。

2.　そのコントロールの果たしている役割を考えてみましょう。リスクのないところにコントロールは不要です。そのコントロールがない場合にいかなる問題（リスクの顕在化）が生じるのかを考えてみましょう。

3.　組織の目的について，組織全体，部，課，係といった組織構造に着目して，各部署のそれぞれの目的・役割について考えてみましょう。

4.　組織内の各部署の目的が達成されない要因をリスクとして識別し，そのリスクが網羅的に認識されているか検討しましょう。「もしかしたらリスクの洗い出しが不十分かもしれない」という着眼点が重要です。

5.　仮に重大なリスクがある場合には，それを低減するためのコントロール策を具体的に検討しましょう。

第9章

内部監査対象の選定と
計画の策定

―――――――――本章で学ぶこと―――――――――

内部監査対象を選定するには，リスク評価が前提となることは上述のとおりですが，具体的にどのように内部監査対象を選定するか，その手法は多岐にわたります。特にリスク評価の方法だけでなく，その評価結果をどのように扱うかによって，具体的に内部監査対象は変わってくるでしょう。

以下では，一般的な内部監査対象の選定方法について紹介しますが，それだけでなくより実践的に，スーパーマーケットや建築業，精密機械メーカーの具体例に基づいて，内部監査対象の選定プロセスを中心とした内部監査計画について説明します。

1
内部監査対象の一般的な選定方法

内部監査対象の選定方法には，特に決まりがあるわけではなく，組織にとって合目的な方法を採用すればよいのですが，とはいえ実際にどのように選定するかについては，自由であればあるほど困難が伴います。以下では，

一般的な内部監査対象の選定方法を紹介しますので，参考にしてください。

（1）経営者との接触

　内部監査は経営支援を主眼としていることを念頭に置けば，リスク評価結果は，経営活動の中心に位置付けられる経営者に提示され，経営者の指示により内部監査対象が決められることになります。この「経営者との接触」が内部監査対象を選定する上での常套手段であって，逆にいえば，経営者の求めていない内部監査を行っても，経営支援とは無関係となってしまいます。

　例えば，経営者による重点目標や経営者が抱いている懸案事項が下記のようであれば，それらに基づいて内部監査のテーマが模索されることになります。

・経営者は売上高の拡大に大きな関心があることから，売上高拡大のためのルールを作り，その遵守状況を確かめるために内部監査を実施する。
・経営者は利益増加のために経費節約に関心があることから，無駄をなくすためのルールを作り，その遵守状況を確かめるために内部監査を実施する。
・法令違反の放置に起因してブランドイメージが毀損するリスクに対応するため，関連法規の周知徹底を図るべく，内部監査が各部署を指導する役割を担う。
・販売ノルマ達成のための押し込み販売や架空受注を防止・発見するために，販売プロセスに係る種々のルールの遵守状況について内部監査が調査する。

　よく「経営者は孤独だ」といわれます。これは会社の行く末を本気で心配する人間は，実は経営者一人だという意味なのかもしれません。しかし，内部監査は孤独な経営者の参謀的な役割を担うと考えられます。内部監査人は経営者から重点目標や懸念事項を聞き取り，これを内部監査対象として選定すれば，「経営支援」を主眼とした内部監査が実施されることになるのです。中堅・中小規模の組織であれば，なおさら経営者個人の考え方が内部監査の目的に反映されて良いと考えます。経営者が孤独にならないための一つの手段として，内部監査の設置を検討することも必要でしょう。

　既述のとおり，内部統制の目的は「①業務の有効性と効率性」「②財務報告の信頼性」「③法令等の遵守」の三つがあります。現実問題としてそのうちどの目的が最も重視されているのでしょうか？

　私見では「①業務の有効性と効率性」が最も重視されていると考えていました。

　というのも①こそが，組織目的と直接的に関連しているためです。つまり，「業務の有効性」は，組織の目的を効果的に達成することを意味します。例えば株式会社であれば「営利目的」であり，農協であれば「農業生産力の増進と農業者の経済的・社会的地位の向上」，漁協であれば「漁民の共同組織の発達を促進し，もってその経済的社会的地位の向上と水産業の生産力の増進」といった組織目的を，限られた経営資源の元で効果的に達成することが最も重要と考えられたためです。つまり①は，車に譬えれば「アクセル」のようなもので，組織にとって最重視されるのは速く走るための仕組みと考えられたのです。

　しかし，社団法人日本内部監査協会の公表している「監査白書」（2017 年）ではアンケート結果として，実に約 50 ％の企業が「③法令等の遵守」を最重視していたのです。

　「③法令等の遵守」や「②財務報告の信頼性」は，車に譬えれば，「ブレーキ」のようなもので，組織の暴走を制御するための仕組みと把えることもできます。

　このアンケート結果は，実は「内部統制はそもそもブレーキ的なものだ」という経営陣の誤解を示唆している，とも考えられます。例えば「内部統制」と聞いただけで「面倒だ」と考え，それでも「組織内で不祥事が発生したら困るから我が社でも導入しよう」という意向が強いことの現れなのかもしれません。

　内部統制は，「ブレーキ」だけでなく，「アクセル」的な意味合いで重視されるプロセスです。内部監査を含めた内部統制の浸透のためには，内部統制のアクセル的な役割（特に経営支援という目的）に着目することも重要といえるでしょう。

（2）過去の監査調書や監査報告書に基づく選定

　過去の監査調書や監査報告書には過去に問題視された事項が記載されているはずですから，これに基づいて内部監査の選定対象を決めることで，経験に基づいた有効な監査対象を選定することが可能でしょう。

　以前問題となった課題が再発していないかどうか，またその問題が解決されているかどうか，という視点で監査を行うことは，過去の調査方法も共通することから比較的容易な内部監査対象の選定方法と位置付けられます。

　しかし，その対象が現在の喫緊の経営課題であるかどうかは別問題です。

　他に内部監査対象として取り上げるべきことがあるにもかかわらず，その

検討が不十分なまま「とりあえず前期と同様の調査をしよう」という発想では，マンネリ化した監査の原因となりかねず，内部監査の効果的な実施につながらないことも考えられます。

　重要なことは，「いままでやってきたから」ということでなく，「いまやる必要があるか」「より重要な監査対象はないか」という問題意識なのです。

(3) 監査役（監事）との協議

　監査役（監事）監査が有効に機能しているのであれば，経営者の監視を行う監査役と，日常業務に精通した内部監査部門とが，相互に役割を果たし合うことにより，より効率的に両監査の有効性を高めることが可能です。

　監査役は経営者の職務執行を監視する際に，内部監査の監査業務を把握することで，日常的な業務の中にあるリスクやそれに対応するコントロールの十分性を把握することができます。その結果，監査役はより的確に経営者の職務執行を把握することが期待されます。また，より積極的に内部監査部門との連携を深めることで，内部監査部門が監査役の行うべき作業の一部を補完するという形で作業を進めることができる場合も考えられます。

　この場合，そもそも経営者の指揮の下で行動する内部監査が，経営者を監視する役割をも課されることとなり，通常の内部監査の役割よりも高次元になることが考えられます。

(4) 他部門との接触

　他部門との接触によって内部監査対象を決める場合もあります。

　当事者間で利益が対立している場合に，客観的な意見を求めるべく，独立の第三者として内部監査部門に意見を求めるような自然発生的な監査の場合，監査関係者からの協力も見込まれ，調査権限にも制約が課されにくく，さらに監査主体がいずれの部門にも利害関係のない独立の第三者であることが求められることから，より有効な内部監査の実施が期待できます。

　監査の本質は第三者性にある以上，組織内のしがらみから離れたところで

の客観的な判断を求める声を拾い,「内部監査部門に頼みたいことがある」との監査のニーズを見いだすことができれば,当該組織における内部監査部門の活躍の場となることは間違いないでしょう。

━━━━━━━━━Column━━━━━━━━━
自然発生的な監査

「監査」という言葉を耳にすると,「公認会計士監査」や「財務諸表監査」といった制度監査が想起されることが多く,こうした金融商品取引法監査や会社法監査は,法律でその実施が求められており,強制的な監査とされます。しかし,そもそも監査は自然発生的に行われることが理想です。

歴史を紐解けば,職業専門家としての会計士が行ってきた会計監査は自然発生的だったといわれています。大航海時代,多くの投資家からの資金を募って貿易船を作り,乗組員を募集して何年もの航海をした結果として得た利益を投資家に分配する際,船長や乗組員,投資家等,様々な利害対立の中で,独立した第三者としての監査人の意見が重宝がられたのでしょう。また,19世紀の米国では金融機関から借入を行うために作成した財産目録を金融機関に受け入れてもらうために,経営者は信用目的のために会計士監査を利用しました。

内部監査もあくまでも任意監査である以上,自然発生的であるはずです。

会社が証券取引所に上場する場合,上場審査において内部監査が求められている以上,上場会社で内部監査が存在しないケースは稀ですが,具体的にその手法が制度的に定められているわけでもなく,その実施主体,報告方法等の詳細は各会社・組織に委ねられています。内部監査は自由にそのやり方を決められるからこそ,組織内に浸透して巧く機能する場合もあれば,形骸化して何ら効果をもたらさない場合もあるのでしょう。

監査のニーズを的確に酌み取って組織内に浸透させるには,経営者の経営姿勢が最も重要です。「組織内に何か問題が発生していないだろうか,監視させよう」という経営者の意向さえハッキリすれば,その手段として「内部監査を利用しよう」と考えるはずです。繰り返しますが内部監査は,法律上具体的にその実施が求められているわけではない,自然発生的な監査なのです。

2
その他の内部監査対象の選定方法

　監査対象業務の選定には，一般的にリスク評価が欠かせないと考えられているため，下記で示すリスク評価を伴わない選定方法の中には，一般的でない手法も含まれます。しかし「リスク評価なくして内部監査なし」と断言することは，できないと考えます。

　なぜなら内部監査はあくまで「任意」監査であって，いかなる手段をとろうとも自由だからです。特に中小規模の組織を想定した場合，必ずしも「本来あるべき方法」によらずとも，何らかの問題意識を持って内部監査が実施されている，という状況こそが重要だと思うのです。むしろ，本来あるべき姿に拘りすぎて，内部監査を実施できない方が問題なのです。実際に，中堅・中小規模の組織では内部監査とは縁のないところも多いと思われます。そこで，とりあえずは全く無の状況から新たに内部監査を構築し，その上で，あるべき内部監査に向けて徐々に改善していく方が，より効果的・効率的に内部監査部門の構築がなされると考えられるのです。

　以下，2017 年の内部監査白書で示されている内部監査対象の選定方法（カッコ内の百分比は当該選定方法の採用率）です。

(1) 風評・投書・内部通報など（22.8 ％）

　最近は SNS などのインターネット上の風評が社会的な関心事とされる傾向があり，状況次第ではその組織が致命的な風評被害に遭うことも想定されます。特にフェイクニュースのような質の悪い情報については，その真偽を明らかにするために内部監査部門が調査を行うことも考えられます。

　また，内部通報は不正発覚の端緒となることが多く，内部通報制度の窓口が内部監査部門である場合も多いようです。そのため投書も含めて内部通報等から得られた情報の真偽を，内部監査部門が調査することもあります。

内部通報によって不正が発覚する例は多く，最近では多くの組織が内部通報制度を導入しています。前掲の監査白書（2017年社団法人日本内部監査人協会）では，97.5％の企業で内部通報窓口を設定しているとのことです。また，内部通報制度の導入に際しては，「通報者の保護」のための制度上の工夫が重視され，上記の内部通報制度を導入している企業のうち，「内部通報者の保護に関する規程」が制定されている企業は97.0％とされます。

内部通報の窓口として，一般的には内部監査部門とするケースも多いようですが，法務部門や総務・人事部門といった既存の部署に委ねるケースの他，コンプライアンス担当の社内委員会，社外の弁護士や内部通報支援センター等の社外専門事業者を利用することもあります。窓口を一つにするのではなく，複数の窓口とすることで内部通報しやすい環境とする工夫も見られます。

（2）監督官庁の指針等（21.4％）

組織が活動を行う上で，規制当局等の監督官庁の示している行政上の指針等に準拠することが要求されることがあります。仮にそうした指針等に違反した場合には，罰金や課徴金の支払いの他，最悪の場合，事業停止処分等の行政罰が与えられます。こうした罰則は組織のブランドイメージに悪影響を及ぼすこともあり，組織としては大きな関心ごととなるため，内部監査としては，その組織の業務内容から，いかなる監督官庁との関りがあるのか，また実際に監督官庁のやり取りがあればそれらを通読することが必要な場合が多いようです。

（3）議事録や稟議書の検討から（19.4％）

取締役（又は理事）会議事録は組織経営の重要な意思決定プロセスが示されています。また稟議制度を採用している組織では，稟議書の閲覧によって取締役（又は理事）会で意思決定されるレベルの重要性のない意思決定も含めて総括的に把握することができます。

財務諸表監査や税務調査においても，まずは概要を把握するために議事録や稟議書を通査して，その上で「この土地の取得の件で」「この大型修繕の

件で」「この新規契約の件で」というように検証対象となる取引を絞って，そのプロセスに問題がないかどうかを明らかにする方法が採用されています。

　現実的には，取締役（又は理事）会の議事録や稟議書等が整備されている中小組織は比較的少ないかもしれません。後述しますが，取締役（又は理事）会を開催することは会社法等で義務付けられており，その議事録も保管することが必要です。また稟議制度を採用して，組織内の意思決定のプロセスを書面化することも一般的に重要なコントロール手法とされます。

(4) 自主点検，CSA の結果から（11.4 %）

　CSA は，コントロール・セルフ・アセスメントの略で，97 頁で示したように具体的に業務を行っている従業員が自らのリスクやコントロールを評価する方法を意味します。CSA では，他者の検証よりも自主性・主体性が重視されますから，従業員の経営参加への意識が高まるとともに，リスクの識別やコントロール手法の検討をより効率的に行うことが期待されます。特に中小組織で内部監査担当部署の人員が少ない場合には，その効果が期待されます。

　CSA では組織内から選抜された作業チームが，目的，リスク，コントロール等について討議するワークショップ形式の採用が多いようです。ワークショップ形式で行われる場合には，特に討議を円滑にするための司会役が適切に機能することが求められ，これが適切に機能しない場合には，参加者の活発な議論がなされず，また種々の見解が収束されずに討議が失敗に終わる可能性が高まります。

　また，単に質問書の回答を利用することでリスクを識別・評価する場合もありますが，質問の内容いかんによっては，リスクの識別や有効なコントロールを検討する上での有用な回答が得られない場合もあります。

　リスクの識別・評価の際に，特に重要視されるのは，①リスクの洗い出し（漏れがないかどうか）と②リスクの大きさ（影響度と発生可能性）の判定です。両者を的確に行うためには，形式的な討議や質問にとどまらず，どう

すれば「現場の生の声を引き出すことができるか」に焦点を当てて，現場の声を尊重した CSA を行うことが肝要です。

(5) 業務プロセスのフローチャートの検討から（9.9 %）

　内部統制評価制度の導入により，上場会社では業務プロセスのフローチャートの組織内の整備が浸透したといわれています。これを利用してリスクを検討し，その対応としてコントロールが不十分な領域を選定する手法もとられているようです。

　一方で，多くの中堅・中小規模の組織においては，検討対象となる業務プロセスのフローチャートが存在していないケースも多いと思われますから，まずは前述したように図表 3-8-5，図表 3-8-6 の会社業務を鳥瞰する図を作成することから始めることが必要かもしれません。特に会社の取引先との関係や主要な業務プロセス（販売プロセスや在庫管理プロセス，購買プロセス等）について，それぞれいかなる作業から構成されているのかを検討することだけでも，それぞれのプロセスの中にいかなるリスクがあるかを識別・評価することにつながるはずです。

(6) 経営分析比率などの管理データから（7.0 %）

　一般に財務諸表監査では，過去の経営指標（売上高や利益率，売上債権や棚卸資産等の回転期間その他の分析数値）の他社との比較や，3 年から 5 年程度の期間比較から異常な動きを検討して，その理由を明らかにする分析的な手法が採用されます。これは「分析的手続」とも呼ばれ，概括的に財務情報を検証するための手法として利用されています。例えば，月次推移表や予算と実績との比較表を用いて，経費支出の多額な部門を選出して内部監査の対象とする手法（8.6 %）もこの手法に含まれます。

　多くの中堅・中小規模の組織では，少なくとも月次の試算表は作成しているケースが多いとは思いますが，それを月次推移表として検討したり，前年同月比較したり，さらにはあらかじめ編成しておいた予算数値と比較してい

る組織も少なくないかもしれません。こうした単純な比較でも，異常な変動を識別し不正や誤謬を発覚することにつながることもあります。

参考3 ── リスク評価と企業不祥事のマスコミ報道

監査白書（2017年）によると，アンケート対象会社の2/3の内部監査部門がリスク評価を行っていることがわかります。逆にいえば，1/3はリスク評価を行っていないわけですから，既述のとおり「内部監査部門は必ずリスク評価をしなければならない」というわけではありません。しかし，リスク評価を行わない内部監査は，マニュアル型・定型的なチェックになりがちで，表面的な調査・評価活動になりやすいと思われます。そのため，リスク評価を行わない監査が少数派であることは頷けます。

また，内部監査を行う大きな目的を「企業不祥事の発生防止」とする会社が最も多いことも既述のとおりです。そのため，各会社では想定される不祥事の発生可能性や影響度を考慮して，発生しやすい重要な不祥事を想定し（リスク評価し），それを防止・発見できるような内部監査の手法を検討する（そのリスクに対応するコントロールを検討する）ことが必要になります。

「マスコミを賑わせた不祥事と同様のことが自分の組織で起きていないか？」

これも重要なリスク評価の視点です。

上場企業の不祥事は，日々マスコミや投げ込み資料（プレスリリース；報道機関向けの公表資料）などで公表されていますが，これらを他山の石として，組織内の管理態勢の強化や内部監査のテーマとして利用することも重要でしょう。

3

内部監査計画の策定

(1) 中・長期監査計画の必要性

内部監査部門を設定している組織では，内部監査部門長が内部監査の実施に係る基本方針を「中・長期監査計画書」として策定し，経営者（又は取締役会）の承認を得ることが一般的です。しかし，中堅・中小規模の組織では必ずしも内部監査部門が設定されているとは限らず，例えば経理部門等が中心になって，臨時的なチーム編成により内部監査を行っている場合には，経理部門長や経営者自らが，中・長期監査計画書を作成することも考えられま

す。

　一方で，中・長期監査計画書自体，策定していないケースも散見されますが，当然のことながら行き当たりばったりで内部監査を行う場合，効果的な実施が期待できないことはいうまでもありません。

　経営者の経営理念や経営方針と整合した基本方針を策定し，これに基づき，規則的・計画的に監査を実施することが重要ですし，特に経営者が抱えている中・長期的な課題や経営上のリスク等を少なくとも年に一度洗い出し，解決すべき課題に順位付けを行い，内部監査の果たすべき役割や目標を明確にすることも重要です。

　一般に，中・長期監査計画では以下の各項目について，3〜5年について明らかにする必要があります。

・監査対象（重要性，リスク，緊急性，経営者や監査役の懸念事項等）
・監査資源（必要な要員，費用，時間，チーム編成，育成等）
・費用予算（人件費，備品その他の経費を見積もる）

　なお，中・長期的計画は，監査環境の変化に応じて適宜見直しがなされなければなりませんし，中・長期的計画に基づいて，策定された年度計画（後述）もまた，必要に応じて適宜見直しが必要となります。

（2）中・長期監査計画の策定の事例

　以下，架空の組織ですが，三社の例をあげます。いずれも小規模の組織で，従来から内部監査を行っていない状況を想定しています。

〈事例〉
　「株式会社Ａマーケット」（仮名：以下同じ）は，東京の下町に地域密着型のスーパーマーケットをチェーン店舗展開する会社である。
　同社では，全社的な予算管理や店舗別の利益管理が不十分であり，またパートやアルバイトを多く採用しているので，人件費の管理や教育のより一層の徹底化が望まれる状況にある。業績を左右するのは仕入れ商品の回転であって，販売機会を失わず，またロスを少なくすることが最大の経営課題と経営者は考えている。

173

スーパーマーケットにおける重要なビジネスリスクへの対応方法の一つは安定的な仕入先を有することです。もとより一定品質の商品を供給できない仕入先であれば、「あの店の品は悪い」との風評で、一気に顧客離れを引き起こします。

そのため「一定品質の商品の安定供給」の仕入先の確保が必須です。

大型化したスーパーマーケットでは、加工や配送のための物的な設備が充実し、コスト削減が徹底される一方で、各店舗の管理が強化されすぎてしまい、画一性を重視するあまり、各店舗の地域性にあった品揃えができなくなる可能性もあります。

そのためチェーン展開するスーパーマーケットでは、各店舗の自主性を尊重しながら、各店舗の暴走を許さず、各店舗で生じる様々な問題点を適時に把握できるような態勢を構築することが重要とされます。また、パートやアルバイト等、従業員の数も多く、現金商売でもあるため、従業員の教育・訓練を強化することも重要な課題となります。

その意味で本社部門の各店舗に対する管理方法の工夫が、経営管理の重要なポイントとなるでしょう。

〈㈱Ａマーケットの中・長期監査計画〉
―基本的な方針と監査テーマの選定―

従来当社では、内部監査部門が設置されておらず、今後3年をかけて、これを有効に機能させることを重要な経営課題としている。

我が社では予算管理や利益管理が不十分であったため、当面の課題としてこれらを改善し、その改善状況をモニタリングする役割も含めて、内部監査部門に指導機能を担わせる予定である。

具体的には、導入初年度の×1年は、各店舗別の販売予算及びこれに基づく購買予算について、青果部門、精肉部門、鮮魚部門、加工総菜部門、酒飲料部門、その他の部門に区分して編成するよう指導する。予算編成会議は各店舗の店長と内部監査部門長、社長及び副社長が定期的に会合を持つこととする。

編成された予算は月次で実績と対比され、またロスの発生状況に係る店舗別の報告資料も含めて、一元的にモニタリングの対象とする。

なお，内部監査は本社及び各店舗との連結環として，予算策定の手法やその実績との対比手法を各店舗の店長や従業員に教育する役割をも担うこととする。仮に，非現実的な予算数値の編成や，実績との対比や原因分析が不十分である場合等，必要と認めた場合には，内部監査部門長は適時に各店舗の店長及び経営者に報告することとする。

　内部監査部門は，現在，経理部に在籍するＡ氏を内部監査部門長とし，同じく経理部に在籍するＢ氏を内部監査担当者とすることに加えて，顧問税理士であるＣ氏の協力も仰ぐこととする。

　×２年度は，予算と実績との対比及び増減分析が確立していることを前提として，特に人件費の管理態勢の改善及び売れ筋商品の配置等による売上増進を主眼としてモニタリングを強化する。人件費の管理態勢の改善については，各店舗の支店長がアルバイト，パートの時間や各役割を必要に応じて見直し，残業時間や余剰人員の削減を図るとともに，繁忙時間での適切な人員配置計画を策定し，これと実際の店舗運営とを比較することを通じて，各店舗の顧客対応の有効性について内部監査部門がモニタリングすることとする。

　また，売上増進策については，売れ筋商品の配置，品出しのタイミング，配置変更や占拠場所の大きさ，タイムセール等のお客様へのアピール，チラシの内容，ポイントの付与等の顧客囲い込み策の検討等の各施策についての実施状況を店長からの報告に基づいてモニタリングすることとする。

　×３年度は上記２年間の予算編成と実績との対比，人件費の管理態勢の改善や売上増進策等についてモニタリングを継続する。各店舗の店長は，各店のパートやアルバイトから，売り場の抱えている課題や改善策を聴取し，また自らの見解も併せて，店長会議に提出するものとする。店長会議に提出された課題や改善策は，経営者や内部監査部門長と情報共有され，今後の内部監査のテーマを選定する材料とする。

〈コメント〉

　上記はあくまで例であって，その前提としてリスクの洗い出しやその優先順位付け等は事前に行っていることを想定しています。また，上記例では内部監査部門長は専任ではなく兼務であり，日常の経理部長としての職務を行う傍ら，内部監査部門長として臨時の作業を行うことを想定していますので，各年度での内部監査に関する作業は限定的としています（現実に社内の問題を早急に改善すべきであるならば，３年という比較的長期的な期間でなく，半年〜１年という短期間に行う必要があるでしょう）。

もちろん経営課題がハッキリしている以上，一気に改善する必要があると思いますが，本事例では内部監査部門に段階的に改善提案を行うアドバイザリー的役割を担わせています。中堅・中小規模を想定する場合には，内部監査に当てる人材やコスト負担に制約がある場合が多いため，こうした段階的な改善策を内部監査に委ねることも考えられます。

また，上記の例では顧問税理士の協力も仰いでいます。中堅・中小規模の組織といっても，ある程度の規模の組織であれば月次で試算表を作成していることが一般的ですし，その作成に顧問税理士が関与することは通常です。数値だけ作って経営アドバイス的なことは一切かかわらない税理士もいるかもしれませんが，親身になってアドバイスをしてくれる税理士もいます。多くの企業の数値を日常的に見ている専門家の知見を使わない手はありません。

コストの削減や業務の効率化，節税策や不正防止策等，種々の経営課題にアドバイスをしてもらえるような顧問税理士を利用したいものです。

〈事例〉

　北九州を中心に木造住宅の建築やリフォーム工事を手掛ける「株式会社Bハウジング」（仮名：以下同じ）は国内産の高品質の木材を使用した住宅販売で定評があるが，大手住宅メーカーとの競争の激化により，価格下落が進み業績悪化の傾向にある。

　同社の経営者は従来，財務・経理に関する関心はほとんどなく，また組織内の担当者も機械的に会計処理を行うのみで，最大の関心事は「赤字を出さないこと」であった。顧問税理士も特に税務上問題がない以上，不良債権や不良在庫について問題視してこなかったため，過去の不良資産が累積的に存在し，実態ベースの財政状態の把握が困難な状況にあった。

　あるとき経営者は組織内の管理態勢強化のためのセミナーに参加し，組織の実情を把握することの重要性を認識するに至り，知り合いの公認会計士に調査を依頼し，その調査結果としての提案を受け入れ，内部監査を導入することとした。

公認会計士や監査法人による財務諸表監査が行われている会社では，不良債権や不良在庫等の評価をはじめ，長期滞留の資産に関する評価が適切に行われていることが一般的であり，「実態ベースの財政状態の把握が困難」な

事例は基本的にありえません。

　一方で，中堅・中小規模の組織では，いわゆる「税務会計」から抜け出すことができずに，多額の不良債権や不良在庫等の滞留資産について適時・適切な評価を行うことができないまま，その結果，実態を把握できずにいる組織も稀ではありません。

　こうした状況下にある会社では人材が不足しているケースも多く，組織内に内部監査を実施する適任者がいないため，組織外の専門家である公認会計士等に内部監査業務を委託したり，または顧問税理士に委託したりして，組織の実態を把握することが考えられます。

　「組織内で何が起きているか」を把握しない限り，「組織内で何を改善するべきか」が明らかになりません。本事例は，組織内の実情を把握し，その改善のための内部監査の活用例です。

〈㈱Ｂハウジングの中・長期監査計画〉
―基本的な方針と監査テーマの選定―

　×1年は外部の公認会計士に委託して，以下の作業を通じて組織の実情を把握する調査を行い，組織の実情を反映した決算書を作成するとともに，不良債権や不良在庫を適時に識別できるような態勢構築のための基礎資料を収集する。

【調査手続】

・個々の注文に対応した原価集計の方法や共通費の配賦方法等，原価管理態勢を見直し，価格決定・利益管理態勢を強化する。

・債権の明細表を入手し，長期間入金のないもの等の回収可能性に懸念される債権について，回収可能額を見積り適切な価額で評価する。

・在庫の明細表を入手し，長期間変動のないもの等の使用可能性や転売可能性が懸念される在庫について，適切な価額で評価する。

・投資その他の資産の明細表を入手し，時価のあるものは時価と時価のないものは投資先の貸借対照表等を入手して実質価額に基づき，適切な価額で評価する。

・資産の回収可能性や使用可能性，減価償却の規則性等に留意して，過大に計上している資産があるかどうかを検討する。

・上記の他，負債勘定等についても総勘定元帳と照合し，その勘定明細を数
期間比較することで長期滞留や異常残高の有無を検証するとともに，一般
に公正妥当と認められる企業会計の基準に照らして計上するべき負債（退
職給付債務や資産除去債務等）の有無について検討する。

　×2年は，公認会計士の行った調査結果及びその指導を下に，経理部長及
び内部監査担当者が不良債権や不良在庫を適時に識別することの他，下記の
ような利益管理態勢を構築し，それに関連する資料を作成することとし，経
営者その他の役員に適時に報告することとする。

・個々の受注ごとの原価集計に基づき利益貢献度を検証する。

・利幅の低い受注や赤字受注の責任の所在を明らかにする。

・不良債権の発生に備えて与信管理や販売承認手続を強化する。

・材料の経済的な発注方法を検討する。

・投融資に関しては本業との関連等，その必要性について取締役会等の決議
を要する。

・滞留債権の定義やその報告先や報告内容等を定める。

・月次で債権の明細表を作成し，長期滞留債権の有無に留意し，必要に応じ
て得意先に対する再請求を適時に行う。

・必要に応じて年に1度または，半年，3ヶ月，1ヶ月ごとに在庫の明細表を
作成し，長期滞留在庫の有無に留意し，現物の使用可能性等を検討する。

・上記の他の資産についても，定期的に明細書を作成し，適宜，その使用可
能性や時価を検討する。

・不良債権や不良在庫，不良投融資等の不良資産が生じた場合，その原因及
びその責任を明確にする。

・上記の管理態勢については，プロセスを各種規程やマニュアルとして文書
化し，その周知徹底を図ると共に，その遵守状況について内部監査担当者
が定期的にチェックすることとする。なお，内部監査の導入に際しては，
公認会計士の指示を受けながら，内部の人材の教育・訓練を行うこととす
る。

〈管理資料及び手続〉

　×3年は外部委託した公認会計士から内部監査担当者が業務を引継ぎ，組
織内で内部監査態勢を定着させる。公認会計士には年に一度のみ，内部監査
担当者の計画書や報告書を閲覧してもらい，不備の有無等の参考意見をもら
うにとどめ，最低限の関与としてもらう。

〈コメント〉

　価格競争が厳しい状況では，価格決定が重要な経営課題となります。そのためには組織内でどのような原価が発生しているかを的確に把握することが重要です。

　景気が良い場合には，高い値段で販売することができますから，特に厳密な原価計算を行わずに済むこともありますが，景気が厳しくなれば，原価計算による利益管理を行わない限り，適切な経営を行うことはできません。

　「忙しいのに儲からない」というのは，利幅の薄い，または赤字で受注していることが原因である場合が考えられます。一生懸命仕事をして，損をしていては目も当てられません。

　「どれだけ儲かっているか」（または「どれだけ損をしているのか」）を明らかにするには，売上とそのための費用との関連に着目して，的確な原価計算による利益管理を行う必要があるのです。

　また，一般に不良在庫は購買部門の責任であり，不良債権は販売部門の責任とされます。さらに不良投融資は財務部の責任であり，それらの実態を把握していないのは経理部や経営者の責任といわれます。時にこうした不良資産は，放漫経営に帰因することも少なくありません。責任の所在もハッキリしないまま，なんとなく過去の慣習に従って活動した結果，ズルズルと不良資産が生じることも少なくないのです。

　組織内で何らかの調査を行う場合，部門間の軋轢や事なかれ主義，なれ合い等に起因して，調査が十分に行われない可能性があります。加えて「まさかそんなことはあるまい」という楽観的な経営者の姿勢が，せっかく識別された問題点を棚上げする原因になることもあります。中堅・中小規模の組織の場合，長年，組織内に在籍している人間が内部監査を担当する場合もあるのですが，そうした人はかえって組織内の軋轢にも敏感に反応し，批判的・客観的な判断ができない場合もあります。そうした場合には，思い切って，外部の人材を内部監査人として活用することが有用な場合があります。

　公認会計士監査を受けていない中堅・中小規模の組織の多くは不良の資産が多いことが指摘されます。もちろん健全な組織は数多く存在しますが，株式会社でいえば中小企業の約7割は赤字といわれることもあり，しかもその

赤字幅は，経営者や経理部長等によって恣意的に調整されていることが多いようです。

　売掛金や棚卸資産，投資等の資産の中には，資産性のないものが含まれていることが多いため，一度，組織内の実情を把握するための外部の専門家を利用して調査を行うことも必要でしょう。その上で，そのノウハウを生かして，最終的には外部の人材に頼らずとも自社で十分な監視が行われる態勢が構築できればしめたものです。

　中・長期的に「組織内で内部監査を行う」という目標を掲げ，そのために外部の専門家を利用する方法が浸透すれば，多くの中堅・中小規模の組織において相応の内部監査態勢の構築が可能となるでしょう。本事例では，原価管理や不良資産に焦点を当てていますが，子会社の管理態勢の強化，不正防止策の提言，各部門間の調整等，種々の場面で外部の専門家の活用が見込まれます。また一時的にはコスト負担となったとしても，そのコストを継続的なものとさせないように組織内の人材を育成することが肝要なのです。

〈事例〉

　四国を中心に精密機械の金属部品を製造する「C機械工業株式会社」（仮名：以下同じ）は，海外から仕入れたレアメタルについての卓越した成型，研磨技術で競争優位にあり，複数の大手精密機器メーカーに部品を供給している。

　当社の内部監査部門は従来，現金出納関連，債権債務管理等の経理業務及び研究開発部門の無駄な支出の有無等を検証対象としていたが，古くからの監査マニュアルを継続して利用してきており，監査部門も被監査部門も「形式的」「儀式的」に内部監査が行われているとの指摘がなされていた。

　一方で，従来堅調だった業績は原価率の悪化に起因して右肩下がりとなっており，また当社の製品に関する品質について，必ずしも優位ではなくなったのではないかとの指摘もあり，今後の業績悪化が懸念されている。

　精密機械の部品メーカーは技術への依存度が高いケースが多く，競争力を維持し向上していくためには，製品の品質向上のための研究開発が必須となり，また時として多額の製造設備の投資が必要な場合もあります。

　特に海外から原材料を仕入れて，独自の技術で加工し，大手精密機器メー

カーに部品供給をしている本ケースでは，単なる品質管理の問題だけでな
く，外国為替の動向の業績に与える影響，他国との政治的摩擦による供給麻
痺の問題，少数の得意先への依存度の高さ，環境問題等の社会的な責任等，
種々の経営課題が山積みとなり，それぞれのリスクが顕在化したときに，業
績に大きな打撃を与える可能性があります。そのため，経営者としては様々
な情報を集約して一元的に把握し，それぞれに対して十分な管理態勢を構築
することが肝要となります。

　重要なことは，「いろいろ大変だ」と，漠然と将来を憂うのではなく，①
いかなるビジネスリスクがあるのかを網羅的に検証し，②それぞれのビジネ
スリスクの影響度及び発生可能性を評価し，③その結果，優先順位を付して
適時にリスクに対応することです。要するに，可能な限り「具体的にリスク
に対峙する」ことが必要なのであって，そのために適宜，内部監査を機動的
に活用することが重要なのです。

〈C 機械工業㈱の中・長期監査計画〉
―基本的な方針と監査テーマの選定と監査態勢―

　ビジネスリスクに関する情報を一元化するため，毎月開催する取締役会に
おいて，担当役員からの報告に加えて，必要に応じて各部門長（購買，研
究，経理・財務，製造，販売等）にインタビューを行い，各部門の抱えてい
る諸問題に係る情報を収集し，整理することとした。その結果，製造部門と
販売部門との軋轢に起因して，両部門間の情報共有や情報伝達に支障があ
り，製品のクレームや材料の無駄な消費が生じていることが判明した。特に
レアメタルの浪費が原価率の悪化要因となっていることが業績悪化の主要因
と考えられた。

　また外部環境として，同業他社の製造工程のずさんな管理に起因して，廃
棄物の処分に係る環境汚染がマスコミに大きく取り上げられ社会問題となっ
ている。そこで製造部門に対するインタビューを行い，同様の問題が発生す
る可能性について検討した結果，当工場では十分な管理態勢が構築されてお
り，直ちに大きな問題が生じる可能性は低いことが明らかになった。だだ
し，設備の経年劣化により同様の問題が生じる可能性は残るため，中長期的
には注意が必要である。

一方，内部監査部門は，現在，内部監査部門長と経理部出身のスタッフ1名の計2名で行っており，上記の管理態勢のモニタリングを行う上では，人材の十分性に疑問があることから，適宜，必要な人材を内部監査担当者として補充するか，または臨時の内部監査チームを編成する必要性も考慮することとした。

〈×1年は喫緊の経営課題に着手する〉

初年度では製造部門と販売部門との軋轢に着目し，内部監査部門の主導の下，両部門のスタッフレベルでの協議の場を設け，両部門の言い分を聴取することとした。一方の部門が一方の部門を罵るような感情的な場面もあったものの，内部監査担当者は客観的に両者の主張を整理した。また，販売部門及び製造部門のいずれの現場経験のある者を内部監査部門担当者に招聘し，臨時の内部監査担当者として，インタビューに参加させることとした。

その結果，販売部門からの製造部門への製造仕様書に不完全な点があること，及びその製造仕様書の不明事項について，製造部門の販売部門に対する確認の不徹底に起因して，原材料の浪費や製品の品質問題が生じていることが明らかになった。内部監査部門長は，直ちに製造仕様書の作成マニュアルを見直し，また適切なマニュアル通りに製造仕様書を作成して製造部門に提出することを販売部門に求め，仮に販売部門の作成した製造仕様書に不明箇所があれば，製造部門は思い込みで製造するのではなく，販売部門に確認をすることを徹底するよう指示をした。

また，上記に関連して，内部監査では，原材料の購買状況や保管・払出状況についてモニタリングを強化することとした。これは円安の進行及びレアメタルの急騰に伴い，原材料の管理が重要な経営課題であり，特に製造計画に基づく標準消費量と実際の消費料の対比を通じて，レアメタルの浪費を適時に把握できる態勢を強化することを目的としている。

また，研究開発部門における代替的な原材料に係る基礎研究の進捗状況や特許等の知的財産権に係る管理状況のモニタリングを強化することとした。なお，輸入の際に利用している通貨スワップや為替予約の管理状況に関するモニタリングも十分に行うよう注意することとしている。

〈×2年は品質の維持向上を継続課題としつつ，より広範にモニタリングする〉

当社は成型及び研磨の技術を売りとしているため，品質の維持向上のため継続的に品質管理を徹底する必要がある。顧客から信頼される技術，完成度をもって適時に製品を供給できる能力を維持・向上するためには，×1年で問題となった製造仕様書の運用の不十分性のみでなく，製造の各工程で必要となる品質管理のための諸施策の遵守状況に関するモニタリングを強化する

必要がある。

〈×3年は環境問題に関するモニタリングを強化する〉

　環境関連法規の遵守のため，製造工程において生じうる環境汚染や廃棄物の処分，二酸化炭素の排出量削減の他，環境管理活動が十分かどうかのモニタリングを強化することも検討する。

　なお，従来の内部監査のスタッフでは環境問題についての知見が不十分であるため，技術部で長年にわたり品質管理及び環境問題を担当していた者を新たに内部監査部門に配置している。

〈コメント〉

　この会社では経営者は経理業務中心のマンネリ化した内部監査に終止符を打つべく，内外の企業環境を理解してビジネスリスクを洗い出し，その優先順位を付けることとしました。その際，識別されたリスクの影響が大きく，発現可能性が高い場合には，直ちに改善のために施策を講ずる必要があります。上記の例では，喫緊の経営課題を直ちに解決する例といえるでしょう。

　部門間の確執や軋轢がセクショナリズムとなって，業績に悪影響を及ぼすことはよくあることです。本来は顧客満足のために協力し合う関係にあるにもかかわらず，対立して情報伝達に支障をきたし，メーカーにとっての生命線である「製品の品質の悪化」という問題が生じてしまったのです。

　「顧客のニーズにあった製品を製造する」という目的を果たす上では，顧客と直接つながりのある営業部門と製造部門とが密接に情報を共有し，伝達することは必須要件です。本事例では双方の言い分を独立の立場から評価し，問題解決につなげるために，仲裁役としての内部監査が有効に機能したといえるでしょう。特に両部門を経験した人材を補強することで，より目的に適合した内部監査業務を機動的に行うことができたわけです。

　上記の組織のケースの場合，購買部門，研究部門，経理・財務，製造，販売，環境問題等，多くの経営課題を対象に業務を行うことになりますから，必然的に全社レベルでの内部監査担当者の視点が養われることになります。そもそも内部監査は「経営者に代わって組織内をチェックする者」として位置付けられますから，まさに「経営者の右腕」です。組織内の者が内部監査担当者を見かけたときに，経営者を見かけたときと同様の（又は，それに近

い）緊張感を監査対象部門に与えることができれば，その内部監査部門は有効に機能していることになるでしょう。

　また，喫緊の経営課題を克服したとしても，同様の問題が生じる可能性に配慮すれば，内部監査としては継続して再発防止をモニタリングすることが重要でしょう。加えて問題のあった業務を中心に，他に同様の問題がないかを範囲を拡大してチェックしていくことも必要です。

　本事例では，それ以降，具体的な問題が発生せず，品質の維持向上及び環境問題を内部監査対象としていますが，他に大きな問題が生じたとするならば，予定を機動的に変更することも考えられるでしょうし，またそれに応じて人員を変更することも考えられるでしょう。

─Column─
内部監査は閑職か？

　とある会社で，内部監査担当者は「閑職」とされ，「誰でもいいからとりあえず形だけ内部監査を行えば良い」という風潮があるとの話を聞いたことがあります。これは内部監査が軽んじられている会社の話です。

　一方で，経営者の内部監査や内部統制に対する意識が高く，内部監査の実施に積極的な組織では，役員候補者等の優秀な人材を内部監査担当者とする，という話を聞きます。

　確かに内部監査を形式的な儀式のみと考えれば優秀な人材を配置することは，「もったいない」との意識が働くのでしょう。しかし，内部監査は経営者の右腕として，経営管理の全般を監視対象とするわけですから，組織内の全体を把握していないと，有効な監査を行うことはできません。一般の従業員であれば，○○部署を○年，△△部署を△年，というように，人事異動を通じて組織内の知見を広げていきますが，内部監査担当者の場合，短期間で多くの部署を検証対象としますから，人事異動という長い時間をかけた仕事のローテーションを経ずとも，優秀な人材が育つという発想があるのでしょう。

　内部監査担当者として優秀な人材を配置して，多くの仕事をさせることで，社長は，多くの日常的な煩雑さから解放されるかも知れません。また，その内部監査担当者は経営幹部候補として，育成することも期待されるのです。

　内部監査の種々のテキストを見る限り，内部監査はその実施に先だって監査計画を立案することが通常のように記述されています。また，内部監査計画が長期計画と年度計画とに区分されることも一般的に指摘されています。

　しかし，実務的には監査計画は年次に作成されていることが通常で，1年を越える監査計画を設定することは，むしろ少数派です。もちろん，内部監査が任意監査であって，特に定められた法的な義務がない以上，どのように監査計画を策定しても構わないのですが，内部監査の目的は多岐にわたるため，年度での場当たり的な計画の立案では合理的な監査資源の配分は期待できないと考えます。

　たとえ少数派であっても中・長期の経営課題を見据えながら，中・長期監査計画を策定することが望ましいことはいうまでもありません。

(3) 年度監査計画の立案

　年度内部監査計画は，中・長期監査計画に基づいて，「各年度」の内部監査の実施計画を示すものです。上記の中・長期監査計画に基づいて，年度監査計画を策定するとすれば，以下のようになるでしょう。

〈㈱Aマーケットの年度監査計画書〉
×1年
監査テーマ　売上・仕入に係る予算実績比較及び異常点の識別と報告態勢の構築支援
重点項目　①予算作成の手法及び実績との対比方法の教育
　　　　　②店舗別かつ部門別の予算作成の実践
　　　　　③店舗別かつ部門別の報告資料のモニタリング
被監査部局　各店舗及び店長
監査責任者監査担当者　内部監査部門長A氏・内部監査担当者B氏・顧問税理士C
監査実施時期　①×0年11月～×1年1月
　　　　　　②×1年2～3月
　　　　　　③×1年4月～×2年3月
×2年
監査テーマ　人件費の改善及び売上増進を主眼としてモニタリングの強化
重点項目　①人件費の改善

　　　　　　　②売上増進策のモニタリング
被監査部局　各店舗及び店長
監査責任者監査担当者　内部監査部門長 A 氏・内部監査担当者 B 氏
監査実施時期　①×2 年 4 月～×2 年 6 月
　　　　　　　②×2 年 9 月～×2 年 12 月
×3 年
監査テーマ　売り場が理想的かの全社的な検討
重点項目　　①売り場の抱えている課題や改善策の検討
　　　　　　②ワーキンググループでの内部監査人の参加
被監査部局　各店舗及び店長
監査責任者監査担当者　内部監査部門長 A 氏・内部監査担当者 B 氏
監査実施時期　①×3 年 4 月～×3 年 6 月
　　　　　　　②×3 年 8 月～×3 年 10 月

〈㈱ B ハウジングの年度計画〉
×1 年
監査テーマ　公認会計士による実情把握
重点項目　　不良債権，不良在庫，不良投融資の有無を含めた実情把握
被監査部局　経理部を中心とした関連部署（購買部・営業部・財務部等）
監査責任者監査担当者　公認会計士及び経理担当責任者
監査実施時期　×1 年 5～6 月及び随時
×2 年
監査テーマ　公認会計士の指導に基づく管理態勢の整備・内部の人材の教育
　　　　　　訓練
重点項目　　組織内の管理態勢（管理資料・照合・承認態勢等）の確立
被監査部局　経理部を中心とした関連部署（購買部・営業部・財務部等）
監査責任者監査担当者　公認会計士及び経理担当責任者
監査実施時期　×2 年 5～6 月及び随時
×3 年
監査テーマ　内部監査部門による不良資産の管理態勢の運用開始
重点項目　　組織内の管理態勢（管理資料・照合・承認態勢等）の継続的準
　　　　　　拠性

被監査部局　経理部を中心とした関連部署（購買部・営業部・財務部等）
監査責任者監査担当者　経理担当責任者
監査実施時期　×3年5〜6月及び随時

〈C機械工業㈱の年度監査計画〉

×1年

監査テーマ　品質及び原価率の悪化の検証

重点項目　販売部門と製造部門の軋轢に係る実情把握と改善策の検討

被監査部局　販売部門及び製造部門

監査責任者監査担当者　経理出身担当者及び販売部門・製造部門経験者（臨時）

監査実施時期　×1年4〜8月（原因究明と改善策実施），10月〜（モニタリング）

×2年

監査テーマ　品質の維持向上〜内外の要因〜

重点項目　原材料の購買状況・代替材料研究・製造の各工程の品質管理に関するモニタリング強化

被監査部局　製造部門，購買部門，研究開発部門

監査責任者監査担当者　経理出身担当者及び技術部出身担当者

監査実施時期　×2年4〜5月，8〜10月

×3年

監査テーマ　環境関連法規の遵守状況

重点項目　環境管理活動が十分かどうかのモニタリングを強化

被監査部局　製造部門

監査責任者監査担当者　経理出身担当者及び技術部出身担当者

監査実施時期　×3年4〜5月，8〜10月

　さらに具体的に監査業務を行うためには，上記の年度監査計画をより詳細な監査計画としての「監査実施計画（個別監査計画）」を策定することになりますが，これは第10章の「監査の実践と監査結果の報告」の中で説明します。

内部監査白書によると内部監査計画の承認者のほとんどが経営者であり，全体の6〜7割を占めています。一方，取締役会や常務会・経営会議といった取締役の中での上層部の経営陣が承認するのを含めると約2〜3割，1割強が監査役・監査役会であり，稀なケースでは内部監査部門長が承認するケースもあります。

監査計画が内部監査の具体的な内容を決める以上，内部監査のニーズとしての経営者がその内容を決めるべきでしょう。その意味では，承認者を経営者とすることが通常であり，例外的に経営者の監視役である取締役（又は理事）会や監査役（又は監事）とすることも考えられます。

内部監査計画書に基づいて作成される詳細な実施計画については，過半で内部監査部門長が承認者となっています。また約3割の組織が経営者の承認，1割弱が監査担当役員や監査役会等の承認となっていますが，基本方針が上層部で承認されている以上，その具体的な内容は現場に権限が委譲されているケースが一般的なようです。

課題研究

1. 仮に所属する組織で内部監査が行われているのであれば，どのように内部監査の選定対象が決められているか調べましょう。

2. その内部監査の選定対象の決定方法について，他の代替的な方法を採用する余地がないか，理由と共に検討しましょう。

3. マンネリ的に行われている内部監査について，何をどう改善すればよいか，理由と共に検討しましょう。

4. 例えば中・長期監査計画を立案するとしたら，組織内のいかなる部署の人たちとどのようなコミュニケーションをとりながら監査対象を選定するか考えてみましょう。

5. 組織内の課題が複数ある場合，どのようなことを考慮して，優先順位を決めるか考えてみましょう。

第 **10** 章

監査の実践と
監査結果の報告

―――――――本章で学ぶこと―――――――

監査計画の立案や監査の実施に関する基本的な考え方は，第4章で説明済みですが，本章ではその具体的な例を示します。

監査要点や監査技術，証拠資料からなる監査手続やその結果としての監査証拠の評価，監査報告書やフォローアップ報告書の具体的な内容の検討を通じて，中堅・中小規模の組織に対する内部監査の実践をイメージしてください。

以下では，監査要点の例示と証拠資料の分類，具体的な監査プログラムについて紹介します。

1
監査要点

監査手続は，監査要点・監査技術・証拠資料の三つから構成され，その結果が監査人の心証としての「監査証拠」となります。監査人の監査の実施プロセスは監査証拠の収集活動そのものを意味し，それは監査要点という立証

目的を明確化することから始まります。

　監査の実践を議論するために最も重要なことは，監査要点を意識することです。「何のために調査を行っているか」がハッキリしない限り，的確な監査業務の遂行は期待できないためです。逆に監査要点が明確になれば，そのためにいかなる証拠資料を入手して，いかなる手続を実施すればよいかが明確になるのです。

（1）財務諸表監査における監査要点

　監査手続はある目的を持って実施されます。繰り返しになりますがこの目的は「監査要点」と呼ばれます。内部監査に関する議論をする上で，最も厄介なのはこの点です。なぜなら，内部監査の目的が多岐にわたるため，ある内部監査において監査要点を特定して議論することが，必ずしも他の内部監査の目的と合致しないためです。

　以下では，財務報告の信頼性に関する内部監査の場合を念頭に置いて，その関連で監査要点を特定しますが，財務諸表の適正性に関連する監査要点としては，以下の六つが一般に掲げられます（財務報告の信頼性に関しない内部監査の場合には，下記の監査要点は，その目的に合致しません。他の監査要点については次項で扱います）。

図表 3-10-1：監査要点の例示

監査要点	意　　味	内容・例
実在性	資産及び負債が実際に存在し，取引や会計事象が実際に発生していること	事実に基づかない架空計上がないことを確かめること
網羅性	計上すべき資産，負債，取引や会計事象を全て記録していること	事実が網羅され記載漏れがないことを確かめること
権利と義務の帰属	計上されている資産に対する権利及び負債に関する義務が組織に帰属していること	担保提供による所有権の制約の有無や預り品等の返却の義務の有無等を確かめること
評価の妥当性	資産及び負債を適切な価額で計上していること	十分な評価損や引当金等の計上を確かめること

期間配分の適切性	取引や会計事象を適切な金額で記録し，収益及び費用を適切な期間に配分していること	当期計上すべきものの翌期繰延や翌期計上すべきものの当期繰上の有無を確かめること
表示の妥当性	取引や会計事象を適切に表示（開示）していること	注記の適切性・十分性，開示の明瞭性等を確かめること

以下では，上記の監査要点について一部を抽出して説明します。

①実在性と網羅性の相違

実在性とは架空計上の有無を検証することを目的とする一方で，網羅性は簿外処理（計上漏れ）の有無を検証することを目的としています。

例えば，取引の裏付けデータとなっている請求書や領収書等の証憑書類に基づいて，経費データが入力され，総勘定元帳等の帳簿書類として出力されている状況を想定した場合，実在性及び網羅性のそれぞれを立証するための監査手続は，以下のように異なることになります。

つまり，実在性を検証するためには，総勘定元帳等の帳簿書類に基づいて，その裏付けとなる証憑書類を調査します。証憑書類がなければ，架空計上（実在性の問題）が明らかになります。このように，帳簿上の記載に基づいて事実の有無を検証することを「遡及法」といい，実在性の検証に有用と

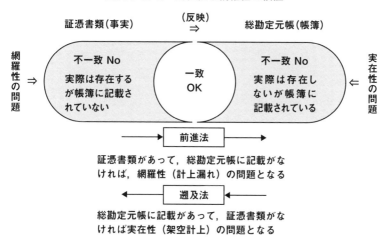

図表 3-10-2：実在性と網羅性の検証

されます。

　一方で，網羅性を検証するためには，証憑書類に基づいて，その入力結果としての帳簿上の記載の有無を調査します。帳簿上の記載がなければ，計上漏れ（網羅性の問題）が明らかになります。このように事実（ここでは証憑書類）に基づいて帳簿上の記載の有無を検証することを「前進法」といい，網羅性の検証に有用とされます。

　このようにいかなる監査要点を立証するかによって，いかなる証拠資料に対していかなる手法を採用するかが異なるため，立証する監査要点の適合性を考慮して実施する監査手続を計画・実施しなければなりません。

②実在性と評価の妥当性の相違

　実査や立会，確認といった監査手続の共通要素として，いずれも実在性や網羅性の検証に有用な場合が多い一方で，評価の妥当性の立証には限界があります。実在性と評価の妥当性とは明確に区別して監査手続を行うことが求められるのです。

　有形固定資産や棚卸資産，売上債権や貸付金等については，実査や立会，確認によって，その資産が存在していることを裏付ける証拠を入手することができます。

　しかし，それらの手続によっても，これらの資産の評価基準や評価方法を把握することは困難であり，また取得価額や時価，減価償却方法や減損の要否等，資産の評価に関する証拠を入手するには別の切り口での監査手続が必要とされます。つまり，実在性が確かめられたからといって評価の妥当性が明らかになったわけではないのです。

③実在性と権利と義務の帰属の相違

　「権利と義務の帰属」は，資産の権利や負債の義務が会社に帰属していること意味します。例えば，有形固定資産や棚卸資産といった現物が物理的に社内に実在していたとしても，その所有権が他者にあり，単に預かっているにすぎない場合には，当該資産に関する所有に係る権利はありません。そのため，「実在性」と「権利と義務の帰属」とは区別して議論されることが一般的です。これは実在性（Existence）と権利（Right(s)）とを分けて考慮す

ることを意味しています。同様に網羅性（Completeness）と義務（Obligation
(s)）とを区別することが必要な場合もあります。

④表示の妥当性と開示の意味

　表示・開示といった場合，日本語感的にはどちらも同じようなものと考え
て差し支えありませんが，英語として表記すれば，表示（Presentation）と
開示（Disclosure）とに区別されます。

　「表示」は，区分表示や科目名称，明瞭性や注記の妥当性といった技術的
な議論であるのに対して，「開示」は，経営者の姿勢や方針といったより根
本的な問題として捉えられます。表示に関するルールに従うことで表示の妥
当性を満たすことができますが，それは開示に係る経営者の姿勢の現れと捉
えることもできます。

（2）内部監査における他の監査要点

　内部監査では，その目的が財務諸表の適正性に限られず，企業の行う業務
に関連して多岐にわたります。そのため上記の例に限らず，多種の監査要
点を設定する必要があります。例えば，第9章で紹介した具体的な監査導入
例に関する監査要点を例示すると以下のようになります。

図表 3-10-3：具体的な監査要点の例

会社名	監査要点の例
㈱Aマーケット	・予算作成方針の適切性（どのように予算を作成するか，その方法が適切かどうか） ・予算作成のための態勢の十分性（適切な予算を作成できる人材，情報収集態勢等が十分か） ・予算内容の適切性（結果として作成された予算が適切か，非現実的な予算となっていないか） ・予算実績差異分析の適切性（予算と実績との比較が適切に行われ，それから経営課題を見いだしているか） ・人件費の改善状況の良否（業務が効率的に行われているか） ・売上増進策のモニタリングの有効性（売上増進策が適切に遂行されているか，またその効果の測定が適切か）etc.
㈱Bハウジング	・組織の実情把握状況の有効性（不良資産は適切に把握されているか）

	・資産の評価の妥当性（不良債権の回収可能性の検討が適切に行われているか） ・資産の実在性や負債の網羅性（架空の資産の有無や負債の計上漏れがないか） ・管理態勢の有効性（管理情報の特定，情報の伝達時期・方法，管理部署・責任者の特定，情報の更新の頻度等が定められ，そのルールに従って管理がなされているか）
C 機械工業㈱	・組織内の軋轢の解消方法の妥当性（軋轢の原因調査，情報の共有化，打ち合わせ等により問題が解決されているか） ・原材料の購買，保管状況の適切性（購買のタイミング，業者の選定方法，価格・為替動向の把握及びその比較方法，入庫・保管・出庫作業が適切に行われているか） ・為替リスクの回避方法の有効性（通貨スワップや為替予約の手法，リスクとそのヘッジ方法との整合性，残高管理等が適切か） ・原材料使用の効率性（原材料の標準使用量と実績との対比等による原材料の浪費の有無） ・環境基準の遵法性（環境汚染や廃棄物の処分に係る法令を遵守しているか）etc.

（3）内部監査における監査要点のまとめ

　上記（2）は各社の実情に応じたそれぞれの監査要点の例示ですが，これらを総括すると内部監査における監査要点は以下の三つに集約することもできます。

図表 3-10-4：監査要点の集約

準拠性	法律や方針及び手続等のルールに従っていること（またはそれらに反する疑いのないこと）を確かめること	関連する法令や方針及び手続等のルールに準拠しているか（又は逸脱の程度）が問題となる。
有効性	所定の目的が達成されていることを確かめること	目的の達成度合いが問題となる。
効率性	所定の目的が無駄なく達成されていることを確かめること	消費した資源の量が問題となる。

①準拠性

準拠性は「所定のルールに継続的に従っているかどうか」という形式的な問題ですが,「そのルールが適切か」という前提も重要な監査要点です。ルール自体が適切でなければ,そのルールに従っても意味がありませんし,そもそもルールが不要な場合も考えられるのです。

一般的に「準拠性」を検討する場合には,ある特定の業務プロセスを検討対象とすることを前提として,以下の順序を辿ります。

1) ルールの要否（そもそもルールが必要か）
2) ルールの有無（ルールが必要であれば,そのルールが存在するか）
3) ルールの適切性（そのルール自体が適切か）
4) そのルールへの準拠性（そのルールを組織内の人が理解し遵守しているか）

上記の検討を通じて,不要なルールをなくすこと,必要なルールを作成すること,ルールをより適切にすること,適切なルールを守らせることが達成されます。

②有効性と効率性

有効性と効率性は表裏一体の関係として考えられます。

例えば,有効性を重視すると,目的の達成を重視するあまり無駄な作業や浪費が生じ,効率性に問題が生じる場合があります。逆に効率性を重視すると,時間や費用を省くあまり目的の達成が危ぶまれ,有効性に問題が生じる場合もあります。

そのため有効性と効率性とは,それぞれ区別して判断されるのではなく,両者のバランスが考慮されながら,その達成状況が判断されます。

もちろん,②の有効性や効率性のために,①の準拠性の判断の基礎となる方針及び手続が定められている場合もありますから,必ずしも①と②を明確に区別できない場合もありますが,上記三つの視点を具体的に業務に当てはめることで,内部監査の監査要点をより容易に設定することができる場合がありますので参考にしてください。

監査証拠の十分性と適切性について
—証拠資料と不正との関連—

　監査手続は，監査証拠が「十分かつ適切である」と判断した場合に終了します。逆にいえば，十分かつ適切な監査証拠が入手されていない場合には，継続して監査手続を行うか，または「監査の結果，その適否（監査要点が成立するかどうか）は不明であった」と結論付けなければなりません。

　この監査証拠の十分性及び適切性の判断は，内部監査が適切に実施されたかどうかに関係し，特に監査証拠の素材となる証拠資料の質（信頼性や適合性）と量に関係する場合が多いようです。例えば不正の有無を調査する場合には，不正実行者が隠蔽工作を講じている可能性もあるため，一部の監査証拠（信頼性の乏しい証拠資料等）のみをもって「十分かつ適切」と判断してしまうと，監査判断を誤る場合があります。

　そこで以下では，証拠資料との関連で，不正に関連した監査証拠の十分性・適切性についての注意点を示します。

（1）証拠資料の分類方法

　証拠資料は監査手続の適用対象となる資料を意味し，監査証拠の素材となるものです。証拠資料を分類する意味は，監査手続の結果，形成される監査証拠の証明力（信頼性）を評価するのに有用であるためです。証拠資料の分類は，以下で示すように形態別・源泉別・機能別に区分することが一般的で，監査証拠が十分かどうかの判断に有用なことがあります。

　特に会社財産の横領等に代表される意図的な不正の有無を検証する場合には，内部監査人は以下の証拠資料の区分に留意しながら，他の信頼性の高い監査証拠を入手する必要性について，慎重に検討する必要があります。

①形態別分類

　形態別分類は，証拠資料を「物理的証拠資料」（現物で存在する証拠），

「文書的証拠資料」（書面で存在する証拠），「口頭的証拠資料」（証言），「状況的証拠資料」（状況証拠）に区分します。

　こうした区分により，その証拠を利用した結果，得られる監査人の心証の強度（換言すれば証拠の証明力）に影響を与えます。一般に物理的証拠資料＞文書的証拠資料＞口頭的証拠資料＞状況的証拠資料という順序で，証拠の証明力が評価されます。

　例えば，被監査部門の担当者に質問を行う場合，これをより確固たる証拠とするために口頭でなく，書面で回答を入手する場合があります。

　しかし，上記はあくまで一般論であって，時として口頭的証拠の方が証明力の高い場合もあります。例えば不正の有無を調査している過程で容疑者が自らの罪を認め，涙ながらに不正の実態を話し始めた場合には，その不正実行者の吐露こそ信憑性が高い場合もあるのです。一方で，不正の調査に際しては，状況証拠や口頭的証拠のみでは十分でないケースもあり，より強力な文書的証拠や物理的証拠についての検証が必須な場合もあります。この場合，手続実施上の制約を把握しつつ，証拠不十分なまま憶測で結論を導くことはあってはなりません。

②源泉別分類

　源泉別分類は，証拠資料を「内部証拠資料」「外部証拠資料」に区分します。何をもって内部と外部とに区分するかは議論のあるところですが，通常は被監査部門の支配の及ぶ範囲の中であれば「内部」，支配の及ぶ範囲の外であれば「外部」とします。

　こうした区分は上記①と同様に，その証拠を利用した結果，得られる監査人の心証の強度（証拠の証明力）に影響を与えます。外部証拠資料は，被監査部門によって改ざんされている可能性が低いですから，内部証拠資料よりも証明力（信頼性）が高いことになります。

　内部監査の場合には，通常は内部の関係資料に基づいて監査証拠を入手することが多いようですが，不正の有無の検証等，より強い監査証拠の入手が必要となる場合には，内部証拠だけでは不十分となるケースがあります。この場合には，得意先や仕入先等の取引先のしかるべき立場にある外部者に対して証拠資料の提供を依頼することが必要となる場合があります。

もちろん，不正実行者と外部の第三者とが通謀しており，その結果，不正の隠蔽工作が行われている場合には，こうした外部の第三者からの証拠資料が無意味となっている場合もあるので注意が必要です。

③機能別分類

　機能別分類は，証拠資料を「直接的証拠資料」「間接的証拠資料」に区分します。これは監査要点を立証する際に直接関連する証拠資料（密接な関連を有する証拠資料）か，間接的にしか関係しない証拠資料かによる区分です。基本的に重要な監査要点については，直接的な証拠資料が入手できない場合には，手続実施上の制約として「その適否が判断できない」と結論づけることになります。

　特に不正に関係する場合には，間接的な証拠がいくら数多く入手されたとしても，不正の発生や防止，発見のために直接関連する資料に対する監査手続を実施しない限り，得られた監査証拠が「十分かつ適切」と判断されることは稀であることに注意が必要です。

　不正は意図的に行われている以上，隠蔽工作を伴っていることが多く，直接的証拠資料は入手できないままに間接的証拠資料については「つじつまあわせ」がなされている結果，監査人が誤まって「問題ない」と判断してしまうことがあるのです。

(2) 監査証拠の十分性と適切性

　「監査証拠の十分性」は監査証拠の量的尺度であるのに対して，「監査証拠の適切性」は監査証拠の質的尺度であって，監査証拠の適合性と証明力に関連します。監査証拠の適合性は，ある監査要点との関連性により評価され，また監査証拠の証明力はその監査証拠の信頼性によって評価されます。

　例えば，監査要点との関連の高い監査証拠であり，しかも信頼性（証明力）の高い監査証拠であれば，質の高い証拠とされ，より少ない監査証拠でも十分と判断されることになります。逆に関連性の低い監査証拠であったり，信頼性（証明力）の低い監査証拠であれば，より多くの監査証拠が必要とされます。

監査人としては,「いかなる監査証拠を収集すれば十分かつ適切となるか？」を慎重に検討する必要があり，例えば不正実行者が隠蔽工作を講じている場合には，相対的に質の高い，しかも相当の量の監査が必要となることがあることに注意する必要があります。

なお，一般には証明力の高い監査証拠を入手するには相応のコストが必要となることが多く，また，得られる監査証拠の質が低ければ，いくら数多くの監査証拠を入手したとしても十分かつ適切と判断されないこともあるので注意を要します。

$\overline{3}$
監査プログラムの例

監査証拠の十分性・適切性を担保するためには，事前に監査プログラムを作成し，これを監査実施者に提示することが通常です。監査プログラムは具体的な監査手続をまとめたものです。具体的な監査プログラムを策定する際には，種々の状況を考慮する必要がありますから事前に十分な時間をとることが必要です。

監査プログラムの内容いかんによって監査の有効性が判定されるといっても過言ではありません。

以下では監査プログラムの例を示しますが，下記の「結果」「実施日」を記入して，具体的に実施した作業が記載されている監査調書の参照番号を「Ref.」（Reference の略）の欄に記入した上で，関連する監査調書が適切に整備されていれば，監査手続が十分に実施されたことになるわけです。

図表 3-10-5：購買に関する監査プログラムの例

監査手続 【購買に関する内部統制の有効性】	結　果			実施日	Ref.
	然	否	N/A		
（全般的事項） 購買の基本方針に基づき，仕入高について予算の設定とその統制が行われているか確かめる。					
購買手続に関する諸規程が作成されているか確かめる。					
組織図や職務分掌規程等を閲覧し，購買に関する各部署の権限と責任が定められているか確かめる。					
（発注手続） 発注に関する資料やデータを閲覧し，仕入先，購入価額等の購買条件について，購入担当部署の責任者の承認を得ているか確かめる。					
購入依頼書，見積書，契約書，注文台帳，注文書控・注文請書等の仕入に関する書類を閲覧し，それらが秩序整然と整理保管されているか確かめる。					
（検収） 検収報告書，検収不良報告書，納品書・送り状，返品伝票，返品に係る物品受領書等を閲覧し，それらが秩序整然と整理保管されているか確かめる。					
実際の検収状況を観察して，検収方法があらかじめ定められた検収規程に基づいて適切に行われているか確かめる。					
（仕入計上） 納品書や検収報告書等の仕入計上に関する資料を閲覧し，仕入計上基準に基づいて，仕入入力がなされているか確かめる。					
入力された仕入データは，注文書控，検収報告書等と照合され，数量，単価，金額の検証が行われているか確かめる。					
（支払） 仕入先からの請求書と仕入に関する資料とを照合し，支払に関する所定の責任者の承認を経ているか確かめる。					

注：N/A は，Not Applicable の略で「該当無し」を意味します。

図表 3-10-6：売上に関する監査プログラムの例

監査手続 【売上に関する監査手続】	結　果			実施日	Ref.
	然	否	N/A		
（全般的事項） 会社の採用する売上計上基準が組織の実状に適合しているかどうかを確かめる。					
売上計上基準の変更の要否，変更の有無，変更がある場合にはその理由等を調査する。					
下記事項を責任者に質問する ・業界の動向と会社の実績 ・主要な得意先の変更の有無 ・取扱品目，事業内容の変更の有無 ・販売条件の変更の有無 ・組織及び取扱手続の変更の有無					
売上に関する資料（注文書，出荷報告書，物品受領書，請求書控，価格表等）を閲覧し，それらが秩序整然と整理保管されていることを確かめる。					
（売掛金の残高に対する監査手続） 売掛金勘定の期末残高に関する明細書を入手し，計算調べを行って，元帳と突合する。					
販売部門別，得意先別の売掛金残高及び回転率の年次比較を行って，著しい変動がある場合はその理由を調査する。					
金額的に重要な得意先，異常な増減のある得意先等については期末日を基準日として残高確認を行う。					
売掛金の年齢調表（売上計上からの期間による区分）を入手して滞留状況を調査し，滞留債権についてはその原因を含め回収可能性を検討する。					
期末残高のその後の入金取引について，回収条件に従っているか確かめるとともに，預金や手形入金等の関連勘定の記帳の整合性を確かめる。					

（1）検出事項の種類

　内部監査手続の結果は，基本的に以下の三つに集約されます。

①監査手続の結果，問題がないことが判明した場合

　これは監査要点が肯定的に立証された場合です。「特に問題はない」との結論になります。

②監査手続の結果，問題があることが判明した場合

　これは監査要点が否定的に立証された場合です。ルール違反があったり，エラーがあったりして，コントロールが当初の想定したとおりに構築されていないことが明らかになった場合「問題あり」として，その改善が必要となります。

③監査手続の結果，問題の有無が判明しない場合

　これは監査要点が立証されない場合で，十分かつ適切な監査証拠が入手できないことを意味します。そのため，必要に応じて追加の監査手続を実施して，監査証拠の入手に努めることになりますが，定められた時間内で監査が終了しない場合には，「問題の有無は不明であった」と結論付けることになります。

　実務的に問題になりやすいのは，こうした手続が不十分な場合に，②の否定的に立証された問題と混同してしまうことがあることです。あくまで③は手続実施上の問題であって，②はルール違反やエラーが明確になっている問題であるので，両者は明確に区分する必要があるのです。

　逆に②として問題があることがハッキリしているにもかかわらず，それを明確に問題視することの抵抗感から③として扱うことも，問題があります。

　いずれにしても，上記①，②，③の区別を客観的に判断することが重要なのです。

（2）検出事項の重要性

　上記②の問題について，例えば照合や承認の不十分性，保存すべき資料の欠落，一致すべき数値が不一致のままに放置されている等のルール違反やエラーを発見した場合には，その原因や影響，修正を要するかどうか等，検出事項の内容を評価する必要があります。

　また，ルール違反やエラーについて，被監査部門の担当者の理解を得ておくことも重要です。

　被監査部門の担当者の理解を得ないままに検出事項として指摘すれば，被監査部門の担当者の抵抗を招き，内部監査担当者に反感を抱く可能性もあります。そのため，監査日程終了時に第5章で示したように講評や意見交換機会を行うことが通常です。

　なお，検出事項はリスクの高低に応じて，以下のように分類されることがあります。

〈検出事項の重要性〉

高リスク
　　組織の継続に影響を与える
　　重大な損害の発生可能性がある
　　監査対象部門の上位者による不正がある
　　必要な方針や手続が存在しない
　　方針及び手続からの逸脱が意図的に見過ごされている

中リスク
　　重大ではないが損害の発生可能性がある
　　監査対象部門の上位者による管理が不十分または不適切である
　　方針及び手続からの逸脱が散見される
　　方針や手続が適時に更新されていないか組織に浸透していない

低リスク
　　損害の発生可能性は低い
　　方針及び手続は更新されているが承認または承認過程の文書化が不十分である
　　方針及び手続からの逸脱が見られるが例外的である

5

監査結果の報告

　監査結果は，監査対象部門や経営者・取締役会・監査役等に報告されることが一般的ですが，必要に応じて重要事項のみに要約し，また一覧表としてまとめて報告する場合があります。

　以下では報告対象と報告内容に区別し，具体例も踏まえながら監査結果の報告について説明します。

（1）個別監査報告書の具体例

　個別監査報告書は，被監査部門及び経営者等に個々の内部監査の結果を通知する書面で，監査実施計画（個別監査計画）ごとに作成します。その名称も「監査結果通知書」や「監査報告書」等，その組織の実態に応じて作成すれば足り，明確に定められた様式があるわけではありません。

　なお，一般的な記載内容は以下のとおりです。

個別内部監査報告書

日付

宛先　××

回付先　○○

内部監査部門長　△△

・監査の目的（内部監査のテーマ・監査対象・監査要点等）

・実施概要（方法，範囲，期間，調査対象者，実施担当者等）

・結果総括（重要な問題や不備について簡潔にまとめる）

・結果詳細（上記重要な問題や不備に関する詳細な記述の他，実施結果を記載する）

・補足（特記事項等，上記に加えて，特に記載が必要と判断した事項を記載する）

　上記はあくまで一般的な記載の概要ですが，その具体的な内容を示すと以

下のとおりです。

監査結果通知書（監査報告書）

○年○月○日

宛先　○○店長（被監査部門）

回付先　Ａマーケット社長

内部監査室長　Ａ山　太郎

　先般実施した○○店の内部監査の結果について，下記のように通知いたします。今後，下記の検出事項についての措置回答書を○年○月○日までに提出するようお願い申し上げます。

1.　被監査部部門及び責任者　○○店長　Ｘ川　次郎

2.　監査責任者及び監査実施担当者　Ａ山　太郎　Ｂ川　三郎

3.　監査実施時期　○年○月○日〜○年○月○日

4.　監査実施場所　○○店事務所及び本社ビル5F（主に○○会議室を利用）

5.　監査実施目的　○○店の予算管理態勢の整備及び運用状況の浸透状況の検証

　　　　　　　　　○○店の人件費の改善状況の検証

　　　　　　　　　○○部の売上増進策のモニタリングの有効性の検証

6.　監査範囲　×1年の編成された○○店の予算執行状況

　　　　　　　同期間における予算及び実績との比較検討に関する資料

　　　　　　　○○店の人員表及び店舗別の人員配置表

　　　　　　　売上増進策の一覧表と顧客数，日別1人当たり購買額一覧表，目玉商品売上実績表等の売上管理資料，現金過不足一覧表等

7.　監査手続の概要

　上記の時期，場所，目的，範囲について，店長及び店員に対するインタビュー，関連書類の閲覧，店舗内の観察等により監査を行った。なお，監査手続の実施に際しては，予算編成方針を含む社内の管理規程に準拠しているかどうかについて検討を行った。

8.　監査結果の総括

　予算の編成方法や予算実績差異の分析，人件費の縮小・改善や売上増進策のモニタリング等に関連して，重大な問題は認められなかったが，一部，店舗内の情報の伝達に不備があり，改善を要する箇所（下記9（4）参照）がある。

9．監査結果の詳細

（1）○○店の概要

　○○部は店長Ｘ川を筆頭に別紙のとおりの組織で店舗運営を行っている。本店舗は3年前に開設され，去年秋に××マンションの分譲販売により，市場が大きく拡大している状況にある。一方で，現状，ライバル店の△△の開店準備が進んでおり，今後の販売競争が激しくなる状況にある。…

（2）○○店の主要業務の概要

　店長のＸ川は経験も人望もあり，青果部門や精肉，鮮魚，加工総菜等の種々の部門との連携にも問題はないが，繁忙時間におけるレジの対応が不十分であり顧客の苦情が増加傾向ある。…

（3）○○店の業績の推移

　×1年以降，業績は堅調に推移しており，店舗別の損益の上位を占めているが，酒飲料部門の業績が社内平均を大幅に下回っている。これは去年末に実施した棚卸の差異に多額の棚卸減耗が発覚し，これを○○店の酒飲料部門の業績に反映したためである（詳細は××参照）。…

（4）その他，留意すべき事項

　売上増進のために目玉商品として陳列するはずの商品について，品出しの時間が間に合わず，一部広告内容と販売内容とがずれてしまい，顧客の苦情の原因となっている。これは担当のパート（Ｅ本さん）が体調不良のため休み，その電話連絡を受けたアルバイト（Ｆ坂さん）のＣ川店長への告知が遅れたためである。この点については，下記10．で示すように改善を要する。

10．指摘及び提言

　人員配置表について就業予定の人員数と列挙された氏名の人員数に不整合があり，人員配置表の作成が不十分な箇所がある。特に繁忙時期における人員は十分に確保する必要があり，パート及びアルバイトの予定が変更された場合には，適時に補充できるように対応する必要がある。なお，店舗内で対応ができない場合には，本社に連絡し，他店に応援を依頼するよう，弾力的な対応も必要である。

　品出しの時間は開店前のミーティングでの告示することとなっており，担当者以外の者も品出しの時間は把握していたはずである。にもかかわらず，担当者が休んだのみで品出作業が遅れたのは，店長の指示が不十分であったと考えられる。…

（2）個別監査報告書の記載事項について

（監査報告の宛先）

　内部監査の実務では，監査報告の宛先のほとんどは「経営者」「取締役会」「理事会」です。また，組織によっては，常務会等の一定の経営陣とする場合や監査役・監事を対象とする場合もありますが，そうした組織の上層部に対しては，必要に応じて監査報告の写しを配布するケースもあります。報告の相手先は，内部監査の目的を意味付ける重要な要素ですから，監査の基本方針として組織の内実に応じて決定しておく必要があります。

（監査報告の内容）

　内部監査の結果は報告書としてまとめられますが，具体的には「要約報告書」と「詳細報告書」の両方を作成するケースが多いようです。重要なことは，いかなる監査手続を実施したか，またその結果はどうだったか，ということが簡潔明瞭に記載されていることです。上記の例は調査結果を詳細に記載していますので，「詳細報告書」に該当しますが，一般には被監査部門には詳細な報告書を提出し，経営陣や監査役等の上層部にはその要約版を提出することが多いようです。いずれにしても，社内で監査報告の様式を定めることが必要でしょう。

　また，単に問題点のみを記述するのではなく，改善勧告の内容を記載することも考えられます。重要なことは，監査報告は監査の目的と密接に関連しており，「何のために監査を行っているのか」ということと「いかなる監査報告を行うのか」ということとは密接に関連していることです。

（監査報告の時期）

　監査報告は個々の監査業務の終了ごとに行うことが一般的です。しかし，監査の内容によっては一定期間経過後に総括して報告する方が目的に合致する場合もあります。

　特に緊急を要する重要な経営課題が発見されない限りは，上記例のような詳細な監査結果を逐一報告せずに，ある一定期間（例えば3ヶ月ごと，半年ごと，1年ごと）の監査対象及び監査結果の概要を総括して報告することも少なくないようです。

（指摘事項）

　監査報告書には，被監査部門の監査の結果として，「問題の有無」が明記されます。問題があれば「指摘事項」として監査報告に記載されます。指摘事項の内容は監査の目的に応じて種々が考えられますが，内部監査人は，「結果としての問題点」を示すことを主眼とします（必要に応じて，その原因や再発防止策について言及することが適切な場合があります）。

　というのも，内部監査人はあくまで監査対象業務から独立した者が行うため，「ルールに従っていない」という問題点は識別できても，その原因や改善策については各部門内部で検討した方が実効性の高い，または効率的な改善方法が見いだされることがあるためです。この場合，監査報告書には，問題点とその弊害だけが端的に示され，その改善方法については，被監査部門が作成する次の是正・改善報告書に記載されることになります。

（3）是正・改善報告書の具体例について

　是正・改善報告書は，被監査部門が監査報告書や監査結果通知書に記載されている指摘及び提言に対して，どのような是正措置を講ずるか，またその結果，改善されたかどうかを明らかにする書類です。その具体的な内容は，監査報告書や監査結果通知書に記載された指摘事項及び提言によって，例えば以下のようになります。

是正・改善報告書

日付

内部監査室長　　Ａ山　太郎
（またはＡマーケット社長；経営陣）

○○店長（被監査部門）

・監査の目的（内部監査のテーマ・監査対象・監査要点等）
・実施概要（方法，範囲，期間，調査対象者，実施担当者等）
・指摘事項の総括（監査報告書で指摘された事項を適宜要約して記載する）
（1）人員配置表について
…

（2）品出しのタイミングについて

…

・是正措置の詳細

　先般実施した○○店の内部監査の結果として指摘された上記事項について，下記のとおり是正措置を講ずる予定です。

（1）人員配置表について

　就業予定の人員数と列挙された氏名の数に不整合が生じたのは，その記入を各売り場担当者に委ね，店長の監視が不十分であったためです。また，各担当者の氏名の記入が乱雑であるため，予定人員との数値の不整合を適時に把握できなかったことも問題です。今後，人員配置表は，時間別に一覧性のある表形式とすることで，予定された人員に不足が生じている場合には，直ちに明らかになるように記載様式を改めることとします。また，各売り場担当者が記入する制限時間を定め，店長が決められた時間に人員配置表を確認することとします。また，必要に応じて他店に応援を依頼することも適時に判断します。

　（2）品出しのタイミングについて

　体調不良で急遽休んだパートは優秀な人材で，店長も含め，他のパートやアルバイトも今回休んだパートに依拠して業務を行っていました。もとより，今回の品出し遅れの問題は，そのパートの休養に係る連絡を受けたアルバイドが適時に店長に報告する必要があったことは当然としても，他のパートやアルバイトも品出しの時間が過ぎているとの認識を持っていた以上，彼らもまた気がついた時点で店長に報告する必要があったと考えられます。

　今後は，休養の連絡を受けた者は直ちに店長他，管理者に報告することを徹底するだけでなく，何か異常が認められた場合には，他の者に相談するよう心がける必要があると考えます。

　　…

（4）フォローアップ報告書

　内部監査では，監査の結果指摘した事項について，それが被監査部門において是正・改善されているかどうかをフォローアップすることが求められることがあります。これは上記の（3）是正・改善報告書に基づいて，その是正・改善状況を確認する形で実施される場合もあれば，（3）の報告書がない

ままに（1）の個別監査報告書における指摘事項が是正・改善されているかどうかを確かめる形で実施される場合もあります。

　いずれにしても，内部監査で指摘された問題点が放置されていないかどうかを確かめることがフォローアップの目的であり，その結果をまとめた報告書がフォローアップ報告書です。以下，その例を示します。

フォローアップ監査報告書

日付

宛先　××
回付先　○○

内部監査部門長　△△

・監査の目的（内部監査のテーマ・監査対象・監査要点等）
・実施概要（方法，範囲，期間，調査対象者，実施担当者等）
・指摘事項の総括（監査報告書で指摘された事項を適宜要約して記載する）
・是正措置の総括（是正・改善報告書で示された事項を適宜要約して記載する）
（1）人員配置表について
…
（2）品出しのタイミングについて
…
・フォローアップの結果
　先般実施した○○店の内部監査の結果として指摘された上記事項について，下記のとおりフォローアップ監査を行ったので，その結果を報告します。
（1）人員配置表について
　人員配置表は，時間別に一覧性のある表形式とされ，これが浸透しています。なお，他店舗で同様の問題が生じないように，この人員配置表は全店舗共通様式とすることにします。記入に関する制限時間や，店長の人員配置表の確認時間も，当該表にそれぞれの時間が記入され，運用されていることが確かめられました（なお，他店舗からの応援に関する事実はありませんでした）。
（2）品出しのタイミングについて
　前回の指摘以降，同様の問題は発生していませんが，前回の調査後，パートやアルバイトが急用で休むケースは散見されました。その場合，全てのケースで店長が直接，連絡を受けていることを確かめました。その際，携帯

電話等の通信機器を利用し，状況によっては電話でなく，メールによりコミュニケーションが行われていましたが，特に問題は認められませんでした。

（5）年次内部監査報告書

内部監査の活動は年次で区切られていることが一般的であり，その実施状況を年間で総括する報告書を作成することが求められる場合があります。それが「年次内部監査報告書」です。この様式も特に決まりがあるわけではないのですが，一般的には上記の個別内部監査報告書を総括し，また是正状況やフォローアップ状況を加える形式とした方が一覧性が高まります。

この年次の報告書は個別の被監査部門に提出されるための書面ではなく，経営者等の内部監査部門が適切に業務を遂行しているかどうかを管理する側に提出する書類として位置付けられます。

例えば以下のような形式が考えられます。

年次内部監査報告書

〇年〇月〇日

宛先　Aマーケット社長
（回付先　取締役会・監査役会）

内部監査室長　A山　太郎

平成〇年度の内部監査の実施状況について，下記のように報告いたします。

被監査部門	実施時期	監査実施目的	重要問題	是正状況
A店	〇年〇月	・予算管理態勢の整備及び運用状況の浸透状況の検証 ・人件費の改善状況の検証 ・売上増進策のモニタリングの有効性の検証	あり 下記※参照	あり 下記※参照
B店	〇年〇月	同上	なし	－
C店	〇年〇月	同上	なし	－

211

課題研究

1. 販売取引や購買取引といった具体的な業務プロセスを想定し，いかなる
   コントロールがあるかを検討した場合にどのような資料が入手できるか
   考えてみましょう。

2. 監査証拠は①立証目的（監査要点），②証拠資料，③監査手続からなり
   ますが，例えば売掛金の実在性や借入金の網羅性といった①立証目的
   （監査要点）について，どのような②証拠資料に対して，いかなる③監
   査手続が必要となるか，考えてみましょう。

3. 準拠性の検討に際しては，①ルールの有無（要否），②ルールの適切
   性，③ルールの準拠性が問題となりますが，それぞれを調査する際に必
   要となる資料等の情報や質問対象者等，その調査手順を考えてみましょ
   う。

4. 現金残高が帳簿と一致していない場合等，一致するはずの複数の数値や
   金額が一致していない場合を想定して，どのような不正が発生している
   可能性があるか考えましょう。

5. 監査の結果発見された不祥事について，組織内のいかなる立場の者を報
   告対象とするか，を考えましょう。

6. ある不祥事が発覚した場合，具体的に監査報告書や是正・改善報告書，
   フォローアップ報告書上でどのような記載が必要になるか考えましょ
   う。

第**11**章

業務プロセス別の内部監査の例

---本章で学ぶこと---

　内部監査の主たる目的は，内部統制の整備及び運用状況をモニタリングすることですが，本章では，一般的な事業会社における内部統制を例示します。内部統制の内容は会社によって様々ですが，ここでは典型的な例として，販売管理業務プロセス，購買管理業務プロセス，在庫管理プロセスを示します。また金融機関等における信用事業にも着目し，金融検査マニュアルにおける債務者区分や債権分類，金融機関における不祥事についても示します。本章を通じて，業務プロセス別の内部監査の具体例を把握してください。

1
業務プロセス別の内部統制

　既述のとおり，内部統制を理解するためには，「目的」「リスク」「コントロール」の関連に着目する必要があります。「リスク」の顕在化を防止・発見する仕組みを「コントロール」と呼び，内部監査の役割はそのコントロー

ルが有効かどうかを確かめることです。以下では，業務プロセス別に「目
的」「リスク」「コントロール」を例示します。

図表 3-11-1：各業務プロセスにおけるリスク・コントロールの例

各業務プロセス	目　　的	リスク	コントロール
①販売管理業務プロセス	売上記帳の信頼性	架空売上の可能性	注文書に基づいて出荷する。出荷に基づいて売上記帳する。
②購買管理業務プロセス	資産の保全法規の遵守	購買業者との癒着に基づく架空・過大請求の可能性	複数業者の見積りをとる。稟議制度を採用する。担当者の定期的なローテーションを行う。
③給与支給プロセス	資産の保全	水増し支給の可能性	支給一覧表と組織図・従業員名簿とを照合する。

　上記の「目的」「リスク」「コントロール」について，内部監査がモニタリ
ングする場合には，それぞれ以下の監査手続を行うことが考えられます。

図表 3-11-2：監査手続の例

No.	監　査　手　続
①	出荷作業現場を観察するとともに，注文書に基づいて出荷しているか確かめる。出荷の事実を示す書類（出荷報告書等）と売上伝票を照合して，出荷に基づいて売上記帳しているかどうかを確かめる。
②	購買担当者に対する質問や関連資料を閲覧して相見積り状況や稟議の実施状況を確かめる。定期的なローテーションが行われているかどうかを確かめる。また発注が特定の業者に偏っている場合には，その理由や金額の合理性を検討する。
③	支給一覧表と組織図・従業員名簿とが照合されていることを確かめる。1人当たり給与の分析による監視，入退社人員表・社員名簿等との照合により幽霊社員の有無の調査，残業時間等との整合性による水増し請求の有無を調査する。

　このように内部監査は「コントロールが本当に行われているか」という視
点で実施されます。そのため，内部監査の具体的な作業は内部統制の理解に
基づいています。また，具体的な内部監査業務を把握するには，なるべく具
体的な業務プロセスの事例を踏まえた方がよいでしょう。上記の例はあくま

で部分的なものにすぎませんが，以下では，リスクとコントロール並びに内部監査との関連を意識しながら，種々の業務プロセスに係る内部監査について例示します。

　なお，リスクとコントロールとの検討は，監査対象となる部門における業務ごとに両者の関係を見いだしていく細かい作業です。通常は，業務記述書やフローチャート等との関連付けを行いながら作業しますが，以下では主要な業務プロセスに着目した比較的単純な例を紹介します。

（1）販売管理に関する内部統制の例

　一般に「売上」は組織を運営する上で最も重要な要素であって，そのため「販売管理」はいかなる組織でも重視されています。そこで販売管理に関する内部監査を行うためには，まず販売管理に関する「リスク」を洗い出して識別する必要があります。仮に「正確な販売関連データの集計」を「目的」とした場合の「リスク」には以下が該当するでしょう。

図表 3-11-3：販売管理に関するリスクの例

No.	リスク	目的との関連※
1	架空計上	実在しない売上が計上される
2	計上時期の相違	未出荷のまま売上が計上される
3	計上漏れ	計上されるべき売上が計上されない
4	不正確な計上	相手先・金額・品目を誤って計上する
5	不良債権の発生	長期滞留債権が発生し，その評価を誤まる
6	回収資金の横領	従業員による回収資金の横領により架空債権が生じる
7	売上データの被災	システムの被災により売上データが使用不可となる

注：※「リスク」はあくまで「目的非達成の可能性」として位置付けられますから，的外れなリスクの設定を防止するために「目的との関連」に注意しながらリスクを洗い出すことが重要です。

　なお，内部統制の種類によっては，様々想定されるリスクのうち典型的なリスク（下記の３点セットの例で示すような監査要点としての「実在性」や

「網羅性」等）に当てはめて分類することが有用な場合もあります。

　上記のリスクを特定した上で，下記のリスク・コントロール・マトリクス（RCM）を作成します。上記のリスク No. と関連付けながら，いかなるコントロールが必要か，また実際に行われているかを記入します。この場合，一つのリスクに対して複数のコントロールが機能する場合もあれば，一つのコントロールが複数のリスクの低減に有用な場合もあります。

　実務的には「実際に業務プロセスに組み込まれているコントロール」を記載した上で，そのコントロールの十分性やリスクとの関連で無用なコントロールがないかどうかを検討することが多いようですが，この場合，既に存在するコントロールを前提とするため，「より有効なコントロール」を模索する姿勢が乏しくなることがあります。

　より有効な内部統制の構築のためには，「コントロールとして何が行われているか」という現実を直視するだけではなく「リスク低減のためにいかなるコントロールが必要か」「より有効なコントロールはないか」という既存のコントロールを前提としない発想が重要でしょう。

図表 3-11-4：販売管理に関する RCM の例

コントロール	リスク No.							証拠資料	監査手続
	1	2	3	4	5	6	7		
初めての顧客の受注時は信用調査を行い，与信限度を設定する。	○				○			与信調査関連資料 与信限度一覧表	質問，関連資料の閲覧
与信限度を越えた売上入力は販売部長の承認を要する。					○			承認の有無を示す資料	質問，関連資料の閲覧，観察，再実施
得意先からの注文書に基づいて出荷作業を行う。	○		○					注文書綴り，出荷報告書	観察，照合
出荷の事実と照合された出荷報告書と売上伝票と照合する。	○	○	○	○				出荷報告書，売上伝票	閲覧，観察，再実施
得意先から入手した物品受領書と売上伝票の得意	○	○	○	○				物品受領書，売上伝票	照合

先，売上計上日，売上品目等との整合性を確かめる。								
得意先に確認状を発送し債権金額の妥当性を確かめる	○	○		○		○	確認先一覧表，回収した確認状	閲覧
定期的にデータをバックアップする						○	データ転送履歴	閲覧，質問

　上記表の「リスク No.」は図表 3-11-3 と関連付けられています。

　リスクとコントロールを関連付けたのち，関連する「証拠資料」と「監査手続」を記入します。これにより内部監査人がいかなる証拠資料を入手して，いかなる監査手続を実施するかが明らかになります。さらに列を追加して，監査手続実施上の留意点や監査手続の結果が記載された監査調書との関連を記入するような体裁としてもよいでしょう。

参考1 ── 販売プロセスに係る3点セットと内部監査の例

　業務プロセスの「見える化」のために，フローチャート，業務記述書，RCM（リスク・コントロール・マトリクス）の三つ書類（3点セット）を作成することがあります。上場企業で行われている内部統制監査においても必ずしも全ての業務にこの3点セットが必須とされているわけではありませんが，業務プロセス内に含まれるリスクの識別とコントロールの十分性を評価する上では有用な資料となります。

　以下に，参考のために販売取引に係る一般的な3点セットの例の図表を示します。

図表 3-11-5：販売取引に係る 3 点セットの例

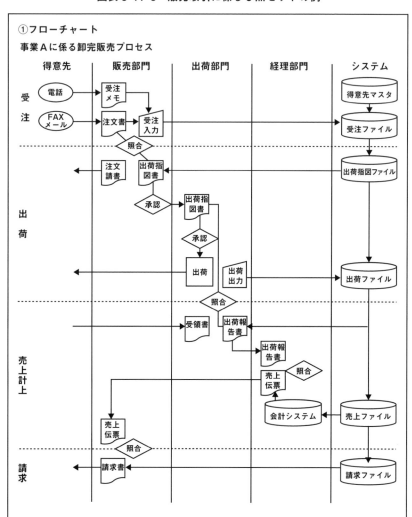

① フローチャート

事業Aに係る卸完販売プロセス

| 得意先 | 販売部門 | 出荷部門 | 経理部門 | システム |

受注・出荷・売上計上・請求の各段階を示すフローチャート（得意先マスタ、受注ファイル、出荷指図ファイル、出荷ファイル、売上ファイル、請求ファイル、会計システム等を含む）

② 業務記述書

1. 受注

(1) 電話による注文の場合は，販売担当者が受注メモを作成する。

(2) 販売管理システムの受注入力は，得意先マスタに登録されている得意先の注文のみ入力することができる。

(3) 受注入力後，販売管理システムから出荷指図書及び注文請書が出力され，受注メモまたは注文書と照合された後，販売責任者の承認が行われる。

第3部　内部監査の実務

218

(4) 出荷指図書は受注メモまたは注文書を添付して出荷部門へ回付する。

2. 出荷

(1) 出荷担当者は，出荷責任者の承認を受けた後，出荷指図書に基づき商品の出荷をする。

⋮

3. 売上計上

(1) 出荷入力された出荷データは，売上データへ変換される。売上データは，会計システムへ転送され，売上伝票が出力される。

⋮

4. 請求

(1) 出力された請求書は販売担当者へ回付され，販売担当者は売上伝票と照合する。

⋮

③リスク・コントロール・マトリクス

業務	リスクの内容	コントロール	要件					評価	評価内容
			実在性	網羅性	権利と義務の帰属	評価の妥当性	期間配分の適切性	表示の妥当性		

業務	リスクの内容	コントロール	実在性	網羅性	権利と義務の帰属	評価の妥当性	期間配分の適切性	表示の妥当性	評価	評価内容
受注	受注入力の金額を誤る	注文請書，出荷指図書は，販売部門の入力担当者により注文書と照合される。全ての注文書と出荷指図書は，販売責任者の承認を受けている	○	○				○	—	
受注	与信限度額を超過した受注を受ける	受注入力は，得意先の登録条件に適合した注文のみ入力できる				○		○	—	
出荷	出荷依頼より少ない数量を発送する	出荷部門の担当者により出荷指図書と商品が一致しているか確認される	○		○			△	不規則的な出荷に担当者が対応できなかった。	

219

出荷	出荷指図書の日程どおりに商品が出荷されない	出荷指図書の日付と出荷報告書の日付が照合される				○		○
	：							

出所；「財務報告に係る内部統制の評価及び監査に関する実施基準」企業会計審議会

(2) 販売プロセスに係る内部監査の例

　内部監査の実施に当たっては，種々あるコントロールの有効性を全て調査するよりも，その中で，特に監査要点と密接に関連する統制（統制上の要点：キー・コントロール）を選定し，その有効性を調査する方が効率的です。

　例えば，上記の3点セットを前提とすれば，以下に焦点を絞って，内部統制の有効性を検討することが考えられます。

図表 3-11-6：販売プロセスに係る監査手続の例

内部監査において実施する監査手続	実施に当たっての留意点
・コントロールの実施者が自らの役割と責任，コントロールの内容，リスクとの対応を把握しているか質問する。 ・出荷指図書について，得意先の押印のある注文書及び注文請書，販売部門の部門長の承認印の有無を検証する。 ・出荷部門における出荷現場を観察し，出荷報告書と受領書，出荷指図書との照合状況を検証する。 ・出荷報告書と売上伝票との照合状況を検証する。 ・上記関係書類が相互参照が可能な状況で保管されているか確かめる。	・架空の売上が計上されていないか（注文書や注文請書のない売上がないか） ・売上の計上漏れがないか（既出荷で売上未計上はないか） ・売上高が適切な金額で計上されているか（売上計上額に誤りがないか） ・売掛金の滞留が生じる要因はないか（不良債権は発生していないか） ・売上の計上時期は適切か（売上の繰上・繰延はないか）

（3）購買プロセスに係る内部統制の例

次に，購買管理及び在庫管理に関する内部統制の例を掲げます。

購買管理プロセスは，販売管理と表裏一体の関係にあり，上記の販売取引に準じてリスクを洗い出すと，例えば以下のリスクが識別されます。

図表 3-11-7：購買管理に係るリスクの例

No.	リスク	目的との関連
1	架空計上	実在しない仕入が計上される
2	計上時期の相違	未検収のまま仕入が計上される
3	計上漏れ	計上されるべき仕入が計上されない
4	不正確な計上	仕入先・金額・品目を誤って計上する
5	長期未納品の発生	発注したが納品がされない状況が放置される
6	支払遅延の発生	納品されたが支払がされない
7	仕入データの被災	システムの被災により仕入データが使用不可となる

上記のリスクに対して，同様にコントロールや証拠資料，監査手続を簡単に示すと以下のようになります。なお，紙面の関係上購買プロセスに係るフローチャート図は割愛しています。

図表 3-11-8：購買管理に関する RCM の例

コントロール	リスク No.							証拠資料	監査手続
	1	2	3	4	5	6	7		
仕入先からの納品書及び納品物の検収に基づいて入庫作業を行う。	○			○				請求書，納品書	閲覧，観察
検収の事実と照合された納品書と仕入伝票と照合する。	○	○	○	○				納品書，仕入伝票	閲覧，観察
発注残リストを作成し未検収の発注について原因究明する。					○			発注残リスト，検収一覧表	照合，質問

| 支払予定一覧表を作成し，適切な承認のもとに適時に支払がなされていることを確かめる。 | | | | | | ○ | | 支払一覧予定表，支払の事実を示す資料 | 閲覧，照合 |
| 定期的にデータをバックアップする。 | | | | | | | ○ | データ転送履歴 | 閲覧，質問 |

上記の「リスク No.」は図表 3-11-7 と関連付けられています。

(4) 在庫管理プロセスに係る内部統制の例

在庫管理は取り扱う在庫の種別によっても異なりますが，一般に上記の販売取引や購買取引という主要な業務サイクルと密接に関連し，また金額的重要性が伴う場合も多く，さらに在庫の水増しによる不正な財務報告や，在庫の横流しといった不正の発生可能性等から，重要な業務プロセスとして位置付けられます。

在庫に関する一般的なリスクとコントロールは以下のとおりです。なお，購買プロセスと同様，在庫管理プロセスに係るフローチャート図は割愛しています。

図表 3-11-9：在庫管理に関するリスクの例

No.	リスク	目的との関連
1	架空計上	実在しない在庫が計上される
2	計上時期の相違	未検収のまま在庫計上，出荷済も在庫計上
3	計上漏れ	計上されるべき在庫が計上されない
4	不正確な計上	金額・品目・数量を誤る
5	長期滞留在庫	陳腐化，死蔵，使用不可の棚卸資産となる
6	在庫の横流し	在庫の盗難，横領が発生する
7	在庫データの被災	システムの被災により仕入データが使用不可となる

図表 3-11-10：在庫管理に関する RCM の例

コントロール	リスク No.							証拠資料の入手	必要な手続
	1	2	3	4	5	6	7		
検収作業に基づいて入庫処理を行う。	○	○						納品書	閲覧，観察
在庫の入出庫記録について，納品書や売上伝票を照合する。	○	○	○	○				納品書，売上伝票	閲覧
年齢調べを行い使用可能性について検討する。					○			長期滞留在庫一覧表	閲覧，質問
定期的に在庫の棚卸しを行う。	○		○			○		棚卸し関連資料	閲覧，照合
定期的にデータをバックアップする。							○	データ転送履歴	閲覧，質問

上記の「リスク No.」は図表 3-11-9 と関連付けられています。

$$\overline{2}$$
主要な資産管理に係る内部監査の例

（1）現金・預金管理に係る監査

　現金・預金は不正の対象になりやすく，また頻繁に出納がなされる場合には意図的ではなくとも帳簿と実際残高に相違が生じやすいものです。また，特定の担当者に長期間，現金・預金を担当させる場合には，帳簿と実際残高に相違が生じても誰も監視していないと，現金・預金の横領の機会を与えるとともに，その不正が長期間，発覚しないことが想定されます。

　このような特徴から，中小規模の組織であったとしても，社長自ら又はその信頼を得た役職者が現金・預金を管理していることが多く，仮にそうでなくとも不正発生のリスクに対応するため，相応の内部統制を構築しているケースが多いようです。

一般に現金・預金に関する内部統制を構築する上での勘所は図表 3-11-11 のとおりです。内部監査の実施に際しては，想定されるリスクに対してコントロールが十分かどうかを検討することになります。

図表 3-11-11：現金・預金管理に係るリスクとコントロールの例

想定されるリスク	防止・発見のためのコントロール
A；手許現金の使い込み B；得意先から回収した資金の横領 C；費用の架空計上を伴う資金の使込み	A'；多額の現金の保有を禁止する B'；現金回収の禁止（得意先への振込依頼） C'；記帳と出納の担当者の分掌
D；一般的なコントロール ①現金の実際有高と帳簿残高を定期的に検証する（金種表を作成し，担当者の押印・責任者の査閲を必要とする） ②現金の金庫保管，鍵の適切な管理 ③銀行預金残高と預金勘定の定期的な検証，残高証明書の入手・照合	

　上記は現金に関わる不正を網羅的に扱ったものではなく，あくまで現金に関わる不正の典型的な事例及びそれに対する内部統制（コントロール）の例に過ぎません。

　Aについて，必要最低限の現金保有に留めることが不正の抑止策となります。

　例えば，経費精算のための小口現金の保有額を一定額とする定額前渡制度（インプレストシステム）という方法を採用することがあります。これは手許現金の有高と，経費に係る領収書等の出金に係る証憑とを合算した金額が常に一定額となる管理方法であり，これにより手許現金の管理の効率化が図れます。

　また，現金出納帳の残高の推移と預金から現金への払い出しのタイミングを検討する方法もあります。これは現金出納帳の残高が多額にあるにもかかわらず，預金から現金を払い出している場合等の異常な出金の有無などを検討することにより，不規則な現金使用の有無を明らかにすることを目的としています。

　Bについて，現金を手元に置く機会を極力減らすことが不正の抑止策となります。

企業間における信用取引では，ほとんどの場合，合意された支払いサイト（例；末締め／翌末払い）で振込（又は手形等）により決済されていますが，宝飾品や車両，不動産や食料品等の特定の業種では，慣行によって現金による決済が行われているケースもあります。このような多額の現金を取り扱う場合には，たとえ普段は仮に真面目な従業員であったとしても多額の現金を目の当たりにして魔が指すことが容易に想定されるのです。

　Cについて，例えば領収書の経費精算における現金出納担当者と，その経費入力担当者が同一人物である場合，その者は会社の業務に関連しない領収書であっても，経費計上を仮装して会社の現金を詐取することが可能となります。極端な場合には，領収書等の証憑書類がない場合であっても，架空の経費を入力してその支出を仮装した資金を横領することも考えられます。こうした不正を牽制するためには，記帳業務と出納業務を分掌するというコントロールが必要となります。

　D①について，現金出納の頻度にもよりますが，一般的には日次で，現金の実際有高と帳簿残高とを照合して検証するケースが多いと思われます。この場合，「1万円○枚，5千円○枚，…，1円玉○枚」というように金種表を作成し，日付とともに作成者の押印（又はサイン。以下同じ）と責任者の押印を必要とすることが通常です。この際，実際有高と帳簿残高とに差異があれば，責任者に報告し，所定の承認手続を経た上で，「現金過不足」等により会計処理することが必要です。こうしたプロセスを定めていないと，長期にわたり現金過不足が調整されずに放置される事態を招いてしまいます。

　またD②について，日常的な現金の出納は手提げ金庫で行うとしても，それを大型金庫に保管するとともに，それらの金庫の鍵についても適切に管理することと必要となります。

　さらにD③について，預金の出納記録についても，現金の出納記録と同様に日次で処理されているケースが多く，普通預金や当座預金に係る銀行側の記録と，企業側の入出金の記録とは常時，照合されることが必要です。加えて月次で（又は少なくとも半年か年に一度），銀行の預金残高証明書を入手して，企業の帳簿残高と照合し，差異があればその原因を調整しておくことが一般的です。

なお，預金については通帳や印鑑の保管や使用に関するルールを明確にするとともに，ファームバンキングを利用している場合にはそのアクセス（権限やパスワード等）に係るルールについても明確にする必要があります。

────Column────
内部監査の実施について（抜き打ちか否か）

　内部監査の実施に際しては，被監査部門の協力が必須ですから，被監査部門への予告をしてから監査を実施することが一般的です。前掲の監査白書（2017 年；一般社団法人日本内部監査協会）においても，予告して内部監査を行う会社が 93.7 ％でありほとんどの会社が該当します。一方で，予告しない会社（6.3%）では，以下を理由としています。
・事実や証拠の隠蔽防止のため
・現物実査が必要なため
・被監査部門に緊張感を持たせるため
・不正に関する監査を実施するため
　確かに「ありのままの姿」を検証するためには抜き打ち（無予告）で行うことが必要となりますが，その結果，被監査部門の日常業務に支障を来すようであれば問題です。そのため，抜き打ちで監査を実施するのは不正の発生が想定される場合等，特殊事情がある場合に限られると思われます。

（2）売掛金に対する監査

　売上高は業績の動向を示す最も注目度の高い勘定科目ですから，操作の対象になりやすく，また頻繁に取引がなされることから，一般に誤りが生じやすい勘定科目とされます。

　そのため，既述のとおり販売プロセスについては，架空売上の可能性に配慮し，例えば出荷の事実に基づいて売上計上する等のコントロールが構築されているケースがほとんどですし，監査上はそうしたコントロールの有効性を評価の対象とすることが通常です。

　仮に，小売りや飲食店のように現金販売を基本とする場合には売掛金は計上されませんが，信用販売の場合，例えば「月末締め翌月末の支払い」のサ

イトであれば，当月末に計上された売掛金は，翌月末の得意先からの入金により消し込まれることになります。

　一般に売上高や売掛金に関する内部統制を構築する上での勘所は図表3-11-12のとおりです。内部監査の実施に際しては，想定されるリスクに対してコントロールが十分かどうかを検討することになります。

図表3-11-12：売掛金に係るリスクとコントロールの例

想定されるリスク	防止・発見のためのコントロール
A；架空の売掛金が計上されるリスク B；売上の期間帰属を誤るリスク C；滞留売掛金の評価を誤るリスク	A'；売上計上の根拠資料との照合 B'；決算日前後の売上高の計上時期の検証 C'；得意先の支払能力の検討
D；一般的なコントロール ①受注→出荷指図→出荷→出荷報告→売上入力→売上集計→請求→入金といった販売プロセスを構成する個々の業務について，責任者の承認や関係書類の照合といった統制活動を組み込む ②決算日の商品の棚卸結果と出荷報告書及び売上記録とを照合し，未出荷のまま売上が計上されていないことを確かめる ③売掛金の滞留状況表を作成し，滞留している債権についてその理由，回収可能性を検討する	

　Aについて，組織のそれぞれの売上計上の特性にもよりますが，一般的には得意先からの発注に基づく出荷によって売上計上の根拠資料としているケースが多くみられます。また請負契約であれば当該請負業務の完了時，すなわち成果物の引き渡し時点であり，サービスの提供を目的としてればサービス提供完了時，サービスの提供を時間や期間で区切っていれば，当該時間や期間が経過した時点で売上を計上することが一般的です。

　この点，2021年4月以降，「収益認識に関する会計基準」が適用され，これを期に組織によっては収益認識の時点（いつ売上計上するか），測定（いくらで売上計上するか）について大幅な見直しをする組織も多いと思われます。この点，いかなる売上計上基準を採用しようとも，売上計上の根拠を明確にし，その根拠資料を検証可能な状況とすることが求められますでの注意が必要です。

　Bについて，これは基本的に売上計上のタイミングの問題で，Aの架空計

上か否かの問題と区別されます。例えば業績を仮装する手段として「売上の前倒し計上」＝「売上高の繰上げ計上」に係るリスクが考えられます。こうしたリスクに対しては，単に売上計上の根拠資料が存在しているのみではなく，売上の計上時期の適切性についても注意を払う必要があります。

Cについて，仮に売上が架空計上でなく，また期間帰属も適切であったとしても，その結果計上された売掛金が適時，適切に回収されるかどうか（得意先が支払う意思・能力があるかどうか）とは別問題です。仮に得意先に支払う意思・能力が無ければ，そのような得意先に販売したこと自体も問題となりますが，その結果，存在している売掛金の回収可能性に応じて，相応の貸倒引当金（又は貸倒損失）の計上を検討する必要があります。

D①は，既述のとおり販売プロセスのコントロールに関する記述であり，D②は期ズレの有無を確かめるためのコントロールです。D③はCのリスクに関連するコントロールですが，金融商品会計基準27項及び28項では図表3-11-13及び3-11-14に示すように債権の区分ごとに貸倒見積高の算定方法を定めており，必要に応じて貸倒引当金を計上することを求めています。

図表 3-11-13：債権の区分

債権の区分	債務者の財政状態及び経営成績等
一般債権	経営状態に重大な問題が生じていない債務者に対する債権
貸倒懸念債権	経営破綻の状態には至っていないが，債務の弁済に重大な問題が生じているか又は生じる可能性の高い債務者に対する債権
破産更生債権等	経営破綻又は実質的に経営破綻に陥っている債務者に対する債権

図表 3-11-14：貸倒見積高の算定方法

債権の区分	貸倒見積高の算定方法
一般債権	債権全体又は同種・同類の債権ごとに，債権の状況に応じて求めた過去の貸倒実績率等合理的な基準により貸倒見積高を算定

貸倒懸念債権 右のいずれか （注）	・債権額から担保の処分見込額及び保証による回収見込額を減額し，その残額について債務者の財政状態及び経営成績を考慮して貸倒見積高を算定する方法 ・債権の元本の回収及び利息の受取りに係るキャッシュ・フローを合理的に見積ることができる債権については，債権の元本及び利息について元本の回収及び利息の受取りが見込まれるときから当期末までの期間にわたり当初の約定利子率で割り引いた金額の総額と債権の帳簿価額との差額を貸倒見積高とする方法
破産更生債権等	債権額から担保の処分見込額及び保証による回収見込額を減額し，その残額を貸倒見積高とする

注：同一の債権については，債務者の財政状態及び経営成績の状況等が変化しない限り，同一の方法を継続して適用する。

　一般債権については，債権全体，又は特定のグルーピングによって「率」による貸倒引当金を計上すれば足り，この場合，個々の債権の個性に着目する必要はありませんが，貸倒懸念債権や破産更生債権等については個々の債権の個性に着目し，「個別評価」による貸倒引当金を計上する必要があります。

　また貸倒懸念債権や破産更生債権等については，営業部や販売部といった通常の債権管理部門からは隔離され，不良債権の管理に特化した部署の管理下に置かれることもあります。

　いずれにしても内部監査人としては，その売上高や売掛金に係る内部統制を理解した上で，架空売上の有無や売上高の期ズレの有無に加えて，不良債権の識別や貸倒引当金の計上の十分性について検討することが重要となることが多いようです。

参考2 ── 売掛金に対する残高確認

　売掛金の他，貸付金等の債権の監査に当たっては，「確認」という手法を利用する場合があります。

　これは，確認の相手先（得意先等）から文書による回答を直接入手する手続です。得意先から直接確認状を入手することで，売掛金の実在性（架空計上ではないこと）を確かめる有力な手法とされます。制度上行われている財務諸表監査では，こうした確認は通常，実施することが要求されますが，内部監査の監査手続として実施することもあります。一般的には全ての得意先に対して実施することは稀で，特に重要な得意先に絞って実施する

第11章　業務プロセス別の内部監査の例

229

場合や，回収が遅延している得意先，当期と比べて異常な増減を示している得意先を選定することもあります。また営業マンの不正摘発のために有用な場合もあります。

(3) 棚卸資産に対する監査

　組織の業種や業態にもよりますが，一般的な商工業を営む企業では，商品や材料，仕掛品，製品といった棚卸資産は，金額的に重要な場合が多く，また棚卸資産の水増しは業績を嵩上げする粉飾決算の常套手段でもあるため，特に注目を要する勘定科目とされます。

　そのため，既述のとおり購買プロセスや在庫管理プロセスについては，架空計上や計上時期の相違，計上漏れや不正確な計上等のリスクに配慮し，それらを抑止するプロセス（内部統制）の有効性に注目します。

　一般に棚卸資産に関する内部統制を構築する上での勘所は図表3-11-15のとおりです。内部監査の実施に際しては，想定されるリスクに対してコントロールが十分かどうかを検討することになります。

図表3-11-15：棚卸資産に係るリスクとコントロールの例

想定されるリスク	防止・発見のためのコントロール
A；架空の棚卸資産が計上されるリスク B；棚卸資産の種類・数量を誤るリスク C；滞留棚卸資産の評価を誤るリスク	A'；定期的に実地棚卸を行う B'；棚卸資産の払い出しの継続記録 C'；棚卸資産の時価の検討

D；一般的なコントロール
① 発注→検収→検収報告→仕入入力→仕入集計→仕入先からの請求→仕入計上と請求と照合→支払といった購買プロセスに係る個々の業務について，責任者の承認や関係書類の照合といった統制活動を組み込む
② 検収報告と仕入先からの請求について照合し，仕入先からの架空請求や水増請求等の誤請求の有無を確かめる。
③ 棚卸資産の滞留状況表を作成し，滞留している棚卸資産についてその理由，処分見込み額等の時価を検討する。

　Aについて，架空の棚卸資産の計上は売上原価の過小計上となり，そのまま売上総利益の過大計上に繋がることから，粉飾決算の常套手段です。監査上は会社の行う実地棚卸に立ち会うことにより，資産の実在性を確かめるこ

とが一般的です。

　実地棚卸について，組織の取り扱う棚卸資産の種類，数量にもよりますが，大型倉庫や大規模工場を擁する組織の場合には，棚卸資産の網羅的な把握のためには相当な労力と時間を要します。そのため，実地棚卸に先だって実地棚卸要領等の棚卸計画を策定することが一般的です。また，十分な人員の確保の他，レイアウト図やタイムスケジュール等を明確にするとともに，棚卸資産の種別，数量の正確な把握のため，事前の清掃や整理・移動，見本品や預り品等の棚卸除外品の区別等の準備も必要となります。

　実地棚卸は，棚卸資産の実際の保管状況の把握が主眼ですから，棚卸資産のカウントに際して，例えばタグ（棚札；棚卸資産の種別や数量を記載）を棚卸資産に貼付し，全ての棚卸資産にタグを貼付したことを確認してからタグを回収する方法（タグ・コントロール）の他，単に棚卸リストを利用する場合には，工場や倉庫の端からカウントする等により，カウント漏れを防止するための工夫が必要となります。さらに，摩耗や蒸発，盗難，記録誤り等の数量の相違の把握や，型崩れやサビ等の品質劣化といった事実が適切に帳簿に反映されているかについても注意を要します。

参考3 ── 実地棚卸の立会の目的

　「実地棚卸結果に基づいて棚卸資産が計上されているかどうか」を検討することも重要ですが，その前提として「実地棚卸が適切に行われているかどうか」についても注意する必要があります。そのためには，特に以下の点に着目して実地棚卸に立ち会うことも必要です。

　実地棚卸の立会の目的としては，監査基準委員会報告書501「特定項目の監査手続」3項が以下を示しています（括弧書きは筆者によります）。

① 実地棚卸結果を記録し管理するための経営者による指示と手続を評価すること
　（実地棚卸計画や棚卸指示書を事前に検討し，不備があれば改善を求めます。）
② 実施されている棚卸手続を観察すること
　（実地棚卸現場を観察し，経営者による指示と手続に従っているか確かめます。）
③ 棚卸資産を実査すること
　（棚卸資産の実在を確かめるとともに，陳腐化，破損，老朽化等の現況を把握します。）
④ テスト・カウントを実施すること
　（実地棚卸担当者が正確に棚卸資産の数量をカウントしてるかどうかを確かめます。）

Bについて，棚卸資産の受払の記録に関して，一般には棚卸資産の重要性に応じて以下の3つの管理方法が考えられます。

①継続記録法

この方法は受入（仕入等の入庫）のみでなく払出（売上等の出庫）についても継続的に記録する厳密な方法であり，金額的に重要な棚卸資産に適用されます。継続的な受払の記録により，受払の都度，棚卸資産のあるべき残高を算出可能です。この方法では，実地棚卸の結果，実際の残高とあるべき残高とは棚卸差異として認識されることになります。

②棚卸法

この方法は受入（仕入等の入庫）のみを記録し，払出については記録せず，棚卸の結果から差引で払出量を算出する簡便的な方法であり，金額的に重要性のない棚卸資産に適用されます。この方法では払出の都度，あるべき残高を把握できませんので，棚卸差異は生じないことになります。

③費用処理

この方法は棚卸資産の受払の記録を一切行わず，また実地棚卸も行わずに，計上時に費用処理してしまう方法です。上記①の厳密な管理や②の簡便的な管理も必要とされない，消耗品として扱われるような事務用品等については，この方法によることもあります。

上記のうち，特に①による場合には，例えばaという種類の棚卸資産の払出記録をすべき時に，誤ってbという種類の棚卸資産の払出記録を行えば，aとbの棚卸資産のあるべき残高にイリクリが生じ，実地棚卸を行った結果，aが過大計上，bが過小計上という棚卸差異の結果を招くことになります。このように継続記録を適時・適切に行うことは，棚卸資産の種別の数量の管理を行う上で肝要となるのです。

Cについて，棚卸資産の現物が倉庫や工場に存在しているとしても，その棚卸資産が通常の販売経路で販売できるのか，又は製造工程で使用できるのか（棚卸資産の評価が適切であるかどうか）は別問題です。棚卸資産は原則として取得原価をもって貸借対照表価額としますが，期末における正味売却価額（時価－処分費用）が取得原価よりも下落している場合には，当該正味売却価額をもって貸借対照表価額とする（棚卸資産の評価に関する会計基準

7項）ことが求められています。そのため，特に滞留している棚卸資産については，その滞留状況に応じて，評価損の計上の要否を検討する必要があります。

　また，Ｄ①は，既述のとおり購買プロセス及び在庫管理プロセスのコントロールに関する記述であり，Ｄ②はＤ①のうち特に誤請求の有無を確かめるためのコントロール，また，Ｄ③は上記Ｃのリスクに関連するコントロールの例です。

課題研究

1. 組織内の特定の業務プロセスについて，業務記述書，フローチャート，RCM の３点セットを作成して，リスクとコントロールについて具体的に検討しましょう。
2. ３点セットに関連して，業務プロセスに組み込まれている管理資料（注文書や出荷指図書，出荷報告書や売上伝票等）がいかなるリスクを低減しているか考えましょう。
3. 現金や預金に関して，いかなるコントロールが構築されているか調べましょう。
4. 業況の悪化している債務者について，その債権の回収可能性を，具体的に検討してみましょう。
5. 組織の保有する棚卸資産について，①継続記録法，②棚卸法，③費用処理という３つの方法に分類してみましょう。

中堅・中小規模の組織の管理態勢と内部監査の着眼点

―――――本章で学ぶこと―――――

　中堅・中小規模の組織は，管理態勢が不十分な場合が見受けられますが，本章では「少なくともこの程度の管理態勢は必要である」という具体的な内容について指摘しながら，内部監査の着眼点についても説明します。

　もちろん，組織の業種・業態・経営環境等によって必要となる管理態勢は異なりますから，下記を充足していれば十分というわけではありませんが，一般的な組織を前提として多くの組織で該当する管理態勢を総括しています。また，本書はあくまで内部監査をテーマにしていますので，併せて内部監査人が留意すべき点についても簡単に触れておきたいと思います。

1
全般的な事項のチェックリスト

　一度，下記のチェックリストを利用して自らが所属する組織の管理態勢を見直してみてはどうでしょうか。内部統制が有効な組織であれば問題はないとは思いますが，もしかしたら基本的な管理態勢の改善に寄与するかもしれ

ません。また内部監査担当者の方であれば，具体的に監査の作業を行う場合を想定して，監査の過程で確かめるべき重要な事項として理解すれば良いでしょう。

図表 3-12-1：全般的な事項のチェックリスト

必要となる管理態勢	備　　　考
出資者・株主名簿の作成	コーポレートガバナンスの頂点に立つ者を明確にするとともに，経営者はその下に従属する意識を持つことが重要です。
役員一覧の作成	経営に関する責任者を明確にします。職歴や経歴の他，他社の兼務の状況を明らかにするとよいでしょう。会社の登記簿情報の変更の要否にも要注意です。
組織図の作成	簡易な組織の場合は不要ですが，組織内の部課，管理職の氏名，各部課の人員数を明確にすることで，組織の全貌を把握することができます。 注）特定の管理者の兼務の状況次第では，内部牽制が有効に機能しない可能性があるので注意が必要です。
職務分掌規程の作成	簡易な組織の場合は不要ですが，各部署の役割について明確にすることは重要です。
各種規程類の作成	経理規程・原価計算規程・就業規則，労働協約関連規程，福利厚生関連規程，教育訓練その他の各種規程の整備状況や業務への適用状況を理解します。
役員会議事録	取締役会議事録や理事会議事録等，経営意思決定に関する書類を整備することが必要です（一人取締役の場合は除く）。
稟議書	稟議決裁制度を採用している場合には，稟議書の綴りを整備することが必要です（稟議決裁制度不採用の場合は除く）。
押印簿	組織を代表する印鑑は物理的に金庫等に保管することも重要ですが，使用した履歴を「押印簿」として残すことも重要です。
予算の編成	少なくとも年度の予算を編成して月次で実績と比較することが重要です（下記第4節参照）。

注：全般的な事項の留意事項
・上記チェックリストに掲示されている書類に関して，適宜，見直しが必要となります。
・内部監査担当者は，上記の全般的な事項について組織の代表者や責任者に質問し，該当がある場合には必要に応じて関連資料を入手する必要があります。また，上記に加えて，組織の行っている事業内容，取引先，内外の経営環境，業界の特性等を理解する必要があり，それらと上記で入手した資料等との整合性に留意する必要があります。さらに過去の調査（外部監査・内部監査・行政調査・税務調査等）結果

第3部　内部監査の実務

がある場合には，これを参照して内部監査の実施内容への影響を考慮することも有用でしょう。

上記に加えて，内部監査担当者は例えば，下記の点に留意しつつ監査業務を遂行することが必要です。

・経営者は内部監査の重要性を理解しているか
・経営者は従業員に自らの理念を伝える場を設けているか
・内部監査担当者及び管理責任者に対する経営者の意識は高いか（任せきりにしてないか）

2
勘定科目別の管理態勢チェックリスト

勘定科目別の必要となる管理態勢は，個別の組織の置かれた環境によって様々であることが想定されますが，例えば以下のようなチェックリストは汎用性があると思われます。

図表 3-12-2：勘定科目別のチェックリスト

勘定科目	必要となる管理態勢
現金	現金出納帳を記帳します。現金は定期的に（原則毎日）実査して出納帳と照合します。出納担当者と記帳担当者とは区別します。
預金	預金出納帳を記帳します。預金は定期的に（週次・月次）当座照合表や通帳等と照合します。少なくとも年に一度は残高確認を行って銀行勘定調整表を作成します。出納担当者と記帳担当者とは区別します。口座一覧表を作成し適時に更新します。
売掛金	月次で明細を作成し総勘定元帳と照合します。年齢調べにより長期滞留の有無を調査します。必要に応じて得意先に残高確認を行います。販売担当者と記帳担当者とは区別します。
受取手形	手持，割引・裏書・取立等の区別ごとに毎月明細を作成し，手持手形は実査，割引等は関連資料と照合します。金融手形，ジャンプ（書換）手形，不渡手形等の異常手形に注意します。手形の現物管理者と記帳担当者とは区別します。
棚卸資産	材料，仕掛品，製品，商品等の在庫別に毎月明細表を作成し，少なくとも年に1回は自社保管在庫は実地棚卸，外部保管は残高確認を行うとともに年齢調べにより長期滞留の有無を調査

	します。在庫の現物担当者と記帳担当者とは区別します（下記第3節の在庫管理参照）。
その他の流動資産	上記に準じて明細表を作成し，特に長期滞留の有無や資産性の有無に留意します。
有形固定資産	固定資産台帳と実物資産の定期的な検証を行います。
無形固定資産	長期滞留・不明資産の有無に留意します。
投資その他の資産	明細表の作成，長期滞留・時価等を把握して，資産性の有無に留意します。
流動負債・固定負債	勘定明細を作成，請求書等の根拠資料と照合します。引当金の計上の要否検討を含め，網羅性の検証（他に計上すべき負債があるかどうかに注意）します。
資本金・純資産	期中の増減資に留意します。増減があれば法的な手続の準拠性にも配慮します。また，自己株取得，みなし配当等の税務上の取扱い，配当金，源泉税の納付状況にも注意します。
売上高・売上原価その他の経費	下記第3節「業務プロセス別の管理態勢のチェックリスト」参照

注：勘定科目別のチェックリストの留意事項

　　　内部監査の目的は多岐にわたり，必ずしも会計に関するとは限りません。そのため上記のように勘定科目に着目せずに内部監査を行う場合もあります。チェックリストの作成にあたっては，それぞれの監査の目的に適合させることが重要です。

3

業務プロセス別の管理態勢のチェックリスト

図表3-12-3：業務プロセス別のチェックリスト

業務プロセス	必要な管理態勢
販売管理	・販売計画は策定されているか ・販売計画と実績とが比較検討され，販売担当者に原因究明させているか ・受注記録は販売部長の査閲・承認を受けているか ・売上の計上基準と販売取引の実態とは整合しているか 注）売上高について，所定の基準に準拠しているか，架空売上の有無等に注意します。また，期末日前後の売上について期ズレの有無に注意します。

購買管理	・購買担当者のローテーション・ルールがあるか ・相見積りしているか ・単価，数量に異常はないか ・発注は承認された稟議書に基づいているか 注）請求書等の照合，期末日後の請求書のうち期末日までに計上すべき仕入れの有無に注意します。
在庫管理	第2節棚卸資産参照のこと。 原価計算を行っている場合にはそのプロセスの当否を検討します。 仕掛品の計上の要否（作業に取りかかっているが売上計上が翌期となる場合，作業にかかるコストは仕掛品となる；税務上否認されるケース多い）に留意します。 材料，仕掛品，製品，商品，金額的に重要なものは全て棚卸が必要です。 継続記録する棚卸については棚卸減耗の把握につとめます。 （在庫の保管状況に応じて，例えば，以下の格言を参考にします。「ホコリ1月，蜘蛛の巣3月，サビは半年，陳腐化1年」）
経費管理	証憑書類の管理状況に注意します。 入力された仕訳ナンバーと証憑書類とが関連づけられていることが必要です。仕訳を見て請求書や領収書等の証憑書類を直ちに見つけられる状況にすることと，逆にそうした証憑書類から関連する入力された仕訳を検索できる状況にします。 そのためには証憑書類を部門別，伝票ナンバー順等，整理して保管しておく必要があります。
経理全般	伝票の起票，承認，入力担当者の押印の有無に注意します。 月次での実績と前期比較や予算比較を行います。 各種明細表と月次試算表との照合を行います。 月次推移表の作成及び著増減内容の把握・理由検討を行います。

注：上記の分類も，経理業務や財務報告を意識した区分ですが，上記以外の業務プロセスに着眼してチェックリストを作成する場合，業務プロセスを適切に区分して，それぞれの業務プロセスの「あるべき姿」を念頭に置くことが重要です。

予算編成と中・長期監査計画

(1) 予算編成

　全般的な事項の中でも特に「予算」は重要と思われるので個別に解説をしておきます。

　予算は年度末に作成し，年度頭から適用されます。予算により今後１年間の見通しが明らかになりますから，経営資源の効果的かつ効率的な配分が可能になるとともに，予算と実績とを適時に比較して，その原因分析を行うことで不正防止等の効果も期待できます。

　現実問題としては中小組織の中で予算を編成しないところが多いと思いますが，漠然と将来像を不安視するよりも将来のビジョンを数値化してしまった方が経営の舵取りは行いやすいことは理解できると思います。実際に予算を編成してみれば分かりますが，「目標値」と「現実路線」とを考慮しながら，「１年後の組織像」を想像することは，それほど厄介なことではありません。最初は簡易な予算でも構いませんので，一度，予算編成をしてみることをお勧めします。

　ちなみに，予算編成する方法としてトップダウンとボトムアップの二つの方法がありますが，一般にトップダウンは理想論となり絵に描いた餅になりやすく，ボトムアップは現実路線で策定されやすい一方で経営目標とかけ離れた数値になりやすいという点です。通常は，いったんはボトムアップで作成させて，経営者がこれをチェックして，現場の人間との協議の下で目標と現実の狭間を意識して編成する方法が採用されています。

　予算は，例えば以下から構成されます。

・販売予算

　多くの組織で最も関心が高い項目が，売上（販売）ですが，ときとして，現実離れした販売予算が編成されることもあります。当然のことですが，目標数値が一人歩きするのは問題があります。できれば販売担当者別・顧客別

に積み上げて予算を作成した方がよいでしょう。そうすれば実績との比較が容易になり，業績の善し悪しの原因を把握するのに役立ちます。

・購買・原価予算

　売上予算に基づいて，メーカーであれば生産計画・製造計画（材料・労務・経費）・外注計画等を編成します。卸や小売りであれば購買予算が必要になります。資金繰りや生産余力，倉庫容量等，種々の制約も考慮する必要があります。

・販管費予算

　売上と比例的に生じるコストか，固定的に生じるコストかを区別するだけでも経営管理の問題意識が高まります。固定的なコストであれば，前年ベースの予算で問題はないでしょうが，比例的なコストであれば，何らかの変数（売上高との比率等）を用いて予算を編成することが通常です。予算編成の過程で「何でこんなにコストが高いんだ？」との問題意識の下，外注費等の水増し請求や印紙や切手等の横流しの不正が発覚するケースもあります。

　過去の実績項目別に分類して，予算を詳細化するだけでも無駄を省く効果が期待できますし，小規模な組織であれば，一つの勘定科目の中で，5〜10の定例的な支払先に集約されてしまうことも多いようです。詳細な区分で予算と実績とを比較する体制ができれば，不正防止や無駄を省く等の効果が期待されるのです。

・設備予算

　現状の設備とその耐用年数，修繕のサイクル，今後の生産計画と現状の設備との対比することで，今後の設備予算が作成されます。今後の事業規模の拡大や現状の借入金の残高や利息負担等，種々の要素を考慮しながら経営判断を行うことになるでしょう。

・資金予算

　上記の予算を統合すると資金予算となり，月次単位の資金繰予定表（受取手形・支払手形の入出金サイトも考慮）が作成されることになります。資金不足が見込まれる場合には資金借入や増資の検討が必要となり，余剰資金が生じる場合はその運用方針（何も運用しないことも運用方針の一種）が必要となります。

(2) 中・長期計画

　予算はあくまで単年度で編成することが通常ですが，より長期的な展望に
たって作成した計画が「中長期計画」です。売上・利益・純資産・総資産・
負債等の財務指標について，3〜5年後の着地点を模索し，目標とする管理
手法です。これを例えば，「3ヵ年計画初年度」「5ヵ年計画2年目」という
ように従業員に説明することで，組織内に緊張感が保たれるとともに，従業
員や役員の士気高揚にも役立つことがあります。また，なにより場当たり的
な経営から脱却することができるでしょう。

　ただし重要なことは，「計画達成のためなら何をしてもよい」という姿勢
を見せないことです。そうした姿勢は，計画達成のために不正を許す環境に
つながります。計画達成が危ぶまれる場合には，現実を直視して方向転換
（計画修正）することも重要な経営判断なのです。

課題研究

1.　自分の所属する組織の管理態勢について，本章で示したチェックリスト
　　を利用してみましょう。

2.　仮に問題がある場合には，その改善策について検討しましょう。

3.　予算が編成されていない組織の場合，どのように予算を策定するか，そ
　　の具体的な方法について検討しましょう。

4.　予算が編成されている組織の場合，その予算と実績とが適時に比較さ
　　れ，その差異原因が明確になっているかどうかを検討しましょう。

第4部

不正事例に学ぶ内部監査の役割

　内部監査は「かくあるべし」という理屈が先行しがちです。

　確かに，やるからにはキッチリした方がよいでしょう。しかし，内部監査はあくまで，任意監査です。「こうでなければならない」という法律的な縛りはありません。むしろ，その縛りの意識が内部監査を広く社会に浸透させる支障となっているなら問題です。

　どんなやり方でもいい，とりあえず管理態勢を構築することが重要なのです。

　その上で，構築した管理態勢を見直して，よりよい管理態勢を模索する姿勢こそが重要と考えます。実際に，かなり簡易な管理態勢でも，全く管理態勢がない場合と比較して不正を激減させる効果が期待できます。逆にいえば，多くの大胆な不正は，完全に野放しにされた不正実行者による仕業であることが多いのです。

　組織内に精通した経営者の考える不正防止策は，社外のコンサルタントが考える不正防止策よりも簡易で有効な場合があります。不正を防止することは，組織の財産を守るためだけでなく，不正を実行して犯罪者となってしまう従業員を守ることにもなります。できる限り具体的な不正の手法を念頭に置きつつ，その防止・発見策を検討・導入することを考慮してください。

　第 4 部では，実際に発生した具体的な不正事例に基づいて，内部統制上の問題や内部監査の役割について検討します。

第 **13** 章

中堅・中小規模の組織における不正事例

1 典型的な不正事例

中堅・中小規模の組織では管理態勢が不十分なケースが多いようです。

その結果，相互牽制も不十分なままに，特定の者が長年にわたって業務を行うこととなり，不正が長年にわたり発覚できない不幸なケースが散見されます。しかし，中堅・中小規模の組織で発生した不正は，上場会社で発生した不正とは異なり，一般に開示されるケースが少ないため，仮に社会的に問題となったとしても，それは氷山の一角にすぎないと思われます。つまり，多くの中堅・中小規模の組織で発生した不正は，闇に葬られているケースが多いと考えられます。以下の例は，そうした中堅・中小規模の組織の不正の中でも一般に公表された貴重な例といえるでしょう。

（1）上場会社の連結子会社での不正事例

これは常勤役員3名と従業員12名という「よくある」中小規模の組織で発覚した不正事例です。親会社が上場会社である関係でこうした不正が公表されることになりましたが，そうでなければ社会一般に公表されないレベルの不正でしょう。

不正実行者は，総務部次長や経理課長，営業部次長を兼務し，現金出納から小切手の振出，銀行口座管理，受取手形管理，買掛金の計上・支払の他，期末の実地棚卸の調整から会計ソフトの入力等，様々な業務を兼務していました。「兼務」が「不正の温床」であることは一般論ですが，それにしてもかなりの兼務の状況です。

　この不正実行者は自分の兼務の状況を利用して様々なタイプの不正を行っていました。以下ではその具体例を紹介します（いずれも会社の公表した資料に基づいています。）。

不正タイプA（小切手の過大振出）

　ある支払のために小切手を振り出す際，必要額以上の金額を小切手に記入して現金化し，差額を着服する不正です。着服した差額分だけ，当座預金に相違が生じることになりますが，他の勘定（仮払金や経費等）を操作してこれを隠蔽します。

不正タイプB（回収した現金着服）

　現金回収された売上代金を預金に預け入れる際に一部を着服する不正です。これも着服した差額分の預金残高に相違が生じることになりますが，やはり他の勘定（同上）を操作して発覚を免れていました。

不正タイプC（経費仮装）

　帳簿上，福利厚生費等の経費名目で処理して，実際は現金を着服する不正です。実在しない経費が計上されることで経費が過大計上となり，現金が不正実行者の手元に入ります。福利厚生費等の経費に係る領収書等の証憑を偽造しない限り，他者のチェックが入れば「不明朗な支出」として目をつけられますが，誰もチェックしなければ見つかることはないでしょう。

不正タイプD（立替・仮払回収金着服）

　経費の立替や仮払として概算額（例えば30,000円）を担当者に渡し，その後の精算の際に残額（領収書等が添付された実際使用額を26,000円とすれば残額は4,000円）を着服する不正です。着服差額は，適当な科目で経費処理してしまうことで，経費が過大計上となります。

　上記の不正合計額で約30百万円です。小規模の組織にとって見れば巨額の損失といえるでしょう。

（2）防止・発見策

　こうした不正が行われた根本的な理由は何でしょうか？

　端的にいえば「ほとんど全てを一人に任せていた」ことが原因だったと考えられます。小切手の振出にしても，売掛金の回収にしても，経費の計上にしても，仮払金の精算にしても，他の者が何らかのチェックを行うことで，こうした類の不正は容易に防止・発見できるのです。

　確かに「不正実行者が悪い」といえばそれまでですが，個人的には，上記の不正事例は「不正の実行を容易にした管理者側の責任」も重いと考えます。なぜなら，「何でも1人でできる状況」では，上記の不正実行者ではない他の人間（例えば，普段真面目な人間）であっても，同様の不正を働いた可能性が高いのです。重要なことは，不正実行者のみを責めるのではなく，不正を行う機会を与えないようにする責任が管理者にある，ということです。魔がささないような態勢を作ればこうした単純な不正は，防止・発見することは比較的容易なのです。

　例えば，上記の各不正については，以下のような態勢を構築することで，その防止・発見に寄与すると考えます。

図表 4-13-1：不正のタイプと不正対策

不正のタイプ	不正対策の一般論	不正対策の具体策
A 小切手の過大振出	小切手の振出プロセスの見直しが必要	小切手用紙や印鑑の管理・振出時の経理責任者の承認等，上長の確認を必要とします。また振出控（小切手ミミ），当座照合表との定期的な照合も有効です。
B 回収した現金の着服	回収プロセスの見直しが必要	回収担当者と記帳担当者とを区分することが必要です。また可能であれば現金回収を禁止して銀行振込を利用することや，売掛明細と請求書（控）との照合や，それらと入金記録との照合も有効です。
C 経費仮装	経費支出プロセスの見直しが必要	現金出納担当者と記帳担当者とを区分することが必要です。現金出納時に請求書や領収書等の証憑との照合を必要としま

		す。現金支払の承認手続を強化することも有効です。
D 立替・仮払回収金着服	経費支出プロセスの見直しが必要	C と同様ですが，経費精算書類と出納帳簿との照合や現金出納帳の定期的な検証が有効です。

　不正対策を検討する際，経営者の反応として「そのような面倒なことはできない」という拒絶や抵抗を見受けることがあります。特に人員の不足を理由として，上記の不正対策の全てが拒絶される場合もあります。しかし，実際にやってみると大した作業ではないことが多いのです。

　経営者が意識を変えて「不正が起きたら大変だ」と考えて，「1人に任せないことは当然のこと」という雰囲気を作り，「当たり前」と従業員に思わせればよいのです。むしろ拒絶や抵抗の理由は「人員の不足」ではなくて，「今までやっていなかったこと」という慣習・慣例に基づいていることが多いように思います。不正が起きてから改善するのでは遅いのです。他社で現実に起きていることは，当然，自社でも起きうることなのです。

(3) 内部監査実施上の留意事項

　本事例のように，誰のチェックもされずに小切手を1人で振り出すことができる状況や，得意先から回収した現金を誰のチェックも受けずに入金処理できる状況，さらにはCやDのように経費支出プロセスを1人で完結できる状況は，「不正が生じて当然」といえます。

　内部監査人としてはこうした「1人完結型」の業務を見いだした場合，実際に不正が発生しているかどうかを問わず，管理上の問題として認識しなければなりません。

　企業規模が極端に小さい場合には，ある程度の兼務はやむをえないとしても，例えばもっと単純に以下の管理態勢を構築するだけでも不正を抑止する効果はあると思います。業務担当者を「放置」するのではなく，業務担当者に「見られているという意識」を与えるだけでも不正防止の効果はあるのです。

・小切手の印鑑は役員が保管し，小切手を振り出す際には一言その役員に声をかける。

・月末に売掛金の明細を作成し，総勘定元帳と照合する。その際，不規則な入金の有無に注意する。

・月末に現金出納帳の残高と現金有り高を照合する。その際，部分的にでも（金額の大きい取引や通常と異なる取引）証憑書類と入出金記録とを照合する。

また上記の他，本事例では不正実行者が窃取した資金は，経費勘定として費用計上されているはずですから，あらかじめ経費予算を編成し，これと実際発生額とを対比することによっても不正の兆候は明らかになったと思います。

同様の従業員不正の被害にあった経営者の言葉が思い浮かびます。

「いくら頑張っても，利益が出ないんだ。おかしいな。」

確かにそうでしょう。不正実行者が経費を水増しして私腹を肥やしていたのですから。

なお，月単位での明細の作成や関連資料・証憑書類との照合は内部監査人が行うことの他，顧問税理士がこうした役割を担うことも考えられます。必ずしも内部監査部門を設置しなければならないわけではないのです。繰り返しになりますが，重要なことは，一人に任せきりにしないことなのです。

（4）類似不正と管理態勢

相互牽制が不十分なまま従業員が組織の財産を不当に流用する事例は枚挙にいとまがありません。下記は実際にあった不正事例を要約して示しています。分掌や承認，照合といったコントロール不足がこうした不正の温床となっています。内部監査人としては，こうしたコントロールが十分かどうかについて検証することが重要な役割といえるでしょう。

図表 4-13-2：不正事例と管理態勢・発見の端緒（その1）

不正事例	管理態勢・発見の端緒
小切手・支払手形の不正発行による資金の横領（組織に無断で振り出す不正）	小切手・支払手形の発行の際の手続の見直し・他者の承認を必要とする。振出控え（ミミ）による顛末調査。書損の管理を含めた連番管理の徹底化
レジからの不当出金等，少額の使い込み（飲食店における割引券の不正使用を含む）	レシート渡しの励行（レジにて客に告知）レジにカメラ設置，自動お釣り装置設置，割引券に顧客サインを求める，多額紙幣の別保管，現金調査の頻度増加，レジ記録と現金一致の日々の励行
個人的な飲食等の組織経費への付け替え（個人的な領収書の現金化）	経費精算に際して参加者，目的，場所，時間等の経費と会社業務との関連を詳細に記載させて，部分的に相手先や参加者に確認をとることを従業員に告知
「現金過不足」を利用した小口現金の窃取	定額前渡制度（インプレスシステム※）の採用の検討，現金過不足の原因究明の徹底化
領収書金額の変造による不正の経費払い戻し	領収書金額の数値の不自然さに注意する。印紙の有無や金額の多寡に関する注意力を高め，不当に高い場合には領収書の発行先に確認をとることを従業員に告知
カラ出張や交通経路の偽装	交通費明細や宿泊領収書，出張報告書を添付して上長の承認を必要とする。定期券のコピーや住所と交通経路の不整合について部分的にチェック

注：※定額前渡制度は，小口現金として保有する金額を一定（例えば 20 万円）として，一定期間内に実際に支出した金額のみを補充する仕組みです。これにより，現金残高と領収書等の支出資料の合計が常に 20 万円となることから，現金出納管理が容易となり，不正や誤謬が生じにくくなります。

2

在庫の横流し

（1）不正事例

　「在庫の横流し」は，組織の財産である棚卸商品を無断で販売して，その売却代金を横領する典型的な不正の手口です。取り扱う商品が小型で持ち運び容易な場合や，簡単に資金化ができる場合に生じやすい不正です。特に最近はネットの普及により，ニッチな商品でも容易にかつ高価で販売すること

が可能となっていますから，在庫の横流しのリスクが高まっているといえるでしょう。

　下記の不正事例では，釣り具としての竿やリールが横流しの対象となりました。釣り具にはかなり高額なモノがありますが，不正実行者はこれらを窃取して，自ら販売し，売却代金を横領していました。以下，不正事例の概要です。

　竿やリールは単に種類が多いばかりでなく，それらを組み合わせて販売したり，組み合わせをやめて個々の竿やリールとして管理し直したりすることがあるため，在庫管理システムの適切な運用が困難な面があったようです。

　不正実行者はそのシステムの弱点を把握しており，仕入れた商品を組織に無断で持ち去り，その売却資金を横領していました。

　商品は通常，仕入先から会社に入荷され，組織内に保管され，顧客に出荷されます。

　しかし本事例では，入荷されないままに不正実行者が無断で商品を持ち去ったとされます。この場合，①商品の入荷時に現物を確認して検収作業を行った上で仕入・買掛金を計上するというコントロールにより，その不正が露見します。また②定期的に実地棚卸を行い帳簿残高と実在残高との検証というコントロールにより商品が少なくなっていることが露見します。

　そこで不正実行者は，①について組織内の入荷処理担当者（本人は不正に関与したとの認識はない模様）に窃取した商品の合計金額と合致するように虚偽の入荷処理を行わせることで入荷時のコントロールを無効化し，また②についてシステム上の帳簿数量を操作することで棚卸差異が生じないようにしていました。

　不正の実行期間は5年以上，不正対象資産は153百万円相当の商品でした。

（2）防止・発見策

　組織側はこの不正発覚が遅れた要因として「巧妙な隠蔽工作」があったことを公表資料で示しています。確かに，入荷処理担当者に虚偽の入荷処理をさせ，かつシステム上の帳簿数量を操作されたことは，発覚を遅らせた主要因でしょう。問題となるのは入荷処理（検収作業と仕入計上作業）の分掌と

他者のチェックが不十分だったことに加えて，不正実行者がシステム上の帳簿数量を操作できる状況にあったことです。

　教科書的にいえば，検収作業と仕入作業とは別の担当者とする（分掌），検収担当者は納品書と現品とを照合して検収報告書を発行する（照合・伝達），検収報告書と支払依頼書が経理部に回付されて承認の上支払う（承認），システム上の帳簿数量を修正できる者を制限する（アクセス制限）といったコントロールにより，上記不正は防止できたことでしょう（それにつけても，商品の現物がないまま虚偽の入荷処理をする異常さに，入荷担当者が気づかなかったことは不幸なことです）。

　それでは果たして，上記不正はどのように発覚したのでしょうか？

　発覚の発端は，不正実行者が不正の方法を変更したことです。

　不正の当初は，実際に販売されることはない商品名を付けたセット商品で虚偽の入荷処理を指示していたのですが，ある時から実際に仕入れを行っている商品名を使用し始めたのです。その結果，従来は「これは不要な入荷である」と不審を抱かれにくかったところ，「なんでこんなに高額なんだ？」「顧客の需要を大きく越える入荷だ！」と組織内の担当者が気づいたのです（逆にいえば，不正実行者が不正の方法を変更しなければ，その発覚はさらに遅れていたかもしれません）。

　数字を漫然と眺めるだけでも「なぜこの商品の入荷が増えているのか？」「こんなに売れるのか？」「もっと安くてもいいんじゃないか？」といった「気づき」が不正発覚の糸口になったと考えます。

　最後に疑問が残ります。なぜこの不正実行者は不正の方法を変えたのでしょうか？この点は，不正実行者は曖昧な回答に終始しているようで，その理由は不明のままです。

(3) 内部監査実施上の留意事項

　内部監査の実施に際しては，上記のとおり，発注，検収，代金支払に係る業務プロセスについて，分掌・照合・承認といったコントロールが十分に行われているかどうかに注意することが重要です。また例えば「商品別利益管

理」を詳細に行うことで、「A商品は入荷しているけど相応の売上が計上されていない」という事実が明らかになり、その原因究明の結果、在庫の横流しが明らかになる場合もあります。

　特に在庫の横流しを防止・発見するための管理態勢として重要なのが実地棚卸です。

　実地棚卸は実在する棚卸資産の数量を把握するための管理手法で、金額的に重要でない棚卸資産を除いて、原則として年に一度は実施することが望ましいコントロール手法と位置付けられます。

　一般に棚卸資産は下記の三種に区分します。

A　定期的に実地棚卸を行うとともに継続的に受払記録も行う。

　この管理方法では「あるべき在庫数量」が常に把握されますから、棚卸による「実際の在庫数量」との差額は棚卸減耗として認識されます。棚卸の頻度を増やせばより厳密な管理態勢となります。

B　定期的に実地棚卸を行うが継続的に受払記録は行わない。

　やや簡易な管理方法ですが、「前回の棚卸数量＋仕入数量－今回の棚卸数量」を払出量とみなす方法で、棚卸減耗があったとしても払出数量に含まれてしまいます。Aほどに重要でない在庫に適用する方法です。

C　実地棚卸対象にもしないし継続的に受払記録も行わない。

　重要性の乏しい消耗品等の管理ではこれで十分です。購入した時点で「全部使った」として処理する方法です。

　重要なことは、自社が取り扱っている商品を「どのように管理するべきか」を責任者が意思決定することです。レアメタル等の稀少品であれば必然的にAで管理するでしょうし、ボールペンやコピー用紙等の少額・多量のものはCで管理するでしょう。

　内部監査の実施に際しては、棚卸減耗の異常な増加や実際の使用状況に比べて実地棚卸数量が極端に少ない場合等、在庫の横流しが疑われる状況がないかどうかに注意することが重要です。

（4）類似不正と管理態勢

図表 4-13-3：不正事例と管理態勢・発見の端緒（その 2）

不正事例	管理態勢・発見の端緒
退職した社員が組織内に保管されている販売用の在庫を持ち逃げした	保管場所に鍵をかけるべきです。警察に被害届を出して組織内で告知する等の対応をとらなければ，再度，別の退職した社員が同様の犯罪を繰り返します。
小売業でレジ打ちをすべきところ，レジ打ちせずに無断で商品を持ち出していた	従業員を一人にしないことのほか，店舗にカメラを設置すること，棚卸の差異が多額な場合の原因究明を徹底する等の措置が必要です。
固定資産の無断使用・持ち出し	固定資産の番号管理・固定資産台帳との定期的な照合，新規取得・移動・売却・処分等について報告態勢を構築します。
パソコンを大量に購入して第三者に転売する不正	固定資産に計上されずに経費処理されてしまう消耗品や器具備品についても，単価の比較的高いもので数の多いもの（特にパソコンは不正の対象になりやすい）は，何らかの管理資料（現物の一覧表等）を作成しておき，現品と帳簿とを照合できるように現物にシールを貼付しておく必要があります。
印紙・切手類の不正持ち出し	印紙・切手類の保管責任者を決定します。その者の承認を得て（または報告をして）持ち出すようにします。多額の印紙は継続記録・棚卸対象として，通信費・租税公課等関連する経費の著増減に配慮します。

3

資金循環による売上高の仮装計上

　売上高は組織の規模を見る上で注目すべき経営指標であると共に，営業担当者にとってはノルマが課されることで「予算必達」を迫られる指標です。そのため「何とか売上を伸ばしたい」と考える役員や営業担当者が多くいることでしょう。実際に過去の財務報告に関する不正事例の多くは売上高の仮装計上が伴っています。

　経営者不正については後述するとおり，内部監査を含む内部統制が有効に

機能しないことがありますから，その摘発には限界があります。そこで以下では従業員（営業担当者）の行った不正事例を紹介します。下記の事例に直面した役員，または内部監査担当者は，どのように対応する必要があったのでしょうか，考えてください。

（1）不正事例

本企業グループでは，数多く存在する子会社が親会社関連の商品を扱うことを主目的としており，例外的に外部直販等を行うこととしています。現在，札幌支店の売上の構成比率が問題となっています。

2012 年	親会社関連の売上	外部直販等の売上	売上総額
札幌支店の売上	5 億円	30 億円	35 億円
札幌支店以外	59 億円	9 億円	68 億円
子会社全体	64 億円	39 億円	103 億円

上記資料を見る限り，多くの読者が「札幌支店では外部直販等の売上が他の支店に比べて異常に高額である」と識別するでしょう。その上で「外部直販等 30 億円」の内訳を調査することとし，その結果が下記であったとします。

2012 年	担当者 A	担当者 A 以外（5 名）	札幌支店合計（6 名）
外部直販等の売上	29 億円	1 億円	30 億円

上記を見る限り，担当者 A は札幌支店全体の 8 割超（29 億円／ 35 億円）の売上を受注している凄腕営業担当者です。果たして不正発覚前に上記データを目にした場合，あなたは「たいしたものだ」と評価するか，「怪しい」と疑うか，どちらでしょうか？

多くの人が半信半疑となると思うのです。

この「疑いの目」が不正発覚の端緒なのです。

現実問題として，組織内では「その販売実績は受け入れがたい」と考える者が多かったに違いありませんが，上記不正があった組織では，厳しく審査することができず，それどころか，その異常な売上を前提にして，翌年度は売上伸張 110 ％の予算値を設定して，その実現を迫るという対応に終始していたのです。

もう少し具体的に会計処理も含めて，本不正事例を考えてみます。

　この組織は，元請け業者から大型工事案件を受注し，その一部を下請け業者に工事発注しています。取引慣行上，下請け業者への工事発注費用を先行して支払う（元請け業者への手数料を先行して支払う場合もある）ことになっています（こうした先行支払いは「下請け業者保護」の観点からはよく聞く話です）。

　例えば，元請け業者から工事受注を受け，その作業の一部を下請け業者に発注し，下請け業者への支払を先行して行った場合，以下の仕訳処理となります。

① （借）未成工事支出金　　××百万円　　（貸）預金　　　　　　　　××百万円

　上記の借方の未成工事支出金は，工事完成までの間，仕掛品としての扱いとなり資産計上されますが，工事完成によって売上原価に振り替えられ，併せて元請け業者に対する売掛金及び売上が計上されます。それが以下の仕訳です。

② （借）売掛金　　　　　××百万円　　（貸）売上高　　　　　　　××百万円
③ （借）売上原価　　　　××百万円　　（貸）未成工事支出金　××百万円

　その後，売掛金は元請け業者から入金されて，下記のとおり消し込まれます。

④ （借）預　金　　　　　××百万円　　（貸）売掛金　　　　　　　××百万円

　上記で一連の売上取引は完結します。

　上記の不正が発覚しなかった要因として，公表資料では，不正実行者による関係書類の偽装の巧妙さに加えて，「入金の事実」をあげています。つまり，「そのような多額の受注・売上はありえないだろう」という疑念は，上記④の入金で払拭されていたのです。「架空の売上であれば④の入金がなされるはずはない」と考えたのです。逆にいえば④の入金があった以上，元請け業者からの大型工事案件は実在していたに違いない，と考えていたのです。

　しかし，上記には大きなトリックが隠されています。これに気がつけば，この不正事例のカラクリが理解できます。ヒントは「取引慣行」です。

（2）不正事例のカラクリの説明

　ヒントは「取引慣行」すなわち「下請け業者への工事発注費用を先行して支払う」ことです。もう一度，上記仕訳を見ていただき，お金（預金）の動きだけに注目してください。

上記①の下請け業者の発注費用として支払われたお金が，④の元請け業者からの売掛金の入金として環流していると考えれば理解できるはずです。

　帳簿上は①の下請け業者に支払ったはずの資金が，実際には不正実行者によって自社に環流され，この入金があたかも売掛金が入金されているかのように仮装されていたのです。そのため，計上した売掛金の入金の仮装するためには，また新しい大型受注案件が必要となるのです。その新たな受注によって支出される下請け先への支払とされていた資金が，先の売掛金の入金の資金とされていたのです。

　要するに，自転車操業的に資金を循環させて売上及び回収を偽装しているにすぎませんから，①の未成工事支出金の支出を止めれば，④の売掛金の入金も止まってしまいます。こうした不正では，次第に架空の取引金額が大きくなっていく特徴があります。

　本事例が発覚した時点では，未成工事支出金の残高と売掛金の残高の合計10億円を超えており，これらが本不正事例による損害要因となりました。

（3）防止・発見策

　親会社の公表した資料では，上記不正事例について下記の再発防止策を掲げています。
　1）　コンプライアンス意識の向上
　2）　内部通報制度の改善
　3）　不正が発覚した子会社における内部統制の強化
　4）　連結子会社の内部管理態勢強化と監査指導
　なるほど，いずれも教科書的で有効な策でしょうが，本書ではより具体的な防止・発見策を検討しようと思います。例えば以下のコントロールを付加するのはどうでしょうか。
・売上計上の必須書類に施工行程ごとの現場写真と「工事完了チェックシート」を追加する（下請け業者に資料の添付を依頼する）。
　→　写真添付は偽装が困難なため，有効なコントロールとなります。
・関連書類の作成を担当する際，「契約書」は営業職，「施工完了報告書」

「工事現場写真」「工事完了チェックシート」は技術職が担当する。

→ 営業職と技術職との分掌により相互牽制が期待されます。組織内の部署にもよりますが，技術職がない場合には，管理部門が作業現場を視察することも牽制になるはずです。

・本社の管理部門などの営業職と別離した部署から元請け業者や下請け業者に対して，契約の締結，進捗状況，工事完了に関連した確認の連絡をする（または連絡をするよう従業員に告知する）。

→ 元請け業者・下請け業者と管理部門とが接触することにより，不正を行おうとする営業職にとって大きな心理的牽制効果が期待されます。

・未成工事支出金や売掛金の著しい増加に注意して，資金環流による売上の仮装の可能性に配慮する。

→ 財務諸表上の数値の異常な増減の理由を検討することで不正の端緒を見いだすこともあります。過去の不正事例には反省材料が含まれているのです。

(4) 内部監査実施上の留意事項

　売上増進は組織経営の基本的な課題であって，多くの組織で「相応のルール」（例えば売上計上に際して必要となる書類や計上タイミングに関するルール）を構築しているケースが多いようです。内部監査人としては，まず①売上計上のルールを理解し，②そのルールの妥当性を検討し，③そのルールの継続的な準拠性を確かめることになります。

　これらは非常に単純なプロセスですが，多くの監査で採用される基本的な手法です。

　加えて注意すべきは，例外の取扱いです。ルールはあくまで原則であって，例外は付き物です。例外を一切許さない，というのでは運用面で問題が生じやすくなりますからその例外を誰が承認しているのかを明確にすることも重要なことなのです。

　本不正事例で悔やまれるのは，「怪しい」と思った際の初動調査でしょう。

　売掛金が回収されているとしても，それ以上に未成工事支出金等の出金が

なされていることを不審に思うこともできたことでしょう。また，取引金額が次第に大きく計上されている以上，「念のため現場を確認しよう」という意見があってもよかったと思います。

　「怪しい」と思った場合，関係する書類ではなく，取引実態に着目することが求められます。得意先や仕入先，現物や工事現場，出荷や検収の事実等を直接感じる手続を重視するのです。例えば，取引先に対する確認状の発送よりは取引先への直接訪問を優先すべきでしょうし，現場写真よりは現場視察を優先すべきです。特に組織の財務指標に照らして明らかに多額と認識される取引であるならば，不正が発生している可能性に配慮して，その程度の手間をかけても面倒ではないはずです。

　なお，下記の類似事例でも見るとおり，売上が堅調であったとしても呼応するように資産が増加している場合には，不正の可能性を疑念視する等の注意が必要です。

（5）類似不正と管理態勢

　資金環流による売上計上の計上事例をもう一つ紹介します。これはデジタルコンテンツ制作会社が上場廃止となり，社会問題にもなった不正事例です。以下の二つの仕訳を見てください。

　第一に，固定資産の取得に係る仕訳です。

　（借）固定資産（コンテンツ）　30,000 千円　（貸）預金　30,000 千円

　第二に，コンテンツ使用許諾料の収入に関する仕訳です。

　（借）預金　28,000 千円　（貸）売上高（収入手数料）28,000 千円

　上記の二つの仕訳は，全く別の取引に見えるはずです。

　しかし「資金環流」を意識すれば「上記仕訳が裏でつながっているかもしれない」という懐疑心が芽生えます。つまり固定資産の購入先に支払った資金 30,000 千円が，別組織を経由して，「コンテンツ使用許諾料」の収入 28,000 千円として戻ってきていると考えてみてください。さらに差額 2,000 千円は経由した別組織への手数料として抜かれていると思えば，より自然に見えてくるはずです。

監査をしている過程で厄介なのは，「お金に色がない」ということです。

　こうした不正は関係書類が完璧に近いほど偽装されているケースが多いので，書類だけ見ていると上記二つの取引は全く別の取引にしか見えないのです。しかし，この類の不正は，巨額の資金が必要となるだけでなく，みるみる固定資産が増加していきますから，不正が実行されたその期で見つけられなくても，数期間比較してみれば「明らかに不正の兆候がある」と判断できる事例もあります。こうした不正に対しては，現場重視と数期間比較で対応することが望ましいでしょう。

　以下では，収益認識に係る不正事例とその対応策をまとめています。

図表 4-13-4：不正事例と管理態勢・発見の端緒（その 3）

不正事例	管理態勢・発見の端緒
架空受注による売上の仮装	売上計上基準の確立とその周知徹底を図ります。売上計上に際して必要な資料も定め，上長や他部門の確認の下，売上入力するようにします。
未出荷での売上計上・売上の計上時期の問題	基本的に上記と同様ですが，得意先都合で在庫のまま売上計上する場合には，得意先の意向を確認すると共に約定どおりの入金を確かめます。在庫の保管料の取決めにも注意を要します。
期末付近で計上した売上の翌期首の値引・返品処理（押込販売※）	商品別・得意先別等の売上高の月次推移を上長が検証することや，翌月の値引・返品処理の有無，入金状況を検証します。
与信調査が不十分なケースや，与信限度を設定していても，それを超えた販売により不良債権が生じた事例	取引開始時の与信調査が重要です。与信限度を定めてそれを超える売上入力には制限を課します。例外的に売り上げる場合には，上長の承認を必要とし，責任を明確にしてから取引を行うようにします。
取引先との通謀により，それぞれが保有する長期滞留在庫を相互に販売し合うことで業績を水増しし，長期滞留在庫を隠蔽する事例	いわゆる「クロス取引」ですが，循環取引（下記，参考）と同様に仮装が巧妙なケースが多いようです。多額の長期滞留在庫がなくなった割には在庫の回転期間がむしろ悪化している場合にはこうした不正に注意します。在庫明細の前期比較等により著増減項目に着目しましょう。

注：※「押込販売」は，得意先が求めていないにもかかわらず販売したことを仮装することを意味します。得意先の決算時期によっては当該仮装に合意（担当者レベルでの合意が多い）しており，翌期首の値引処理，返品処理がその取引の条件となっている場合もあります。

循環取引では，例えば「A社→B社→C社→D社→A社」というように，一定の利益を付加しながら各社に売上・仕入が計上され，取引に参加した各社に売上と利益とが水増しされることになります。

厄介なことは「循環取引は発見が困難」ということです。

というのも一般の商取引として，例えば材料供給業者→メーカー→卸売→小売→エンドユーザーというように製品や商品が流れる場合，A社→B社→C社→D社というように財が流れることになりますが，こうした一般の商取引と循環取引との相違点は「架空の売上・利益を計上する目的」の有無の他，「D社→A社」の環流の有無にすぎないからです。

例えばB社の内部監査人が当該取引を調査した場合，「A社から100で仕入れてC社に120で販売している」という事実を検証することはできますが，その製品がD社→A社→B社というように循環してきていることは，「製品ナンバーの一致」等の不正実行者の馬脚を現す失態がない限り判明できないケースが多いのです。

その上，循環取引で業績を水増ししていた組織は，最終的に行き詰まり事業継続が困難となるケースもあります。過去の事例では上場会社が突然循環取引を明らかにし，その結果，破綻するケースも散見され，証券市場の信頼に大きな打撃を受けました。

しかし，こうした操作も結果的に売掛金や棚卸資産，固定資産の急増を招くことが多く，数期間を比較すると「明らかに怪しい」状況となります。また，上記の第3節の資金循環と同様に，現場視察等による取引対象物の実在を確かめることや，役務提供等の実態，取引先への確認や往査の他，必要に応じて専門家の利用（ITや知的財産権等）しながら，特に取引実態に着目して循環取引の可能性に対峙することが必要です。重要なことは「怪しい」という直感を重視することで，担当者の説明を鵜呑みにせず，納得いくまで追求する姿勢なのです。

4
ラッピングとカイティング

ラッピングは「たらい回し」を意味し，売掛金の回収資金の横領の隠蔽方法です。またカイティングは銀行口座の「操作」を意味し，預金の使い込みの隠蔽方法です。いずれも不正そのものではなく不正の隠蔽策ですが，語呂も似ているため，ここでは両者を併せて解説します。

(1) ラッピングとカイティングによる不正事例

> ①ラッピングの例
>
> 　販売担当者が得意先のA社から回収した販売代金の50万円（現金）を使い込んだとします。そこで，別の得意先であるB社から回収した120万円のうち50万円を「A社からの入金である」として組織に入金し，残りの70万円をまた使い込んだとしましょう。その後，同様にC社から回収した200万円のうち120万円を「B社からの入金である」として，残りの80万円を使い込んだとしたらどうでしょう。このようにラッピングは，売上債権の回収資金の使い込みを「包み隠す方法」なのです。

　いったん，ラッピングによる不正隠蔽を始めるとこれを継続しない限り「入金遅延」が明らかになり，回収資金の不正流用が発覚してしまうので，自転車操業的に「ラッピング」が行われることが多いようです。また使い込み金額が増えるほどに次回の入金額が増加するため，ラッピングが困難となっていきます。総じて，発覚したときには，当初の使い込み金額よりも多額となるケースが多いことも特徴です。

> ②カイティングの例
>
> 　決算日（3/31）時点の帳簿残高はA当座預金に100百万円，B当座預金に100百万円，合計200百万円計上されています。しかし実際は不正実行者である経理担当者がB当座預金の100百万円を使い込んでおり，A当座預金に100百万円，B当座預金は0となっているとします。
>
> 　この場合，3/31にA当座預金から小切手100百万円を振出してB当座預金に入金するとどうでしょうか（会計処理はしません）。
>
> 　振り出された小切手は3/31にB当座預金に入金処理されますから，B銀行に残高確認を行うと，3/31に100百万円の当座預金残高があることになります。一方，A当座預金の引落としは小切手振出の翌日の4/1となりますから，やはりA銀行に残高確認を行うと，3/31に100百万円の当座預金があることになります。

　これは小切手の入金と落ち込みとが1日ずれることを利用した預金の水増しのための手法です。小切手帳の控え（ミミ）や期末日及びその後の当座照

合表を閲覧すれば，比較的単純に預金の実際残高と帳簿残高との不整合を見いだすことができます。当座照合表で未落や未取立を調整するのは，こうした不正の有無を検証することにも有用なのです。くれぐれも「帳簿と残高確認が一致しているから OK」と安易に監査を終了させないことが重要なのです。

（2）防止・発見策

①ラッピングの防止・発見策

　ラッピングが行われる一つの要因として売掛金の回収を現金によっていることがあげられます。

　回収した現金を目の当たりにした営業担当者に魔が差して「ちょっと拝借」というように一時的に資金に手を付けてしまう可能性が高まるのです。こうした不正を防止するには「魔が差さないようにする」ために，不正の機会をなくすことが一つの対応方法です。つまり現金回収を禁止して，顧客に振込するよう依頼すればよいのです。

　しかし業種や業態の関係から，やむをえず現金回収が伴う場合は，領収証の管理を徹底する必要があります。連番管理された領収証を利用して，入金された場合には必ず領収証を発行することを義務付けます。領収証の控えに記載されている日付と組織側の入金処理日は継続的に監視する必要があります。

　また，現金回収でなく振込にしたとしても，不正実行者が得意先を装って振込作業をする（振込に際して得意先の組織名を「振込依頼者」として入力する）ことで同様の不正が可能なため注意を要します。

　さらに未使用の領収書や書き損じの領収書等についても，連番管理が必要になります。

　一方で，顧客に振込を依頼するとしても，一般には得意先別の売掛金について入金状況を把握しているはずですから，入金が遅れている売掛金についてその理由を明らかにするコントロールも必要です。加えて，営業担当者別に売掛金の入金状況を把握できるようにすることも一つのコントロールで

す。特定の担当者の売掛金グループの入金が全体的に遅れ気味となれば，詳細な調査を行うわけです。

　なお，滞留した売掛金について値引き処理や貸倒，返品処理等で消し込む不正も考えられるため，これらの作業と回収担当者とは兼務させてはいけません。

②カイティングの防止・発見策

　銀行勘定については，日々の入力担当者と出納担当者とが分掌しているケースが通常です。また入出金の記録は適時に関連資料と照合され，不明な入出金があれば直ちに原因究明が行われる態勢を構築しています。お金の動きは様々な人間に関与させることを通じて，不正の発生を抑止することが一般的なのです。

　しかし，カイティングが行われる場合には，こうした「通常の管理態勢」が有効でないことが多いようです。例えば，経理部長クラスの役職者が不正を隠蔽していたり，上長の監視が不十分な状況下において経理事務担当者が不正を隠蔽していたりするケースが目立ちます。

　そのため，カイティングそのものを抑止するというよりは，日々の入出金の管理状況や記帳の状況，勘定明細の適時な作成や小切手等の関連資料の管理状況等，資金関係の一般的なコントロールを有効とすることが重要でしょう。特に組織側が小切手の振出控えや当座照合表等の関連資料に基づいて，銀行勘定調整表を適時・的確に作成していれば，カイティングは適時に防止・発見されるはずです。

(3) 内部監査実施上の留意事項

①ラッピング

　ラッピングそれ自体を明らかにするために売掛金の残高の調査を行うわけではありませんが，基本的に年に一度以上は金額的に重要な売掛金の残高確認を行うことが望ましいと考えます。仮にラッピングの可能性の高い業種や業態（現金の取扱いが大きい業種等で営業担当者が直接回収する等）の場合には，定期的に残高確認を行うのではなく，抜き打ちで行うことも考えられ

ます。これは不正を発見するためでもありますが，事前に「抜き打ちでやることがある」と営業担当者に告知することで，不正を事前に抑止する効果も期待できるためです。

　また，領収書の控えの日付や入金処理日の相違を調査する際，ワンライティングで書かれる領収書（複写式のもの）であっても，「下敷き」を不正に利用して，得意先に提出した領収書と領収書の控えの記載内容とに齟齬を生じさせる可能性にも配慮が必要です。疑いだすとキリがありませんが，不正の可能性が高い場合には，「不正実行者はその発覚を免れるためには何でもする」と考えてその対応策を検討することが肝要です。

　仮に入金状況に不自然な点がある等の営業担当者の不正の兆候がある場合には，下記の追加の調査を行うことが必要でしょう。

・担当者に直接質問する（状況によりますが，一般に不正の嫌疑をかけプレッシャーをかけることは避けた方がよい）
・得意先に対して文書または電話で確認を行う。その際，債権の現在残高だけでなく，売掛金の発生と消込について日付も併せて確認した方がよい。

②カイティング

　既述のとおり，監査人としては「残高証明書・残高確認書と一致しているからOK」という安易な判断は許されません。特に期末日前後の多額の預け替えや，期末日前後の丸い金額（端数のない金額（例：100,000,000円））で多額の小切手の振出については，その取引の発生理由，承認・照合状況，顛末等に留意しながら，当座照合表と小切手ミミの照合を慎重に行う必要があります。

　過去の不正事例では，不正実行者の友人に印刷業者がいて，巧妙に偽造した当座照合表を利用して使い込みを隠蔽していた事例もあります。最近では，特に印刷業者に依頼せずとも簡単・綺麗に当座照合表等の関連資料を偽造することも可能でしょうから，「間違ってないだろう」との先入観は禁物です。残高証明書や残高確認書，通帳や当座照合表，元帳の記帳等に少しでも不自然なことがあれば，「何かあったら大変だ」という懐疑心を堅持して，完全に納得がいくまで監査手続を継続することが重要なのです。

(4) 類似不正と管理態勢

図表 4-13-5：不正事例と管理態勢・発見の端緒（その4）

不正事例	管理態勢・発見の端緒
回収した売掛金の横領	回収担当者と経理担当者との分掌 補助簿と総勘定元帳との照合 残高確認の差異調整
組織の預金証書の担保差し入れによる借入資金の横領	証書の定期的な実査，同一物認定，銀行確認状の発送
未承認の返品・値引き貸倒処理済みの債権回収資金の横領	返品・値引きの上長による承認 貸倒処理済み債権の管理の継続，債権管理表の維持更新
小切手の不正振出	支払依頼書・請求書等との照合，小切手押印の承認制，小切手帳・印鑑の管理の厳格化
預金証書や出資証券等の偽造	現物管理の厳格化，確認状の発送，定期的な実査

5
経費の水増し請求

　実態のない外注を行ったことにして組織外に資金を流出させ，これを不正実行者の預金口座に振り込ませる手口は典型的な不正事例です。また外注の実態があるとしても，実際の作業よりも水増しして請求させて，多くの資金を仕入業者に支払い，不正実行者である仕入担当者と外部の仕入業者とが，支出された資金を折半する不正も見受けられます。こうした不正は外部の仕入先との協力がなされる結果，証憑書類の偽造が伴い，その発見が困難なケースが多く，最悪の場合には全く気がつかないままに不正が横行してしまっているケースもあるようです。特に，組織が外注先等の仕入業者に対して指図できるほどに強い立場にある場合には，こうした不正が行われ，しかも長期間（最悪の場合，永遠に）発覚しない可能性があるのです。最近の不正で話題になったのは，テレビ局が番組制作会社に対して行った水増し請求

の事例です。以下，その概要です。

（1）不正事例

　本事件は，テレビ局の著名なプロデューサーである不正実行者（懲戒解雇）が「外部の制作協力会社」に実態のない業務の代金や実態より高額の代金を請求させ，テレビ局から制作協力会社に支払われた資金を当該会社から自己に環流させ，私的に流用した事件です。

　期間は約10年間の長期にわたり，その不正請求を行った回数は100回ほどで，総額は141百万円でした。この不正で注目すべきは「番組制作費」という「漠然とした支出」が不正対象となっている点です。素人目にみても，番組の制作に際しては様々な支出が必要になることは想像できます。番組制作に当たっては，様々な人材・機材が必要でしょうし，旅費交通費，食費その他，およそ関連づけようと思えば「何でも経費」になりそうです。

　また，テレビ会社と製作協力会社との関係も重要でしょう。

　当然に制作協力会社は，立場的に大手のテレビ会社には頭が上がらないはずです。

　テレビ局の担当者に逆らえば，制作会社は自らの仕事を失いかねませんから「何でも言うことを聞く」状況は容易に想像できるでしょう。制作協力会社は，テレビ局の元社員の言われるがママに，架空請求や水増し請求を続けたことでしょう。

　さらにいえば「業界の慣習」にも関連するかもしれません。芸能・テレビ関係のいわゆる「業界」は，比較的ノリも軽く，安易に不正の片棒を担がせようという雰囲気があったかもしれません。「○○ちゃん，頼んだよ〜」という軽いノリならば，「みんなやっていることだ」という正当化が働いてしまうおそれがあります。

　上記はあくまで仮の話ですが，「何でも経費になる」，「相手は言われるがママ」，「軽いノリ」であったならば，今回の不正実行者に限らず，普段は真面目な他の社員であっても，同様の不正を行ってしまうかもしれません。

　なお，この不正事例の興味深いところは，過去，酷似した不正が同じテレビ局で発生していることです。「大物プロデューサー（もちろん別人物）」が「番組制作会社」を利用して「架空の制作費を請求させ」，「旅行や服飾・接待等の奢侈財への費消する」という点で，両者は同じパターンです。さらに不

正発覚後の対応も「懲戒解雇」,「役員の減俸」,「刑事告訴の見送り」,「実名公表せず」という対応に加え,約 150 百万円の水増し請求で発覚したという点で金額的にも酷似しています。

　過去の事件の発覚時に「他に同様の不正はないか」という調査を徹底的に行っていれば,今回の事件は発覚していたかもしれません。また,酷似した不正が起きるということは,「こうした不正は,多少はやむをえないんだ」というテレビ局側の姿勢の現れともとられかねません。

　それほどにテレビ会社と制作会社との間の「密接な関係」は根深い問題なのでしょう。

(2) 防止・発見策

　番組制作会社が大物プロデューサーという不正実行者の「言われるがママ」の状態にある以上,番組制作会社は不正実行者の不正の片棒は担ぐことはあるにしても,不正発覚のために協力してくれることは期待できません。こうした外部の協力者がいる不正は,その防止・発見は困難が伴います。

　それでは,この不正はどのように発覚したのでしょうか？

　実はこの不正は,国税局の調査で発覚しました。念のため申し添えますが,税務調査はあくまで「課税の公正性」の観点から,課税所得の過少申告の有無を調査しているにすぎません。「正義のために,不正を発見して悪を挫くこと」は目的ではありません。

　国税局は,調査対象であるテレビ局の経理処理について,「架空の仕入,外注費,経費がないかどうか」という問題意識を持っていたはずです。そのため反面調査（取引先の会計処理から調査対象会社の経理処理を裏付ける調査方法）を行った可能性もあります。

　テレビ局が支払っているはずの制作費は,番組制作会社側では売上・収入として計上されているはずです。それが計上されていなければ,「仕入,外注費,経費が架空である」すなわち「テレビ局の費用計上額は過大であるから,税金をもっと払いなさい」という国税局側の理屈が成り立つことになるのです。

その税務調査の結果として，大物プロデューサーによる不正が明らかに
なったわけです。

不正実行者としては「税務調査さえなければ見つからなかった」，「不運に
も見つかってしまった」と考えているかもしれません。

なお，テレビ局が後日明らかにした再発防止策の概要は以下のとおりで
す。

　①制作費監査チームの新設

　②予算執行の詳細に把握する監督者の設置

モニタリングの強化によって不正を抑止することは有効でしょう。重要な
ことは，モニタリング自体が不正を発見することよりも，明示的にも黙示的
に「社員が見張られている」というメッセージとなることです。

また，不正を実行するかもしれない社員または不正を実行しやすい立場に
ある社員から，「私は不正を実行しません」とあらかじめ一筆取る方法も考
えられます。悪事を行う者が正直に振舞うとは考えにくいため，こうした方
法は，一見すると非常に地味な方法と思うかもしれません。しかし，実際は
非常に有効な方法なのです。重要なことは「あらかじめ」サインをもらうこ
とです。ある程度の期間，当該職位についた人は，平然とサインするでしょ
うが，あらかじめサインしている人は「不正を実行しないことの約束」が心
理的な牽制となって，不正の実行を抑止するという有力な心理学的な実験結
果もあるのです。

(3) 内部監査実施上の留意事項

水増し請求や架空発注等に関する一般的なコントロールとしては，購買金
額の価格決定プロセスを明確にすることです。そのためには，特定業者との
取引は避け，相見積りによって条件の良い購買先を検討する方法の他，発注
者と検収者，仕入れ計上担当者の部署を区分することや，購買担当者の定期
的な配置換え等のコントロールが一般的です。また，重要取引の取締役会決
議，稟議書決裁の徹底化等の承認手続の強化も有効でしょう。

内部監査としては，こうした水増し請求や架空発注に関するコントロール

が適切にデザインされ，継続的に業務に適用されているかどうかに着目することが重要でしょう。

　特に上記の不正事例で見たように，仕入業者が外注業者と密接な関係が構築されている場合には，「外部者であっても内部者以上に不正の隠蔽工作を行っている可能性がある」との懐疑心を抱かなければならない場合もあるでしょう。

　また，顧客に公官庁や地方公共団体等の予算消化型の組織が含まれている場合には，予算消化を目論んで水増し請求が行われる可能性にも配慮が必要です。これは今期の予算を消化しない限り，翌期の予算が減額されてしまうことに鑑み，何とか予算を消化しようとする取引先の意向と，売上を計上したい営業部門の意向とが一致することで，不正の温床となる可能性に起因します。

　ちなみに，大手電機メーカーが公の機関と40年近くもの間，水増し請求を続け，数百億円の返納金を戻すことがニュースになっていました。これも仕入業者である国と大手電機メーカーの特殊な関係があればこそなせる所行でしょう。

　売上の計上基準を出荷基準としている場合には，仮に支払が先行して行われていたとしても「前受金」等の勘定科目で計上しておき，実際の出荷の事実に伴って売上を計上しなければなりません。この辺りも，「入金されているんだから，あとは組織内の資料を適当に…」というような，だらしない雰囲気の会社であれば，不正が多発する要因となってしまうのです。

　一般企業では喜んで前払をすることはありえません。そのため，こうした予算消化型の取引先との取引は，「特殊な取引」として識別し，不正の発生可能性に配慮して，相応の承認を経ていることを確かめることが管理上は重要なのです。

(4) 類似不正と管理態勢

図表 4-13-6：不正事例と管理態勢・発見の端緒（その5）

不正事例	管理態勢・発見の端緒
仕入割戻しの着服	業界慣習の見直しと契約書上の明文化，複数担当者による割戻し事実の掌握
給料の水増し（幽霊社員や残業の水増し）	人員表，組織図，タイムカード等の給与関係書類との照合
カラ出張・出張経費の不正精算	出張に係る上長の承認の徹底化・精算に際しての領収書・出張報告書の添付
会議費・交際費等の水増し請求	交際費・会議費報告書の上長の承認，人数・目的等の記載，領収書添付と領収書がない場合の理由及び支払証明書の添付
その他経費の水増し	予算編成時の無駄なコストの洗い出しと予算と実績との差異の検討

参考2 —— 「裏金」という不正

(1) 裏金の意味

　裏金は，正規のルートで支出される資金ではない金のことを意味します。おもてだって使うお金は，その調達から使途に至るまで，帳簿に漏れなく記載し，適切な承認過程を経ることが求められます。

　それは公の機関だろうと一般企業だろうと同じことです。

　不正な支出を防止するためにもお金の動きは十分にチェックする必要があるからです。しかし，時として組織や個人は自分の自由裁量の幅を持ちたがります。

　裏金はそうした正規のルートから離れた，自由裁量の効く金なのです。

(2) 裏金づくり

　裏金のつくり方には様々な方法が考えられます。典型的な方法としては，「経費の水増し請求」が考えられます。実際に支出すべき金額以上の金額を支払ったことにして，差額を裏金とするのです。また，取引の仮装によって裏金を作る場合もあります。

　実際には存在しない取引先に経費を支払ったように見せかけ，そのお金を裏金にする方法です。さらにいったん業者に支払って，その一部を割引や返品等を理由として返金してもらい，返金を別の裏金用の口座に振り込んで貰う方法もあります。こうして蓄えた裏金は，個人的に費消されるケースもあります。また複数人または組織だって裏金が管理されているケースも多いようです。

271

　裏金は，毎年恒例の忘年会，新年会，慶弔禍福や昇進祝い，時には正規のルートでは絞られている残業代の支払に充当される場合もあります。

　組織だった裏金事件の場合，その裏金の使い方には一定のルールがあるようです。組織のためのお金なので，皆が牽制しあって，特定の人のみが恩恵を受けるような仕組みにはしていません。そのため，警察や公共団体等の組織などで裏金が発覚したとしても，当事者にはあまり罪の意識がない場合が多いようです。

　「みんなやってるよ」，「これは必要悪だ」とまで言い切る人もいます。

　「別に特定の個人が私腹を肥やしているわけじゃないからいいじゃないか」

　確かにルール違反ではありますが，お金は組織のために使っているのだから，特に大きな問題ではない。そうした良識を欠如した人たちの理屈が，さも当たり前のように扱われているのかもしれません。

（4）「裏金」の悪質性

　裏金を「必要悪」と考える人たちには，理解できないかもしれませんが，裏金は「隠す」という行為自体に大きな問題があります。裏金づくりは，正規のルートから切り離して，自分たちの自由になるお金をつくろう，とする悪意に満ちた行為です。

　特に公の機関で裏金工作が比較的盛んに行われている（またはそのように報道されている）のは，公の機関が予算消化型の組織であることと関連しています。

　「予算を消化するにはどうしたらよいか？」

　そのための手段が「水増し請求」であり「経費の仮装」なのです。

　組織としては予算を消化できますし，また一方で，裏金という自由裁量の効く資金つまり，何かあったときの蓄えを得ることもできます。

　組織としては，正に一石二鳥です。

　こうした公金を負担している人（納税者）からすれば，本来必要のない資金が特定の組織のためだけに支出されるばかりでなく，本来削減されるべき不要な予算までもが認められることになるわけですから，たまったものではありません。予算消化型の組織の内部監査人は裏金の有無について，常に注意を払う必要があるのです。

【参考文献】

〈第 1 部・第 2 部〉

あずさ監査法人公開本部編「Q&A 新興企業の内部統制実務」中央経済社，2010 年。

石崎忠司・中瀬忠和編「コーポレート・ガバナンスと企業価値」中央大学出版部，2007 年。

内田知男「リスクマネジメントの実務—ISO31000 への実践的対応」中央経済社，2011 年。

榎本成一・天野雄介「内部監査態勢の構築」同文舘出版，2007 年。

神林比洋雄「今さらきけない内部統制と ERM」同文舘出版，2020 年。

古賀智敏・河﨑照行編「リスクマネジメントと会計」同文舘出版，2003 年。

COSO 著，八田進二・箱田順哉監訳，日本内部統制研究学会新 COSO 研究会訳「内部統制の統合的
　　フレームワーク　フレームワーク篇」日本公認会計士協会出版局，2014 年。

ソベル・P. J. 著，森田克之・萩原春一訳「監査人のためのリスクマネジメントガイド」中央経済
　　社，2007 年。

武井勲「リスクマネジメント総論」中央経済社，1987 年。

武井隆二監修，TKC 全国会巡回監査・書面添付推進委員会編著「中小企業のための「内部統制」制
　　度の確立　改訂新版」2007 年。

田島掌・鈴木健彦・酒井恒雄・杉谷範子・伊藤大輔・河合保弘「経営統制（中小企業版内部統制）
　　と資金調達—中小企業支援のための新理論と実務」民事法研究会，2009 年。

田中達人「リスクマネジメントと内部監査」同文舘出版，2012 年。

内部統制監査研究会編「内部統制・内部統制監査の研究」商事法務，2012 年。

日本金融監査協会編「内部監査入門」金融財政事情研究会，2014 年。

日本内部監査協会編「バリューアップ内部監査 Q&A」同文舘出版，2018 年。

箱田順哉「テキストブック内部監査」東洋経済新報社，2009 年。

八田進二監訳，太陽 ASG 有限責任監査法人訳「COSO 内部統制システム・モニタリングガイダン
　　ス」日本公認会計士協会出版局，2009 年。

藤井範彰「監査報告書の指摘事項と改善提案」同文舘出版，2016 年。

藤井範彰「監査報告書の指摘事項と改善提案　第 2 版」同文舘出版，2019 年。

藤原俊雄「コーポレート・ガバナンス—課題と展望」成文堂，2013 年。

松井隆幸「内部監査　改訂版」同文舘出版，2006 年。

宮川公男「統計学でリスクと向き合う」東洋経済新報社，2003 年。

村井直志「不正会計対応のための CATT 活用法」経理情報 10 月号，2013 年。

有限責任監査法人トーマツ編「リスクマネジメントと内部統制」税務研究会出版局，2003 年。

リック・A. ライト・ジュニア箸，堺咲子訳「内部監査人のためのリスク評価ガイド」日本内部監査
　　協会，2014 年。

〈第 3 部・第 4 部〉

あずさ監査法人編「実務詳解　内部統制の文書化マニュアル」中央経済社，2007 年。

門脇徹雄・VBS 研究会 VC 分科会編著「上場ベンチャー企業の粉飾・不正会計，失敗事例から学
　　ぶ：ケースブック」中央経済社，2008 年。

監査法人トーマツナレッジ・センター編「不正事例から学ぶ業務別内部統制の仕組み　第 2 版」中
　　央経済社，2007 年。

鈴木栄次「Q & A わかりやすい内部監査の実際　最新版」東京経済情報出版，2007 年。

土田義憲「内部監査の実務」中央経済社，2006 年。

土田義憲「これからの内部監査部門の仕事—「内部統制の有効性評価」を実践するための監査マニュ
　　アル」中央経済社，2011 年。

東陽監査法人編「内部管理実務ハンドブック　第 4 版」中央経済社，2009 年。

日本内部監査協会編，守屋光博・渡辺克郎・角田善弘著「実践的内部監査の実務」同文舘出版，
　　2003 年。

日本内部監査協会「内部監査実務全書：基準・マニュアル・チェックリスト　第三版」日本内部監
　　査協会，2013 年。

日本内部監査協会編「2017 年監査白書」日本内部監査協会，2019 年。

箱田順哉「内部監査実践ガイド　第 2 版」東洋経済新報社，2011 年。

藤井範彰「経営者と会社を動かす内部監査の課題解決法 20」税務経理協会，2012 年。

有限責任監査法人トーマツ編著，大森茂・長岡茂・桑原大祐・伊佐地立典・今永浩一郎・石塚岳著
　　「内部監査高度化のすべて—value added audit」社団法人金融財政事情研究会，2010 年。

有限責任監査法人トーマツ「内部監査実務ハンドブック　第 2 版」中央経済社，2013 年。

参考文献

■■ 著者略歴

近江　正幸（おおみ　まさゆき）第1部・第2部担当
JF全漁連・JF全国監査機構監査委員長，日本工業大学技術経営専門職大学院客員教授。農業協同組合内部監査士検定試験・試験委員（内部監査担当），監査役研究会主宰。
1951年生まれ，成蹊大学大学院博士後期課程満期退学。

中里　拓哉（なかざと　たくや）第3部・第4部担当
公認会計士，税理士。安田莊助税理士事務所（現仰星税理士法人），東京赤坂監査法人（現仰星監査法人）を経て中里会計事務所を設立。監査関連業務，会計指導業務，税務業務に従事。農業協同組合関係の講習会講師。「財務諸表監査の実務（第3版）」（中央経済社）他を執筆。
1969年生まれ，早稲田大学教育学部卒業。

■■ 中 堅・中 小 組織の内部監査【改訂版】
ちゅうけん ちゅうしょう そ しき ない ぶ かん さ

■ 発行日──2014年10月6日　初 版 発 行　　　〈検印省略〉
　　　　　 2021年3月26日　改訂版発行

■ 著　者──近江　正幸・中里　拓哉
　　　　　　おおみ まさゆき なかざと たくや

■ 発行者──大矢栄一郎

■ 発行所──株式会社　白桃書房
　　　　　　　　　　　 はくとうしょぼう
　　　　　〒101-0021　東京都千代田区外神田5-1-15
　　　　　☎03-3836-4781　🖷03-3836-9370　振替00100-4-20192
　　　　　http://www.hakutou.co.jp/

■ 印刷／製本──藤原印刷

好 評 書